Uwe Sönnichsen / Jochen Moseberg

Wenn die Deiche brechen

Sturmfluten und Küstenschutz an der schleswig-holsteinischen Westküste und in Hamburg

Husum

Inhalt

Vorwort

Wenn die Deiche brechen... Unzählige Male in der Geschichte gab es große Katastrophen an der Nordseeküste. Viele tausend Menschen kamen in den Fluten um, fruchtbares Land ging unter. Das Leben der Küstenbewohner war jahrhundertelang ein schwerer Kampf gegen das Meer. Seit 1000 Jahren versucht der Mensch, die „Mordsee" in ihre Schranken zu weisen. Je weiter die technische Entwicklung voranschritt, um so erfolgreicher konnte er seine Heimat schützen und sich untergegangenes Land zurückholen. Anfangs primitiv mit Schaufeln und Karren, später mit moderner Technik und riesigen Maschinen. Heute wird fast die gesamte Küste in Schleswig-Holstein und Hamburg mit Deichen und Mauern geschützt. Dieses Buch soll lebendig das wechselvolle Geschehen an der Nordsee beschreiben. Die Sturmflutchronik erinnert an die schlimmsten Flutkatastrophen der vergangenen Jahrhunderte, danach geben wir eine kurze Übersicht darüber, wie sich der Küstenschutz langsam entwickelte und wie er heute aussieht.

Doch noch ist das Meer nicht besiegt, wie die schweren Orkanfluten der letzten Jahrzehnte zeigen. Herausragend ist die furchtbare Flut am 16./17. Februar 1962, bei der 340 Menschen den Tod fanden. Danach wurden alle Küstenschutzwerke überprüft und im Rahmen des Generalplans Küstenschutz zu einem großen Teil erhöht. Die Deichlinien wurden verkürzt, nicht zuletzt durch einige große Sperrwerke. Die schweren Fluten und die spektakulärsten Gegenmaßnahmen werden in Text und Bild vorgestellt.

Der Insel Sylt haben wir ein Sonderkapitel gewidmet. Da hier die unterschiedlichsten Küstenformen vertreten sind, lassen sich die verschiedenen Strategien des Küstenschutzes an diesem Beispiel besonders gut zeigen. Während allgemein die Küste heute relativ gut geschützt ist, gibt es auf Sylt weiterhin ein Problem, das noch nicht gelöst ist: die horrenden Sandverluste an den Inselenden, besonders im Süden. Die Schwierigkeiten beim Schutz sandiger Küsten, an denen man keine Deiche bauen kann, werden an dieser Stelle ebenfalls vorgestellt.

Zum Schluß des Buches wollen wir einen Blick in die Zukunft wagen. Treibhauseffekt, Klimakatastrophe, Meeresspiegelanstieg – Worte, die Angst machen. Wie wird sich die Nordsee verhalten? Müssen die Deiche noch höher gebaut werden? Ist dies technisch überhaupt möglich? Auf viele Fragen haben wir heute noch keine Antwort. Das ist bedrückend, schließlich hängt das Leben der Küstenbewohner von diesen Antworten ab.

Wir wollten kein Sachbuch schreiben, das trocken und langatmig ist, sondern eine farbige, reich bebilderte Dokumentation auf dem neuesten Stand. Für Einheimische wie für Gäste, für Kinder und Erwachsene interessant und spannend zu lesen – so wollen wir das Thema Sturmfluten und Küstenschutz darstellen. Bedanken wollen wir uns ganz herzlich bei all denen, die uns mit Rat, Tat, und Fotos zur Seite standen, besonders Robert Stadelmann (Luzern), der das Manuskript gegenlas und die Fotos aus seinen Büchern freigab. Mit Bildern und Informationen versorgten uns Heinz Sandelmann (Niebüll), der auch Repros für uns angefertigt hat, sowie Werner Matthiesen (Hörnum), Volker Frenzel (Tinnum), Hans-Jörg

und Antje Zierold (Nürnberg), Dr. Nis-Peter Jessen (Harrislee) sowie Hans-Jürgen Stöver (Wenningstedt), der leider kurz vor Erscheinen des Buches verstarb und an den wir dankbar erinnern möchten. Ebenfalls danken wir den Herren Marcus Petersen (Laboe) und Hans Rohde (Clausthal-Zellerfeld) für die Abdruckerlaubnis sowie den Pastoren i. R. Bernhard Speck (Breklum) und Eckhard Jäger (Bielefeld) für die packenden Hallig-Bilder. Auch die staatlichen Stellen haben uns freundlich unterstützt, ein Dank geht an die Herren Bernd Probst (Landwirtschaftsministerium Kiel), Wolf-Dieter Kamp und Karl Petersen (ALW Husum), Joachim Gärtner (ALW Heide) sowie Hans-Jörg Otto (Baubehörde Hamburg). Dank auch an das Nordfriisk Instituut in Bredstedt für die Hilfe bei der Suche nach Adressen.

Noch während der abschließenden Arbeiten am Buch zeigte sich, wie aktuell das Thema Sturmfluten und Küstenschutz ist. Am 28. Januar 1994 brachte eine schwere Flut in Hamburg den zweithöchsten Wasserstand, der je gemessen wurde. In den Elbmarschen erreichte der Pegel 6,40 Meter über NN. Auf der Insel Sylt gab es wieder große Sandverluste. Es zeigt sich, daß wir weiter mit hohen Fluten rechnen müssen. Der Küstenschutz muß mit der Bedrohung Schritt halten. Sorglosigkeit ist lebensgefährlich!

Uwe Sönnichsen   *Jochen Moseberg*

Im Mai 1994

6

Auf dem Friedhof der Hallig Hooge am 3. Januar 1976. Der damalige Pastor Speck hielt diesen Augenblick auf dem Foto fest: das „Kreuz von Golgatha" auf dem Grab der Heimatlosen trotzt den tobenden Fluten.

Wie entsteht eine Sturmflut?

Wind

Grundsätzlich spricht man dann von einer Sturmflut, wenn es hohe Wasserstände an der Küste gibt, die durch starken Wind hervorgerufen werden. Starker Wind ist, wie der Name schon sagt, eine wichtige Bedingung für Sturmfluten. Stürme entstehen dann, wenn zwischen benachbarten Luftmassen große Druck- und Temperaturunterschiede herrschen. Die Luft strömt dann vom Hoch zum Tief bzw. vom Warmen ins Kalte, um diese Unterschiede auszugleichen. Je größer Druck- und Temperaturdifferenz sind, um so stärker werden die Winde, die das Wasser bewegen. Man spricht von einem „Windstau". Nehmen wir als Beispiel den Orkan am 3. Januar 1976. Arktische Kaltluftmassen mit einer Temperatur von -37 Grad trafen auf -12 Grad „warme" subtropische Luft über Mittelengland. Durch den Temperaturunterschied von 25 Grad bildete sich ein Sturmwirbel, der nach Südosten wanderte und mit Windgeschwindigkeiten von bis zu 130 Stundenkilometern auf die Westküste zuraste. Zum Glück führt aber nicht jede Sturmflut-Wetterlage zu einer Gefahr für die deutschen Deiche – schon oft änderten die Tiefs ihre Zugbahn, so daß der Sturm nicht gefährlich wurde. So geschah es bei der Holland-Flut 1953. Dafür wütete die tobende Nordsee bei unseren Nachbarn um so schlimmer!

Neben der Windgeschwindigkeit sorgt auch die Richtung, aus der der Sturm kommt, für unterschiedlich hohe Wasserstände. Die Gefahr für die Deiche ist dann am größten, wenn die Flut direkt auf sie zurast. Da die Küstenlinie nicht gerade verläuft, sind je nach

Windstärken

Stärke	Bezeichnung	Kennzeichen	Windgeschw. in km/h
0	still	Windstille, Rauch steigt senkrecht empor	0–1
1	leiser Zug	leichter Zug des Rauches, Kräuselwellen auf See	1–5
2	leichte Brise	Wind im Gesicht spürbar, Blätter säuseln, Windfahne bewegt	6–11
3	schwache Brise	Blätter und dünne Zweige in Bewegung, Wimpel durch Wind gestreckt, vereinzelt Schaumköpfe auf See	12–19
4	mäßige Brise	hebt Staub und loses Papier, bewegt Zweige und dünne Äste, Schaumköpfe verbreitet	20–28
5	frische Brise	kleine Laubbäume schwanken, überall weiße Schaumkämme	29–38
6	starker Wind	starke Äste in Bewegung, Bildung großer Wellen beginnt, Kämme brechen, etwas Gischt	39–49
7	steifer Wind	ganze Bäume in Bewegung, Gehen gegen den Wind behindert, See türmt sich, streifenweise weißer Schaum in Windrichtung	50–61
8	stürmischer Wind	bricht Zweige, Gehen gegen den Wind erheblich erschwert, mäßig hohe Wellenberge	62–74
9	Sturm	kleine Schäden an Häusern, Abwehen von Dachziegeln, hohe Wellenberge, Gischt behindert die Sicht	75–88
10	schwerer Sturm	Bäume entwurzelt, Schäden an Häusern, sehr hohe Wellenberge, See weiß durch Schaum	89–102
11	orkanartiger Sturm	verbreitete Sturmschäden, extrem hohe Wellenberge	103–117
12	Orkan	Luft über See mit Schaum und Gischt angefüllt, See vollständig weiß, Sicht stark herabgesetzt	118 und mehr

Windrichtung bestimmte Abschnitte mehr, andere weniger bedroht. Während der Sturmflut am 16./17. Februar 1962 waren die Folgen in Hamburg gerade deshalb so schlimm, weil der Nordweststurm das Wasser der Elbe wie in einen Trichter in Richtung der Stadt drückte.

Schließlich ist die Dauer des Sturmes bedeutsam. Je länger er anhält, um so größer wird der Druck auf die Küstenschutzanlagen. In seltenen Fällen kommt es zu sogenannten Sturmflutketten, also Serien von Sturmfluten. Beispiele sind die „Dauerstürme" im November/Dezember 1973 und vom 26.–28. Februar 1990. Sturmflutketten können bereits bei weniger hohen Fluten zu schweren Schäden an den Deichen führen.

Tide

Wie schwer eine Sturmflut ausfällt, hängt allerdings nicht allein vom Wind ab. Wichtig ist weiter, welche Tidephase (Tide: Gezeitenwechsel) gerade herrscht. Ist der Orkan zur Ebbe am schlimmsten, werden die Wasserstände nicht so hoch auflaufen, wie wenn er zur Flutzeit auftritt. So herrschten die höchsten bisher gemessenen Windgeschwindigkeiten am 23. Februar 1967 (Adolph-Bermpohl-Orkan), dabei wurden vor Büsum Windböen von 158 Stundenkilometern gemessen. Die Wasserstände waren in diesem Fall allerdings um über einen Meter niedriger als 1976, da der Sturm wütete, als gerade Niedrigwasser war.

Eine Sturmflut am Deich vor Dagebüll. Nicht nur Windstärke und -richtung, auch die Tide und die jeweiligen örtlichen Gegebenheiten wirken sich auf die Schwere einer Sturmflut aus.

Bei Voll- und Neumond tritt eine Besonderheit auf, die sogenannte „Springtide". Sonne, Mond und Erde stehen dann in einer Linie, dadurch wirken die gezeitenerzeugenden Kräfte von Sonne und Mond zusammen. In diesem Fall läuft die Flut einen Tag später um etwa einen halben Meter höher als normal auf.

9

Örtliche Gegebenheiten

Neben den wetterabhängigen Faktoren entscheiden auch die örtlichen Verhältnisse darüber, wie schwer eine Flut die Küsten trifft. Die Wellen werden um so höher, je tiefer das Wasser an der jeweiligen Stelle ist. Wir haben bereits festgestellt, daß der unterschiedliche Verlauf der Küstenlinie bei bestimmten Windrichtungen zu verschiedenen Bedrohungen führt. Auch die Art der Küste wirkt sich aus: Kliffs und Steilküsten können der Nordsee weniger Widerstand bieten als Deiche. Die Schäden der letzten Sturmfluten waren deshalb vor allem auf Sylt am größten, denn anders als an anderen Küstenabschnitten können an der Sylter Westküste keine Deiche gebaut werden. Eine große Gefahr besteht immer dann, wenn die Deiche durch vorangegangene Fluten bereits beschädigt sind. Der Sturm am 3./4. Februar 1825 traf die Küsten- und Inselbewohner deshalb so schwer, weil bereits 1822 und im November 1824 die Schutzwerke in Mitleidenschaft gezogen worden waren. Das langanhaltende Hochwasser führte zu Binnenüberschwemmungen, da die Schleusentore lange geschlossen bleiben mußten – von außen und innen waren die Deiche durchweicht. Sie konnten der Februarflut im kommenden Jahr nicht mehr standhalten.

Aus diesen Voraussetzungen kann man sozusagen einen Sturmflut-GAU zusammensetzen (GAU = größter anzunehmender Unfall, mit dem die Katastrophe in einem Kernkraftwerk bezeichnet wird) – die schlimmste Kombination, die eine vernichtende Sturmflut zur Folge hätte. Der Weststurm würde mit großer Geschwindigkeit sehr lange auf die Küste drücken. Bei einer Springtide zu Vollmond würde er am stärksten zur Flutzeit auflaufen. Riesige Fernwellen, die sich auf dem Atlantik durch plötzliche Luftdruckschwankungen bilden, würden ihn begleiten. Wir können nur hoffen, daß diese Kombination nie eintrifft – auch mit den besten Deichen ließe sich dann eine Katastrophe für unsere Küsten nicht vermeiden.

So rekonstruierte der Husumer Kartograph Johannes Mejer die nordfriesische Westküste vor der verheerenden Sturmflut 1362. Mitte des 17. Jahrhunderts zeichnete er zahlreiche Karten für die Danckwerthsche Landesbeschreibung (1652). Quellenkritische und archäologische Untersuchungen haben ergeben, daß Mejer in vielen Einzelheiten falschlag: weil ihm in Detailfragen das Wissen fehlte, ließ er des öfteren seine Phantasie spielen. Trotz aller Fehler gibt die Karte im groben doch einen zutreffenden Eindruck davon, wie es in Nordfriesland vor den schweren Landverlusten im 14. Jahrhundert aussah.

Chronik der Sturmfluten

Bis heute tappt die Forschung in Sachen Sturmflutgeschichte vielfach im Dunkeln. Oft fehlen Quellen, die uns Auskünfte über die Katastrophen an der Küste in früheren Jahrhunderten geben könnten. Erst seit dem Hochmittelalter existieren Schilderungen, erst seit dem 17. Jahrhundert einigermaßen genaue Karten. Vor der friesischen Landnahme war das Land so gut wie unbesiedelt, so daß Menschen durch Sturmfluten nicht direkt betroffen wurden und schon deshalb keine Aufzeichnungen machten. Trotz bemerkenswerter Funde hilft auch die Archäologie oft nicht weiter, wegen der laufenden Veränderungen läßt sie selten exakte Rückschlüsse auf Küstenverlauf und Sturmflutereignisse zu.

Daß es schon vor Christi Geburt Sturmfluten gegeben haben muß, läßt sich aus dem Vorhandensein eines breiten Marschengürtels vor der Westküste schließen. Genaue Angaben besitzen wir über diese Zeit aber nicht. Die erste in den Quellen vermerkte Sturmflut soll etwa 120 v. Chr. die jütländische Halbinsel verwüstet und auch in Nordfriesland zahlreiche Todesopfer gefordert haben. Wie es heißt, sollen die in den Marschen lebenden Volksstämme der Cimbern, Teutonen und Ambronen (ihr Name lebt in der Insel Amrum fort) danach ihre Heimat verlassen haben. Sie griffen das Römische Reich an, wurden 113 v. Chr. an der Donau gesichtet, zogen dann nach Südfrankreich und konnten erst 101 v. Chr. bei Vercellae in Norditalien endgültig besiegt werden.

Friesische Landnahmen im Frühmittelalter

Eine erste friesische Landnahme im 5/6. Jahrhundert sowie eine zweite im 8. Jahrhundert führten zur Kolonisation des Landes durch Einwanderer aus den heutigen Niederlanden (Westfriesen) und Ostfriesland. Zwar werden für die Gebiete westlich der Elbe aus dieser Zeit Daten für aufgetretene Fluten genannt, die sicher auch die östliche Nordsee betrafen. Wissenschaftlich abgesichert sind diese Daten nicht, auch über die entstandenen Schäden können keine Aussagen gemacht werden. Zur Zeit Karls des Großen setzte die christliche Missionierung in Schleswig-Holstein ein. Die Mönche, die ins Land kamen, waren wohl die einzigen, die lesen und schreiben konnten, und ihnen ist es zu verdanken, daß seit der Jahrtausendwende Zeugnisse über Sturmfluten existieren. Leider gibt es aus dieser Zeit keine Originalberichte, es wurden nur karge Aufzeichnungen mit Jahreszahl und eventuell noch dem kirchlichen Namenspatron des Tages, an dem die Flut stattgefunden hatte, gemacht. Diese knappen Notizen übernahmen später die Chronisten in ihre Bücher, vielfach deuteten sie die Verwüstungen als Strafe Gottes.

Mit der Ausbreitung des Christentums trat in den missionierten Gebieten in Gestalt der Kirche zum ersten Mal eine straffere Verwaltungsorganisation auf. Die abgabepflichtigen Kirchspiele wurden durch die bischöflichen Kanzleien in Verzeichnissen erfaßt, so daß wir heute von vielen Orten wissen, die in den Fluten der Nordsee versunken sind.

Wie muß man sich das Land am Meer in dieser Zeit vorstellen? Westlich der heutigen Küste lag ein breiter, von Prielen durchzogener Marschengürtel, der keine feste Landmasse darstellte, sondern sich aus zahlreichen kleinen Inseln zusammensetzte. Allein schon aus technischen Gründen konnte man damals nur wenige und recht flache Deiche errichten, so daß die Größe der Inseln und der sie umgebenden Priele nicht statisch war: wechselnde Fluten ließen die Meeresarme breiter oder an anderer Stelle wieder schmaler werden, Landstücke wurden angegriffen oder durch Anlandung wieder vergrößert. Tendenziell ist spätestens seit dem Mittelalter ein Landverlust der Inseln zu beobachten. Dennoch konnte man noch im Hochmittelalter trockenen Fußes von Sylt nach Eiderstedt gelangen. Es existiert die Darstellung, der Baumeister der Keitumer Kirche St. Severin habe im 11. Jahrhundert auch St. Johannis in Nieblum auf Föhr, die Alte Kirche auf Pellworm und eine vierte Kirche in Tating auf Eiderstedt errichtet. Dabei konnte er mit dem Pferd alle seine Arbeitsstätten erreichen – wo heute das nordfriesische Wattenmeer ist, befand sich damals noch Land!

Trotz eines Absinkens des Meeresspiegels zwischen 1000 und 1400 stammen aus dieser Zeit die ersten Nachrichten über schwere Sturmfluten an der deutschen Nordseeküste. Die schleswig-holsteinischen Quellen nennen die Jahre 1010, 1020, 1075, 1094, 1102 und 1114. Die Deiche und Warften, auf denen die Häuser standen, waren nicht hoch genug, um wirksamen Schutz zu bieten. Erhebliche Schäden richtete die Julianenflut im Februar 1164 an. Zwischen Rhein und Elbe sollen 20000 Menschen ertrunken sein, die Entstehung des Jadebusens wurde eingeleitet. Auch in den Jahren 1170, 1173, 1187 und 1196 tobte der „blanke Hans". Gerade im Mittelalter sind genaue Daten- und Zahlenangaben mit Vorsicht zu genießen. Die Autoren dieser Zeit verwechselten einzelne Fluten oder gaben sie unter verschiedenen Daten mehrfach an. Auch die Opferzahlen sind in der Regel weit übertrieben: die Schrecken sollten durch unglaubliche Angaben besonders anschaulich gemacht werden. Oft wußten die Autoren nicht genug, aber die Übertreibung war im Mittelalter ein beliebtes Mittel in derartigen Schilderungen. Vor allem aber besitzen wir aus dieser Zeit keine exakten Angaben über die Fluthöhen, was längerfristige Prognosen über den Anstieg des Meeresspiegels nahezu unmöglich macht.

XI. NORDSTRAND iſt eine merckwürdige Inſul, auf der Nord-See, drey gute Meilen lang, und zwey Meilen breit, der Stadt Huſum gegen über gelegen. Uber dieſe Inſul ließ GOtt vor 100. Jahren ein erſchreckliches Straff-Gerichte ergehen.

Die Einwohner waren gottloſe Leute, die nichts thaten, als daß ſie fraſſen und ſoffen. So bald ſie aufgeſtanden waren, ſo deckten ſie den Tiſch, und aſſen des Tages zum wenigſten ſechs mahl. Sie ſatzten auch den Reſpect gegen die hohe Landes-Obrigkeit gantz bey Seite, und als ſie A. 1627. nach der Schlacht bey Lutter, darinnen die Dänen eingebüſſet hatten, nur einige Käyſerliche

58   SCHLESWICH.

liche Völcker einnehmen ſolten, und Hertzog FRIDERICUS III. deßwegen ſelber zu ihnen auf die Inſul kam: ſo waren ſie ſo verwegen, daß ſie öffentlich wider ihren Landes-Herrn rebellirten. Hierüber ergrimmte der Hertzog dergeſtalt, daß er bey ſeinem Abzuge von der Inſul vor Ungedult den Wunſch that: Daß die Inſul ſo tieff unter das Waſſer verſincken möchte, als ſie jetzund hervor ragete. Sieben Jahre darnach wurde dieſer Fluch erfüllet. Denn da wurde dieſer Nordſtrand Ao. 1634. unvermutheter Weiſe, Abends um 10. Uhr, von einer ungemeinen Fluth dermaſſen überſchwemmet, daß 6133. Menſchen, und 50000. Stücke Viehes um das Leben kamen; die Anzahl aber der weggeſpühlten Häuſer belief ſich auf 1300. Wie nun dem Hertzoge die traurige Poſt gebracht ward, ſo gab er zur Antwort: GOtt iſt gerecht, das habe ich ihnen gewünſchet. Und freylich war die Boßheit der Einwohner ſo groß, daß GOtt nothwendig darein ſehen muſte. Die Fremden ſchlügen ſie tudt, und da krehete kein Hahn darüber; Sie dreheten bißweilen auch einander ſelber das Meſſer im Leibe herum, und davon ward kein groß Weſen gemacht: Ja, wenn ihnen von Chriſtlich-geſinneten Leuten darüber zugeredet wurde, ſo gaben ſie zur Antwort: Es wäre bey ihnen jederzeit der Gebrauch alſo geweſen, es hätte auch in ihrem Lande niemahls beſſer zugeſtanden. Etwan 1500. Einwohner, die ſich auf hohe Häuſer oder Thürme ſalviret hatten, behielten ihr Leben, und haben darnach das Land, durch Vorſchub einiger Nieder-Länder, wieder angebauet. Seit der Zeit gehöret ſie gleichſam Pfandes-weiſe den Niederländern.

In der „Vollständigen Geographie" des Johann Hübner aus dem Jahre 1733 findet sich eine zeitgenössische Darstellung über den angeblich so lasterhaften Lebenswandel auf der Insel Strand vor ihrem Untergang im Jahre 1634. Ein göttliches „Straff-Gerichte" wird als Begründung für die Katastrophe herangezogen.

Für das 13. Jahrhundert sind 31 Fluten aufgeführt. Von der schweren Marcellusflut am 16. Januar 1219, die besonders an der west- und ostfriesischen Küste furchtbar wütete, existiert ein erster Augenzeugenbericht. Dieses Unglück soll 36000 Menschen das Leben gekostet haben. Eine andere Chronik berichtet von einer schweren Sturmflut an der schleswig-holsteinischen Westküste im Jahre 1216, die in Eiderstedt, Dithmarschen und Nordstrand 10000 Tote gefordert haben soll, möglicherweise handelt es sich ebenfalls um die Flut von 1219.

50000 Tote soll es bei der Luciaflut am 14. Dezember 1287 gegeben haben, in dieser Zeit wurde die Bildung des Dollart eingeleitet.

Die größte Katastrophe Nordfrieslands: 100000 Tote?

Einen schrecklichen Höhepunkt erlebten die Küstenbewohner dann im 14. Jahrhundert, für das die Chronisten insgesamt 25 Sturmfluten vermerkten. Brachte das Wüten des „blanken Hans" bereits 1338 und 1354 schwere Schäden an Mensch, Vieh und Land, so wurden diese Ereignisse durch die 2. Marcellusflut am 16. Januar 1362 weit in den Schatten gestellt. Nicht umsonst erhielt sie den Beinamen „Grote Manndrenke", womit das Ertrinken unzähliger Menschen veranschaulicht wurde. Sie war die folgenreichste Katastrophe an der Nordseeküste, 100000 Menschen sollen die Wassermassen den Tod gebracht haben. Weite Gebiete wurden überschwemmt, viel Land ging für immer verloren oder mußte dem Meer in den folgenden Jahrhunderten mühsam wieder abgerungen werden. Das Gesicht der Küstenlandschaft wurde nachhaltig verändert: große Buchten entstanden, Prielströme wurden zu breiten Meeresarmen, und der wichtigste Ort Nordfrieslands im Mittelalter, Rungholt, versank in den Fluten. Über das genaue Datum dieser vernichtenden Flut finden sich unterschiedliche Angaben in den Chroniken, der Januar 1362 ist am wahrscheinlichsten. Anzunehmen ist auch, daß die Verheerungen dieses und des folgenden Jahrhunderts nicht durch eine einzige Flut verursacht wurden, sondern durch mehrere Stürme, was abweichende Angaben der Chronisten erklären könnte. Warum starben so viele Menschen bei dieser Flut, und warum gingen so viele Ländereien unter? Die Deiche waren viel zu niedrig und falsch angelegt, so daß sie die Gewalt des Meeres nicht bremsen konnten. Wichtig ist auch die Bearbeitung des Landes durch die Bewohner. Sie bauten an vielen Stellen das Torf ab und entwässerten den feuchten Boden. Diese Nutzung führte zu einer Landsenkung, so daß das Wasser bei Deichbrüchen ungehindert einströmen konnte. Die tiefliegenden Gebiete wurden rasend schnell überflutet, den Menschen hinter den Deichen blieb kaum Zeit zur Flucht.

Um den Untergang Rungholts ranken sich fantastische Sagen, die wiederum ein Gottesgericht als Ursache für die Zerstörung angeben. Der prunkvolle und lasterhafte Lebenswandel der Einwohner soll den Zorn des Herrn herausgefordert haben. Im 17. Jahrhundert wurde eine Sage aufgezeichnet, wonach mehrere Trunkenbolde dem Rungholter Pastor übel mitgespielt haben sollen, weshalb Gott die Stadt mit einer Flut strafte. Bis in unsere Zeit ist die sagenumwobene Stadt bekannt durch das Gedicht „Trutz, blanke Hans" des Lyrikers Detlev von Liliencron, der in seiner Zeit als Hardesvogt auf Pellworm der 1362er Flut ein literarisches Denkmal setzte.

Noch heute findet man im Wattenmeer Spuren des untergegangenen Landes, beispielsweise Knochen, Ackerfurchen oder Brunnenringe. Besonders der Landwirt Andreas Busch brachte die Rungholt-Forschung voran. Ihm verdanken wir wichtige Funde und den Beweis, daß es Rungholt wirklich gab. Leider sind keine Originalberichte aus diesen Tagen mehr erhalten, erst 250 Jahre später entstanden die ersten Chroniken, deren Grundlage wahrscheinlich mündliche und heute verschollene schriftliche Quellen waren. Heimreich berichtet in seiner Chronik, die 300 Jahre später entstand, daß es im Bereich von Alt-Nordstrand 7600 Tote gegeben hat, es überlebten nur zwei oder vier Frauen. Immerhin hatte Rungholt etwa 2000 Einwohner, für das Mittelalter eine beträchtliche Zahl. Durch Scherbenfunde und eine Urkunde konnten Handelsbeziehungen mit Flandern nachgewiesen werden. Dennoch: ob die Stadt wirklich sagenhaft reich war, wissen wir heute nicht, aber die überlieferten Geschichten sind, wenn sie vielleicht auch nicht stimmen, doch zumindest gut erfunden.

Auch südlich der Eider und in den Elbmarschen zerstörte die See im 14. Jahrhundert breite Landstriche, wenn auch die Folgen nicht so schlimm waren wie in Nordfriesland. Dort müssen die Deiche derart angeschlagen gewesen sein, daß die Sturmfluten 1380, 1387, 1391, 1393 und 1395 auch im Sommer schwere Schäden mit sich brachten. Allgemein treten größere Zerstörungen nur im Herbst und Winter auf, aber nun konnte das Wasser nahezu unbehindert das Küstenland überfluten. Erschwerend kam die Pest hinzu, die in jener Zeit Europa heimsuchte, so daß kaum Mittel und Menschen zur Verfügung standen, um die Deiche schnell wieder instand zu setzen.

Trutz, blanke Hans

(Auszug)

Mitten im Ozean schläft bis zur Stunde
Ein Ungeheuer, tief auf dem Grunde.
Sein Haupt ruht dicht vor Englands Strand,
Die Schwanzflosse spielt bei Brasiliens Sand.
Es zieht, sechs Stunden, den Atem nach innen,
Und treibt ihn, sechs Stunden, wieder von hinnen.
Trutz, Blanke Hans.

Doch einmal in jedem Jahrhundert entlassen
Die Kiemen gewaltige Wassermassen.
Dann holt das Untier tiefer Atem ein,
Und peitscht die Wellen und schläft wieder ein.
Viel tausend Menschen im Nordland ertrinken,
Viel reiche Länder und Städte versinken.
Trutz, Blanke Hans.

Ein einziger Schrei – die Stadt ist versunken,
Und Hunderttausende sind ertrunken.
Wo gestern noch Lärm und lustiger Tisch,
Schwamm andern Tags der stumme Fisch.
Heut bin ich über Rungholt gefahren,
Die Stadt ging unter vor sechshundert Jahren.
Trutz, Blanke Hans?

Detlev von Liliencron

Die Küstenbewohner wehren sich

Auch im 15. Jahrhundert trafen mehrere Sturmfluten die Küsten. Hervorzuheben sind besonders die Allerheiligenflut am 1. November 1436 und jene am Dreikönigstag des Jahres 1470. 1436 traf es die gesamte deutsche Küste, allein in Tetenbüll auf Eiderstedt fanden 180 Menschen den Tod. Der Tönninger Bürgermeister soll, als er sich in einen Kübel gesetzt hatte, um seine Frau aus den Fluten zu retten, bis nach Büsum getrieben sein, wo er, wenn man den Chronisten glauben kann, wohlbehalten anlandete. In der Wilstermarsch fiel fast der gesamte Elbdeich der Flut zum Opfer. Dennoch waren die Auswirkungen der Sturmfluten nach den Verheerungen des 14. Jahrhunderts nicht mehr so schlimm: zahlreiche tiefliegende Gebiete waren untergegangen und die verhältnismäßig sicheren Gebiete wurden nicht in dem Maße von den Fluten erreicht. Auch wird die 1362er Flut als Startschuß für den forcierten Küstenschutz und die Landgewinnung aufgefaßt. Die Menschen wehrten sich gegen das Meer! Sie deichten neu ein oder verstärkten die alten Deiche, an der gesamten Nordseeküste entstanden neue Köge. So wurde beispielsweise die Verbindung zwischen Hever und Eider geschlossen, der Wiedingharder und der Kornkoog bedeicht und dem Jadebusen nach seiner größten Ausdehnung im Jahre 1509 immer mehr Land abgetrotzt.

Diese Arbeiten wurden durch die weiterhin auftretenden Sturmfluten immer wieder behindert oder zurückgeworfen; so berichten die Chroniken von 60 schwereren Schadensfluten im 16. Jahrhundert. Am schlimmsten waren die Allerheiligenfluten der Jahre 1532 und 1570. Die erste betraf vor allem die Westküste, wo Tausende ertranken und weite Gebiete überflutet wurden. In Büsum wurden zwei Drittel der Deiche zerstört, insgesamt entstanden elf Wehlen (tiefe Seen, die nach einem Deichbruch durch einfließendes Meerwasser gebildet werden). Die zweite wütete besonders in Ostfriesland und Holland. Dank genauerer Untersuchungen läßt sich ziemlich bestimmt sagen, daß zwischen Weser und Ems etwa 10 000 Menschen umkamen und 13 Quadratkilometer Land verlorengingen, die durch Eindeichungen aber schon bald wiedergewonnen werden konnten. Von besonderem Interesse sind die ersten Sturmflutmarken, die nach den Allerheiligenfluten angebracht wurden. So fanden sich in der Klixbüller Kirche zwei Striche, an denen man ablesen konnte, daß 1532 der Höchststand des Wassers bei 4,16 Metern über NN und 1634 bei 4,30 Metern über NN lag. Bei der ersten Flut befand sich das Dorf am Geestrand ohne den Schutz eines Kooges direkt am Wasser, während 1634 der davorliegende Koog bereits überschwemmt gewesen sein muß, so daß man auf eine noch größere Wasserhöhe am Außendeich schließen kann. Der Höchststand der Flut von 1570 wurde an der äußeren Wand des Kirchturms von Suurhusen bei Emden durch einen Stein festgehalten, so daß man für das Weser-Ems-Gebiet Fluthöhen von 4,40 bis 4,50 Meter über NN errechnen konnte. Schwere Stürme gab es dann noch in den achtziger Jahren des 16. Jahrhunderts sowie 1593, als der 1566 geschlossene Deich des Gotteskooges brach und drei Wehlen bei Niebüll durch einströmendes Wasser eingerissen wurden. Eine wurde inzwischen zugeschüttet, die beiden anderen lassen sich noch heute hinter dem Ortsausgang finden, wenn

Dieser Stich aus dem 17. Jahrhundert bringt die Schrecken eines Deichbruches eindrucksvoll zum Ausdruck.

Ein bemerkenswertes Luftbild: im Watt vor Langeneß erkennt man bei genauerem Hinsehen die Überreste einer alten Warft mit ihrem Fething, dem Süßwasserreservoir.

man auf dem alten Deich von Niebüll in Richtung Emmelsbüll fährt. Trotz dieser schweren Fluten war es doch vor allem ein Jahrhundert der Eindeichungen und der Landgewinnung. Man nimmt an, daß der Meeresspiegel in dieser Zeit einen Tiefstand erreichte, um dann ab dem 17. Jahrhundert wieder anzusteigen, so daß dann die Erfolge bei der Landgewinnung abnahmen. Eine neue Pestwelle und die Belastungen durch den Dreißigjährigen Krieg taten ein übriges.

Insgesamt sind für das 17. Jahrhundert mehr als 60 Sturmfluten überliefert. In den Jahren zwischen 1612 und 1617 gab es mehrere schwere Stürme, die zahlreiche Opfer forderten und die Deiche angriffen. Am schlimmsten traf es Nordfriesland am 1. Dezember 1615 („Große Schadensflut"), als auf der Insel Strand 300 Menschen ertranken und im Tonderner Schloß das Wasser bis zu den Fenstern stand. Es wird berichtet, daß die Friedhöfe verwüstet und Gebeine überall auf dem Land verstreut wurden. Die Fastnachtsflut vom 26. Februar 1625 wur-

de als hohe Eisflut bekannt: die Eisschollen beschädigten vor allem auf der Insel Strand die Deiche, es kam dort sowie in Eiderstedt, Dithmarschen und in den Elbmarschen zu Überschwemmungen. In Tönning lag die Sturmfluthöhe bei etwa 3,90 Metern über NN.

Der Untergang der Insel Strand

Doch diese Fluten waren nur das Vorspiel für das Drama, das sich im Jahre 1634 an der gesamten Westküste abspielte. Am 11. Oktober wurde besonders Nordfriesland von einer Katastrophe verheert. Neben der Rungholt-Flut des Jahres 1362 hat keine andere Sturmflut so viel Schrekken verbreitet wie diese, bei der die große Insel Strand in die Inseln Pellworm und Nordstrand sowie die Hallig Nordstrandischmoor auseinanderbrach. Diese Hallig ist der Überrest des „Wüsten Moores", einer unbesiedelten Hochmoorfläche, die als einzi-

ges Inselgebiet von der Überflutung verschont blieb. Vor allem nördlich der neu entstandenen Inseln gingen zahlreiche Ländereien in den Fluten unter. Insgesamt kamen etwa 8400 Menschen in den Fluten um – deutlich weniger als noch im 14. Jahrhundert. Fortschritte im Deichbau und in der Landgewinnung senkten die Opferzahlen.

Ursprünglich bezeichnete man den gesamten breiten Marschengürtel Nordfrieslands als „Strand", bis dieser durch die verheerende Flut 1362 auseinandergerissen wurde. Der Name ging auf die bogenförmige Insel westlich von Husum über, die man ab dem 15. Jahrhundert auch „Nordstrand" nannte – der Südstrand waren die breiten Sande südwestlich von Eiderstedt. Erst nach der 1634-Flut, als die Insel große Flächen verlor, tauchte die Bezeichnung „Alt-Nordstrand" auf, so daß das heutige Nordstrand eigentlich „Neu-Nordstrand" heißen müßte. Vor ihrer Verwüstung hatte die Insel 22 Köge mit einer Gesamtfläche von rund 200 Quadratkilometern. Es gab

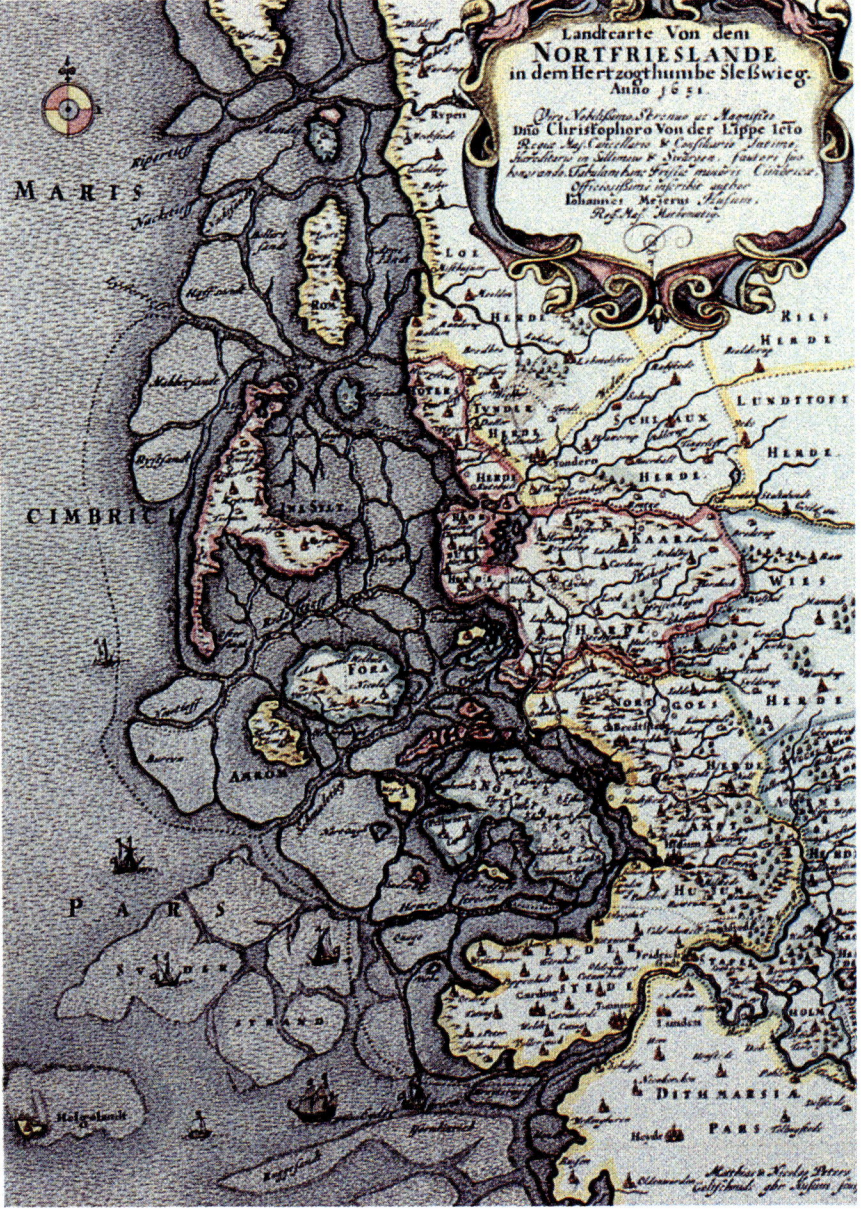

Nordfriesland vor der schweren Sturmflut des Jahres 1634. Auf dieser Karte, die ebenfalls von Johannes Mejer stammt, hat die Insel Strand noch ihre Hufeisenform.

wurde die Katastrophe als Strafe Gottes angesehen: den Bewohnern, reich geworden durch den fetten Marschboden ihrer Insel, war das Geld zu Kopfe gestiegen. Der Herzog sah sich zu mehreren Erlassen „wider allerhandt Pracht und Hochfarth" genötigt, um den Übermut zu bremsen. Der damalige Pastor Boetius bezichtigte seine Landsleute der „Völlerei und der Veranstaltung kostspieliger Gastmähler [...] bey Verschwendung des Vermögens" und hielt die Insel reif für den Untergang. Die Nordstrander hatten mit Unterstützung der Niederländer einen gewaltigen Ringdeich gebaut, von dem sie meinten, er sei für alle Zeit uneinnehmbar. Sie planten gar die Wiedereindeichung der großen Rungholt-Bucht, die die Flut des Jahres 1362 ins Marschland geschlagen hatte. Die „Buchardiflut" 1634 riß sie aus ihren Träumen, denn der „Goldene Ring" brach an 44 Stellen! 19 Dörfer und 18 Kirchen versanken für immer in den Fluten. Fast alle Häuser wurden weggespült, 50000 Stück Vieh kamen um. Aber auch anderswo gab es Verwüstungen, so zum Beispiel in Deezbüll bei Niebüll, das 60 Ertrunkene zu beklagen hatte.

Der niederländische Ingenieur Jan Andriaanz Leeghwater, der seinerzeit in der Nähe von Fahretoft Landgewinnungsarbeiten leitete, verfaßte einen Bericht über die Ereignisse, demnach erreichte das Wasser einen Höchststand von 4,45 Metern über NN. Er schrieb unter anderem über den folgenden Tag: „Ich bin auch den Strand allda entlang geritten, da habe ich wunderbarliche Dinge gesehen, viele verschiedene tote Tiere, Balken von Häusern, zertrümmerte Wagen und eine ganze Menge Holz, Heu, Stroh und Stoppeln. Auch habe ich dabei so manche Menschen gesehen, die ertrunken waren. Es sah aus als ob es eine Sündflut gewesen wäre." Weitere Originalzeugnisse aus diesen Tagen sind beispielsweise die „Klag Predigt" des Pastors Lobedanz und das „Klage

22 Kirchen und etwa 1200 Häuser, in denen 8600 Einwohner lebten. Es muß großer Reichtum geherrscht haben, denn das Marschland war sehr fruchtbar. In guten Jahren konnten die Bewohner der Insel Strand die Hälfte ihrer Ernte verkaufen und so gutes Geld machen. Das Nordstrander Salz wurde bis nach Ripen und Hamburg geliefert.

Über diese, auch „Zweite Manndrenke" genannte Flut sind wir heute recht gut informiert, da amtliche wie kirchliche Schadensberichte und Schilderungen von Augenzeugen vorliegen. Am wichtigsten ist die „Nordfresische

Chronik" des Nordstrander Pastors Heimreich, der selber fast ertrunken wäre und einen erschütternden Bericht von dieser Flut verfaßte. Weiter sammelte er Nachrichten über die Fluten in früheren Jahrhunderten, und da heute oft die Originalbelege verschollen sind, stellt sein Buch eine wichtige Basis für das Verfassen einer Sturmflutgeschichte der Nordseeküste dar. Er gibt die Zahl der Ertrunkenen auf Nordstrand mit 6123, im nördlichen Dithmarschen mit 327 und auf Eiderstedt mit 2107 an. Auf den Halligen brachte die Flut 194 und im Amte Tondern auf dem Festland 143 Bewohnern den Tod. Auch in diesem Fall

Leedt" des Küsters Lobbe Obbesen, beide von Nordstrand.

Diese Zeugnisse machen deutlich, welche Tragödien sich durch Sturmfluten abspielten und sich teilweise bis in unser Jahrhundert abspielen. Dabei darf man nicht vergessen, daß die Menschen in früherer Zeit kein Telefon, Radio oder Fernsehen hatten und so weder gewarnt oder informiert wurden. Auch spielte sich das Geschehen in der Regel im Dunkeln ab, und Rettungsteams mit moderner Technik gab es damals noch nicht. Viele Menschen starben noch Tage nach den Fluten an Entkräftung, Unterkühlung oder Hunger. Zwar spendeten Landesherren und Reiche nach Flutkatastrophen für die Betroffenen oder es wurde in der Kirche für sie gesammelt, doch eine umfassende Hilfe wie heute gab es damals nicht, so daß unzählige Existenzen vernichtet wurden. Trotz der deutlich niedrigeren Opferzahlen war die Flut von 1634 mindestens so hoch wie jene von 1362. Die Sturmflutmarke in der Klixbüller Kirche wurde bereits angesprochen, eine andere Marke am Tönninger Schifferhaus ließ auf eine Höhe von etwa 4,60 Metern über NN schließen.

Nach dem Auseinanderbrechen der Insel Strand begann man schon bald wieder mit Eindeichungsmaßnahmen. Am Ende des 17. Jahrhunderts waren auf Pellworm 3000 Hektar und auf Nordstrand ca. 2300 Hektar eingedeicht – nur knapp ein Viertel der ursprünglichen 20000 Hektar konnten also gerettet werden. Von den 2633 Überlebenden waren die meisten in große Not geraten und hatten die Insel verlassen. Pellworm konnte schon bald mit Hilfe eines reichen Holländers wiederbedeicht werden, für die anderen Inselreste gelang es dem Herzog erst im Jahre 1651, vier Niederländer zu gewinnen, die, mit zahlreichen Vergünstigungen ausgestattet, das Geld für den Deichschutz aufbrachten. Erschwerend kamen die Belastungen durch den Dreißigjährigen Krieg hinzu. Wenn Schleswig-Holstein auch nicht im Zentrum der Auseinandersetzungen lag, so mußte man nach dem Eingreifen des dänischen Königs Christian IV. marodierende kaiserliche Truppen ertragen. Für den Küstenschutz war in dieser Zeit kaum Geld verfügbar. Statt die bedrohten Menschen an der Küste zu schützen, flossen alle verfügbaren Mittel in einen sinnlosen Krieg, der Deutschland

um Jahrhunderte zurückwarf. Der Deichbau blieb der Initiative einzelner überlassen, ein effektives Deichsystem konnte so nicht entstehen. Doch die Friesen, die schon zahlreiche Katastrophen dieser Art bestehen mußten, packten wieder an, und nach einer Sage soll bei dieser Flut ein neuer Kampfruf entstanden sein: „Trutz, blanke Hans!" soll der Oberdeichgraf Nordfrieslands auf dem Deich bei Risummoor den vordringenden Wassermassen entgegengerufen haben. Bis hierher und nicht weiter, Nordsee! – ein Motiv, das für den Deichbau bis in unser Jahrhundert bestimmend geblieben ist.

In den folgenden Jahren gab es eine Häufung schwerer Sturmfluten, besonders zwischen 1651 und 1668 verging kaum ein Jahr ohne Überschwemmungen und Deichbrüche. Die Fluten von 1679, 1685, 1696, 1697 und 1699 brachten an der gesamten deutschen Westküste Schäden, hervorzuheben ist die Gegend um Alt-Brunsbüttel. Mitte des 16. Jahrhunderts lag der Ort noch ein ganzes Stück von der Elbe entfernt. In den folgenden 100 Jahren ging hier viel Land verloren, so daß man Brunsbüttel 1675 aufgab und etwa 700 Meter nördlich neu aufbaute. Neben den Elbmarschen war auch Hamburg, die mächtige Handelsstadt an der Elbe, die im Spätmittelalter Lübeck als bedeutendstes Zentrum Norddeutschlands abgelöst hatte, von Sturmfluten betroffen. Die Elbe war als Wasserstraße schon damals einerseits Lebensader, bei Fluten aber auch eine gefährliche Bedrohung für die Hansestadt. Schon im 17. Jahrhundert stellte man am Ende des heutigen Rödingsmarktes einen Pegel auf, so daß zahlreiche Sturmfluthöhen seit dieser Zeit bekannt sind. Im 17. Jahrhundert sind die Fluten vom 20. Oktober 1663 (etwa 4,80 Meter über NN) und 22. September 1697 (etwa 4,90 Meter über NN) herausragend.

„Die erschreckliche Wasser-Fluth" – dieser Stich aus dem Jahre 1683 zeigt die Verheerungen einer Überschwemmung, der die Menschen damals fast wehrlos ausgesetzt waren.

17

Gottesgericht zu Weihnachten

Zu Beginn des 18. Jahrhunderts gab es bereits einige Fluten, die allerdings nur begrenzte Auswirkungen hatten. Allerheiligen 1711 wurde die „weiße Klippe" von Helgoland ein Raub des Meeres, womit die Abspaltung der Düne von der Hauptinsel eingeleitet wurde. Einige Jahre später waren beide Teile dann endgültig getrennt. Die schlimmste Katastrophe dieses Jahrhunderts fand aber an Weihnachten 1717 statt, sie betraf die Nordseeküste von Holland bis Dänemark. Je näher wir an die heutige Zeit kommen, um so besser wissen wir über die Schäden Bescheid, zumal die Flut damals in ganz Europa großes Aufsehen erregte. Es ertranken über 11 500 Menschen und 100 000 Stück Vieh. Fast 5000 Gebäude wurden zerstört und 6000 km² Land überflutet. Der Höchststand des Wassers wurde mit 4,60 Metern über NN in Büsum gemessen.

Aus den Schilderungen der damaligen Zeit wissen wir, daß die Flut überraschend kam, denn in den Tagen vor Weihnachten waren die Wasserstände eher niedrig. Während am 23. Dezember bei leichtem Frost noch schwacher Ostwind herrschte, fing es einen Tag später an zu tauen. Der Wind drehte auf Südwest und frischte auf. Am 25. und 26. Dezember blies ein starker Sturm von Nordwest. Es deutet vieles darauf hin, daß ein Tief über Skandinavien für die todbringende Wetterlage verantwortlich war – eine Wetterkonstellation, die schon oft zu äußerst schweren Fluten geführt hatte. Besonders schwer wütete diese Flut in Dithmarschen, so ertranken im Süden 344 Menschen, davon allein 70 in Marne und 62 in Brunsbüttel. Aber auch Eiderstedt wurde fast vollständig überschwemmt. Hier war der Deich an 87 Stellen gebrochen, 54 Menschen verloren ihr Leben. Wie bei der Flut 1362 (Pest) und 1634 (Dreißigjähriger Krieg) waren die Folgen dieser Katastrophe auch deshalb so schlimm, weil sie in eine Zeit großer Not fiel: es tobte der Nordische Krieg, so daß man vermuten kann, daß die Deichverteidigung wegen fehlender Mittel gelitten haben wird.

Waren die vernichtenden Fluten des 14. Jahrhunderts gleichsam der Startschuß für die Landgewinnung, so begann nach der Weihnachtsflut 1717 die wissenschaftliche Beschäftigung mit Sturmfluten und Küstenschutz. Ein Beispiel ist das Buch „Anfangs-Gründe der Deich- und Wasser-Baukunst" des ostfriesischen Deichrichters Albert Brahms, der die Westküste bereiste und die Sturmflutwasserstände maß sowie statistisch aufbereitete. Wie nach jeder Flut machte man sich sofort an die Wiederherstellung der zerstörten oder beschädigten Deiche, doch war dies in damaliger Zeit ein mühseliges Unterfangen. Bagger, Kräne und Lastwagen gab es noch nicht, man mußte mit Schaufeln, Schubkarren und der Kraft der Hände auskommen und nebenbei auch noch persönliche Verluste durch die Überschwemmungen verkraften.

Diese Arbeiten wurden durch erneute Fluten im Februar 1718 („Schwere

Das Buch „Anfangs-Gründe der Deich- und Wasser-Baukunst" des ostfriesischen Deichrichters Brahms (oben) ist eines der ersten Zeugnisse für die wissenschaftliche Beschäftigung mit den Fragen des Küstenschutzes.
Kartographische Darstellung des in der Weihnachtsflut 1717 überfluteten Küstengebietes (links).

Eisflut") und um die Jahreswende 1720/21 zurückgeworfen, teilweise war der Zustand der angeschlagenen Deiche noch schlimmer geworden. Gerade ausgebesserte Stellen wurden wieder überflutet, schon kleinere Stürme konnten jetzt große Schäden hervorrufen. Das Los der Küstenbewohner in früheren Jahrhunderten war wahrlich hart! Doch die Menschen ließen sich nicht entmutigen, und mit Hilfe finanzkräftiger Unternehmer wurden neue Köge eingedeicht, so beispielsweise in Nordfriesland zwischen Dagebüll, das damals noch eine Insel war, und dem Festland sowie westlich von Bredstedt. Glücklicherweise datieren die nächsten Fluten erst aus der zweiten Hälfte der 1740er Jahre, so daß die Landgewinnung Fortschritte machen konnte.

Mindestens genauso schwer wie 1717 waren die Sturmfluten am 11. September 1751 und 7. Oktober 1756. Aus Hamburg und Tönning sind sogar höhere Wasserstände als 1717 überliefert, was aber auch an den ungenauen Angaben für diese Flut liegen kann. Tatsache ist, daß der Meeresspiegel in der Zwischenzeit um etwa 10 Zentimeter angestiegen war, noch größere Höhen sind daher nicht unwahrscheinlich. Größere Schäden gab es bei diesen Fluten aber kaum, was den verstärkten und aufgrund des technischen Fortschritts besseren Deichen zu verdanken ist. Auch waren die Menschen durch die Erfahrungen von 1717 wachsamer. Im Zusammenhang mit dem Lissaboner Erdbeben im Jahr vorher machte gerade diese Flut großen Eindruck auf die Menschen: sie glaubten, daß sich durch diese Katastrophen der Tag des Jüngsten Gerichts ankündigte!

Große Schadensfluten gab es dann am Ende des 18. Jahrhunderts: von 1791 bis 1794 sowie 1796 und 1797 gab es eine Serie schwerer Stürme, die nach den amtlichen Protokollen Pellworm an den Rand des Unterganges brachten und große Not hervorriefen. In Hamburg erreichten die Fluten am 11. Dezember 1792 mit 3,70 Metern über NN einen Höchststand, überhaupt trat besonders im Dezember

dieses Jahres eine bemerkenswerte Reihung sehr hoher Wasserstände auf, die in dieser Häufigkeit erst im Winter 1973 wiederkehrten, allerdings nicht so hoch. Zahlreiche Deiche brachen. An der gesamten Westküste gerieten die damals noch schutzlosen Häfen unter Wasser und mit ihnen die tieferliegenden Wohnungen. An dieser Stelle ist neben den materiellen auch auf die gesundheitlichen Schäden hinzuweisen. Nach jeder Flut mußten die Bewohner wieder in ihre feuchten Unterkünfte zurückkehren, so daß Fieber, Erkältungen und andere Krankheiten keine Seltenheit waren. Dennoch waren die Schäden geringer als bei der 1717er Flut.

Katastrophe auf den Inseln und Halligen

Wichtig für die Sturmflutforschung und die Landeskunde war die französische Besatzung Deutschlands durch Napoleon Anfang des 19. Jahrhunderts. Es fanden umfangreiche Vermessungen statt, zahlreiche neue Pegel wurden eingerichtet, so daß spätestens seit dieser Zeit die Folgen und Häufigkeit von Sturmfluten sehr präzise bekannt sind. Schwere Sturmfluten gab es zunächst in den Jahren 1806, 1809 und 1822. Sie waren gewissermaßen das Vorspiel für die größte Katastrophe dieses Jahrhunderts, die in den Jahren 1824/25 die Küsten heimsuchte. Nach längeren Regenfällen wurden die Deiche am 3. November 1824 durch eine schwere Flut beschädigt, und obwohl es weiter regnerisch blieb, mußten die Schleusentore geschlossen bleiben, so daß es zu Überschwemmungen durch Binnenwasser kam, gewissermaßen als indirekte Folge der Flut. Erst im Februar des folgenden Jahres waren die Marschen wieder einigermaßen trocken. Die Deiche waren durchgeweicht und hatten noch nicht wieder repariert werden können, als sie am 3./4. Februar 1825 von einer schweren Sturmflut getroffen wurden. Die Festlandsdeiche hielten mit wenigen Ausnahmen den Wassermassen stand, doch auf den Inseln wütete das Meer um so schlimmer. Auf Pellworm ver-

salzten große Flächen des fruchtbaren Ackerlandes, von den 937 Bewohnern der Halligen ertranken 74 und 234 mußten ihre zerstörten Häuser verlassen. Alle 12 Bewohner der Hallig Südfall wurden mit ihrem Vieh ein Raub des Meeres, und in Rantum auf Sylt vernichtete die „Mordsee" fast alle Häuser. Auf Föhr wurde die gesamte Marsch nach 14 Deichbrüchen überflutet. Verzweifelt versuchten die Inselbewohner, auf den Dachböden ihrer Häuser zu überleben. Dort war für sie der letzte Zufluchtsort, wenn die tobende See bereits ins Erdgeschoß eindrang. Mit mächtigen Holzbalken, die sehr tief in die Warft eingegraben wurden, waren diese Rückzugsräume besonders widerstandsfähig und retteten zahllosen Menschen das Leben. Ein dramatischer Bericht von der Hamburger Hallig verdeutlicht die Todesangst auf den Halligen in jener Nacht: „Was für schauerliche Stunden wir dort verbrachten, vermag sich wohl jeder auszudenken. Immer höher steigt die Flut, das Angstgebrüll der Tiere im Stall wird übertönt von dem Gebrüll der wilden Wasserwogen, die unser Haus zu vernichten drohen. Schon ist das Wasser durch die Türspalten ins Haus gedrungen. Da, gegen zehn Uhr, wälzt sich eine wuchtige Sturmwelle heran. Sie schlägt die Westmauer ein und zertrümmert alle Sachen im Pesel und wirft sich mit lautem Gepolter gegen die Scheerwand und die Tür der Vorstube. Noch stehen die anderen Mauern und das auf Ständern gebaute Dachgeschoß, aber wie lange wird es dauern, bis auch die anderen Mauern einstürzen? […] Mein Vater reißt uns Kinder aus dem Bett und will uns auf den Heuboden tragen. Bevor er ihn aber erreicht, wälzt sich eine zweite Sturzsee heran, schlägt die Südermauer, die Scheerwand und die Bodentreppe weg und wirft alles Hausgerät durcheinander. Mein Vater kommt zu Fall, meine Schwester Anna entgleitet seinen Armen und treibt im Wasser. Aber Sönke Petersen ist hinzugesprungen und hat die bereits Ohnmächtige gepackt. Dem jungen Matrosen als dem Gewandtesten gelingt es auch zuerst, auf den Boden zu gelangen, er hilft nun auch den anderen hinauf und so sind wir bald oben geborgen. […] Noch hat

die Flut ihren Höhepunkt nicht erreicht. Da donnert eine dritte, gleich hinterher eine vierte Sturzwelle heran. Das Gebrüll der Tiere verstummt, sie sind alle verendet bis auf ein Pferd, das hoch auf den Hinterbeinen gerichtet, mit den Vorderfüßen auf einer eingestürzten Mauer steht, und bis auf eine Kuh, die durch die Trümmer des Hauses Schutz gefunden hat und so am Leben geblieben war. Obgleich der Dachstuhl krachte und schwankte und Teile des Strohdachs von der Gewalt des Windes fortgerissen waren, hielt er doch noch eben dank der Heubelastung, mit der er versehen war. Gegen 11 Uhr konnte man annehmen, daß die Flut zum Stehen gekommen war und dann allmählich wieder zurückging. Um 2 Uhr war das Wasser so weit zurückgetreten, daß die Männer

sich vom Boden wagen und das Zerstörungswerk ansehen konnten. Ein schreckliches Bild bot sich den Augen dar: Alle Mauern des Hauses waren eingeschlagen, alle Hausstandsachen weggeschwemmt, sämtliche Schafe ertrunken, desgleichen alle Kühe bis auf eine. Drei Pferde waren umgekommen; doch wir Menschen hatten das Leben behalten dürfen. Es hatte uns weniger hart getroffen als die Bewohner anderer Halligen, von denen viele in der Sturmflut dieser fürchterlichen Nacht umkamen."

Am höchsten stieg die Flut in Nordfriesland, so wurde am Husumer Pegel die Rekordhöhe von 4 Metern über MThw gemessen, doch die gesamte Nordseeküste war von dieser Sturmflut betroffen. Pellworm, Hooge, Lan-

Die Hallig Südfall aus der Luft. Die Inseln und Halligen litten am schwersten unter der Sturmflut des Jahres 1825.

geneß und die kleineren Halligen waren vollständig überschwemmt, auf Föhr und Nordstrand standen weite Landstriche unter Wasser. Auch der Südwesten Eiderstedts, Tönning und Büsum wurden schwer in Mitleidenschaft gezogen. Die Nordspitze Jütlands wurde vom Festland abgetrennt, und der Limfjord hatte nun einen direkten Zugang zur Nordsee. Wiederum war die Zahl der Ertrunkenen bei weitem nicht so hoch wie noch bei den mittelalterlichen Fluten, bei dieser „Halligflut" fielen insgesamt etwa 800 Menschen dem „blanken Hans" zum Opfer. Weiter ertranken 45000 Stück

Vieh, 2400 Gebäude wurden zerstört. Wichtig war in diesem Zusammenhang die Neuorganisation des Küstenschutzes in den Jahren 1800/1803; auf das „Allgemeine Deich-Reglement", am 6. April 1803 in Kopenhagen erlassen, wird an anderer Stelle noch einzugehen sein. Zur Linderung der Not ließ die Königliche Kanzlei eine Sammlung anordnen, die die für damalige Verhältnisse beträchtliche Summe von 115 000 Reichsbanktalern erbrachte. 40% dieser Summe gingen an die Halligen, die von der Flut am schwersten betroffen waren.

Bereits im Herbst desselben Jahres störte eine erneute Flut den Wiederaufbau der Küstenschutzanlagen. Neben einigen leichteren Fluten wie 1833, 1834, 1835, 1839 und 1840 gab es im 19. Jahrhundert noch eine schwere Sturmflut am Neujahrstag 1855. Sie betraf wieder die gesamte deutsche Nordseeküste und erreichte besonders westlich der Elbe fast die Höhe der 1825er Flut, doch die nach den neuesten Erkenntnissen reparierten und erhöhten Deiche trotzten dem Meeresangriff. In den nächsten 50 Jahren gab es dann keine schwere Flut mehr, wobei anzumerken ist, daß etwa zehn Mal „Landunter" auf den Halligen pro Jahr als normal gelten. Neue Köge konnten eingedeicht und im Zuge der industriellen Revolution die Wasserstraßen ausgebaut werden.

Nach 1900: Hohe Fluten, geringe Schäden

Der Reigen der Sturmfluten im 20. Jahrhundert begann am 13. März 1906, als an der ostfriesischen Küste noch höhere Wasserstände auftraten als 1825. Ein Grund ist der langsame Anstieg des Meeresspiegels um etwa 25 cm in 100 Jahren. Die Fluten 1911, 1914 und 1916 betrafen dann vor allem die östliche Nordsee, das Gebiet von

der Elbmündung bis nach Dänemark. Bis auf Schäden an den Deichen waren die Folgen gering.

Immer wieder wurde bei diesen Fluten Wasser in die Eider gedrückt, so daß es in ihrem Umland zu Deichbrüchen und Überschwemmungen kam. Mehrere mittelschwere Fluten im Jahr 1926 brachten dann im wahrsten Sinne das Faß zum Überlaufen: der schon lange verfolgte Plan eines Sperrwerkes wurde nun in die Tat umgesetzt. Das Problem hatte sich nicht zuletzt durch die Abdämmung der Eider-Nebenflüsse verschärft, schließlich war sogar Rendsburg durch die eindringenden Flutwellen betroffen. Man entschloß sich nach sorgfältigen Planungen, die Eider bei Nordfeld, 6 Kilometer oberhalb von Friedrichstadt, abzudämmen. Das Sperrwerk mit einer 6 Meter breiten Sielöffnung und einer Schleuse für den Schiffsverkehr wurde 1936 in Betrieb genommen, womit die Eiderniederungen dauerhaft geschützt wurden. Schon bald machte sich das neue Werk positiv bemerkbar, so bei den Fluten im Oktober desselben Jahres sowie zwei Jahre später, besonders aber bei der schweren Sturmflut 1962. Unerwartet trat aber ein Problem auf, mit dem man nicht gerechnet hatte: durch die Veränderung des Stroms wurden bei Flut derart große Mengen Sand in den Fluß geschwemmt, daß

langsam eine Versandung oberhalb des Sperrwerks erfolgte – damit kam es zu neuen Schwierigkeiten in der Eiderniederung, da die Entwässerung nicht mehr funktionierte. In Zukunft baute man deshalb nur noch Sperrwerke, die die normalen Tidebewegungen so wenig wie möglich beeinflussen. Diese Erkenntnisse flossen dann auch in den Bau des neuen Eidersperrwerks ein, das am 20. März 1973 eingeweiht wurde.

Bis zur Mitte unseres Jahrhunderts gab es dann noch schwerere Fluten am 18. und 27. Oktober 1936 sowie am 24. November 1938. Vor allem die „Mittagsflut" von 1936 führte zu Schäden an den Deichböschungen, an einigen Stellen wurden die Deiche auch überströmt. Die Sturmflut im Februar 1949 erhielt den Beinamen „Erste Niedrigwasser-Orkanflut", weil sie zur Tidezeit begann und über sechs Stunden, bis zum astronomischen Niedrigwasser, anhielt. Obwohl es kaum Schäden an den Küstenschutzanlagen gab, deutete sie an, daß die Gefahr einer Katastrophenflut weiterhin wie ein Damoklesschwert über den Köpfen der Küstenbewohner schwebte. Doch war man nach dem verlorenen Krieg und seinen entsetzlichen Zerstörungen vor allem mit dem Wiederaufbau des Landes beschäftigt, so daß man diese Gefahr verdrängte. Doch schon bald sollte es ein böses Erwachen geben...

Schwere Brecher am Friedhof der Hallig Langeneß am 24. November 1981.

21

Fluten nach dem Zweiten Weltkrieg

Über 2000 Tote bei der Hollandflut

Daß es in der Geschichte bei Flutkatastrophen Tausende von Toten gab, klingt noch heute sehr beeindruckend. Aber im 20. Jahrhundert? Beherrschen wir nicht mittlerweile die Natur? Haben wir uns nicht die Erde untertan gemacht? Nein, wenn es der Natur gefällt, dem Menschen zu zeigen, daß sie ihn jederzeit vernichten kann, dann sind wir bis heute nahezu machtlos. Es sei denn, wir bereiten uns vor, halten die Deiche in einem guten Zustand und sorgen dafür, daß sie hoch genug sind. Nach dem Ende des Zweiten Weltkrieges hatten die Menschen andere Sorgen. Europa war mit dem Wiederaufbau beschäftigt, besonders in Schleswig-Holstein gab es großes Flüchtlingselend. Kaum einer dachte an die tödliche Gefahr, die weiterhin durch die Nordsee drohte. Nahezu unvorbereitet traf die Nordsee-Bewohner die schwere Sturmflut am 1. Februar 1953, die den Beinamen „Hollandflut" erhielt, weil es dort die schlimmsten Schäden gab. In Holland gab es die ungeheure Zahl von 1836 Toten, rund 200000 Hektar Land wurden überflutet. 300000 Niederländer mußten vor der Flut flüchten, 47000 Stück Vieh ertranken. An der englischen Küste, besonders im Themse-Bereich, fanden 307 Menschen den Tod, Überschwemmungen gab es hier auf 64000 Hektar. Die deutsche Nordseeküste hatte großes Glück, denn das Sturmtief schwenkte rechtzeitig nach Südosten ab – nicht auszudenken, wie es an den zu niedrigen deutschen Deichen ausgesehen hätte! Der Kelch war noch einmal an uns vorübergegangen!

Nach dieser Katastrophe wurden auch die deutschen Deiche überprüft und besonders schwache Abschnitte erhöht. Dennoch reichte dies nicht aus, neun Jahre nach der Warnung durch die Hollandflut erwischte es auch die deutsche Nordseeküste mit voller Wucht.

Das Drama zu Hamburg im Februar 1962

Eine Katastrophe ungeahnten Ausmaßes brachte die Flut am 16./17. Februar 1962. Ein Vorspiel gab es bereits am 12. Februar, als ein Weststurm mit Böen der Stärke 10–11 das Wasser in der Nordsee auf 2,48 Meter über MThw ansteigen ließ. Doch es war gerade Halbmond, so daß die Kräfte, die eine Sturmflut so verheerend machen, geringer waren. Auch flaute der Sturm zwei Stunden vor dem eigentlichen Hochwasser wieder ab. Zwar gab es an vielen Orten Sturmschäden wie entwurzelte Bäume und Unterbrechungen der Stromversorgung, aber mit wenigen Ausnahmen in Niedersachsen hielten die Deiche. Doch schon wenige Tage später bildete sich ein neues Sturmtief, das von ganz anderem Kaliber war. Das ganze Ausmaß der Gefahr wurde aber erst zu spät erkannt – ein tödlicher Fehler!

Hervorzuheben ist, daß der Sturm bei dieser Flut gar nicht so stark war – nur zeitweise wurden Böen mit mehr als 10 Windstärken gemessen. Entscheidend für das katastrophale Ausmaß war das lange Anhalten des Nordweststurms, der das Wasser in die Flüsse drückte, besonders in die Elbe, sowie eine riesige Fernwelle aus dem Atlantik. Über zwölf Stunden peitschte die Polarluft die Flut mit ungeheurer Wucht Richtung Hamburg. Vielfach fielen sogar die Pegel aus – das hatte man vorher für unvorstellbar gehalten! Ein Beispiel ist Cuxhaven – dort mußte der Höchststand von 3,62 Metern über MThw um 0:30 Uhr geschätzt werden, die Pegelanlage hatte bereits um 22:30 Uhr ihr Leben ausgehaucht.

In Schleswig-Holstein gab es keine Toten, was zum Teil den nach der Hollandflut verbesserten Deichen zu verdanken war, viel wichtiger war aber, daß das nördlichste Bundesland einfach großes Glück hatte. Kurz vor dem eigentlichen Hochwasser ließen die Kräfte des Meeres plötzlich nach, sonst hätte es auch hier zu einer furchtbaren Katastrophe kommen können. Doch die Schäden waren schlimm genug. Insgesamt starben in dieser Nacht 340 Menschen, Deichbrüche gab es an 128 Stellen: 61 in Niedersachsen, 60 im Hamburger Raum und sieben in Schleswig-Holstein. Ein Viertel der 590 Kilometer langen Seedeichlinie war hier zerstört oder schwer beschädigt. Oft stand nur noch eine dünne Wand, die der tobenden Nordsee gerade eben noch standhielt. Weitere 200 Kilometer wiesen Risse oder Löcher auf und mußten dringend ausgebessert werden. 720 Quadratkilometer Land wurden überflutet, 7000 Stück Großvieh ertranken jämmerlich, 1225 Wohnungen wurden zerstört. An der Westküste mußten insgesamt 6000 Menschen evakuiert werden. Allein in Niedersachsen entstand ein Schaden von 285 Millionen Mark. Wie knapp es an vielen Stellen der Küste damals war, läßt sich an einigen Beispielen gut zeigen. Vom Büsumer Deich in Höhe des Stadtzentrums waren am 17. Februar noch 1,25 Meter übrig – er schützte 6500 Menschen! Die Deiche der Meldorfer Bucht, hinter denen 30000 Menschen leben, waren auf einer Länge von 30 Kilometern zerschlagen. In Elmshorn und Itzehoe stand das Wasser in den Straßen, auf den Inseln Föhr, Nordstrand und Pellworm reichte es bis 50 Zentimeter unter die Deichkrone. Dramatisch war die Lage auch vor Husum, nachdem um 23 Uhr Katastrophenalarm ausgelöst worden war. Bereits zwei Stunden vor der eigentlichen Hochflut spritzte die Gischt in hohen Wellen über die Deichkrone des Dockkooges. Um 23:12 Uhr zeigte der Pegel 3,77 Meter über MThw an – der Höchststand war erreicht, danach sank das Wasser langsam. Der Deich hielt den Fluten nicht stand, 25000 Menschen waren in höchster Gefahr. Erst an der Stadtgrenze kam das Wasser zum Stehen.

Welchen Vorteil die neuen, flacheren Deiche bieten, konnte man eindrucksvoll am Beispiel des Hauke-Haien-

Kooges erkennen. Er war erst drei Jahre vor der Flut fertiggestellt worden und trotzte unbeschadet der Nordsee. Theodor Storm, nach dessen Romanfigur der Koog benannt wurde, hätte seine wahre Freude gehabt!

Katastrophenalarm wurde überall an der schleswig-holsteinischen Westküste ausgelöst – in Nordfriesland, das sich damals noch aus den drei Kreisen Südtondern, Husum und Eiderstedt zusammensetzte, war es der erste seit der Sturmflut im Jahre 1936. Der Orkan mit Stärke 9 bis 10 und Böen von 11 bis 12 dreht im Laufe des Abends von West auf Nordwest und rannte mit großer Kraft gegen die Deiche. Im Meldorfer Hafen, wo sich der Buchten-Effekt stark auswirkte, erreichte die Flut 3,80 Meter über MThw. Heute ist die Meldorfer Bucht „entschärft": durch die Vordeichung kann das Wasser nicht mehr bis in die Stadt vordringen.

Am schlimmsten traf es Hamburg, wo 315 Todesopfer zu beklagen waren. Dort, wo kaum einer damit gerechnet hatte, daß das Meer hier einmal so verheerend wirken würde. Schließlich liegt Hamburg 80 Kilometer weit von der Nordsee entfernt. Die zweitgrößte Stadt Deutschlands, ein Ballungsraum und Industriezentrum, an dem Tidezeiten kaum bemerkbar sind – schwer getroffen durch das Toben in der Deutschen Bucht? Für viele war dies vor 1962 eine utopische Vorstellung, doch die Ereignisse während des 16./17. Februar sollten sie auf grausame Weise eines besseren belehren. Der langanhaltende Nordwest-Sturm drückte das Wasser in die Elbe, deren Mündung wie ein Trichter wirkte. Konnte wirklich keiner erwarten, daß das Wasser so weit bis ins Hinterland vordringen würde? Doch, schließlich stand Moorburg während der Flut vom 3./4. Februar 1825 schon einmal unter Wasser. Aber seit der Mitte des 19. Jahrhunderts hatte es keine Wasserstände von mehr als 5 Metern über NN mehr gegeben. Die Wachsamkeit ließ nach, die Deiche wurden nicht ausreichend gepflegt. Doch in dieser Nacht stieg der Pegel in St. Pauli auf nie dagewesene 5,70 Meter über NN.

Genau auf diese Höhe waren die Schutzbauten ausgerichtet – jeder Zentimeter mehr ließ das Wasser über die Deichkante treten und in die Stadt fließen.

Stand die Elbe zur Ebbezeit am 16. Februar noch bei 1,70 über NN, so stieg sie im Laufe des Abends immer stärker. Das Drama nahm seinen Lauf: um 22:30 Uhr waren 2,60 Meter erreicht, nur 15 Minuten später bereits 2,85 Meter. Um 23 Uhr verhängen die Behörden den Ausnahmezustand über die Hansestadt, schon seit Stunden sind sie in Alarmbereitschaft. Und der Fluß steigt weiter. Um Mitternacht überschlagen sich die Ereignisse: der Rödingsmarkt droht vollzulaufen, das Wasser steht am Rathaus, über den Deich der Alten Süderelbe in Neuenfelde schäumt die Gischt. Um 0:40 Uhr bricht an dieser Stelle der Deich, Millionen Kubikmeter Wasser ergießen sich in die Siedlungen.

Am schlimmsten trifft es Neuenfelde, Moorburg, Francop und vor allem Wilhelmsburg, das heute, viel zu spät,

Dieses Luftbild vom angeschlagenen Deich bei Dunsum auf der Insel Föhr nahm der damalige Ministerpräsident Kai-Uwe von Hassel auf. Während der Flut leitete er den Einsatz der Hilfskräfte von Meldorf aus. Mit dem Flugzeug verschaffte er sich am nächsten Tag einen Überblick über die Schäden.

Ein Deichbruch an der Elbe – insgesamt zerschlug die Flut an 61 Stellen die Küstenschutzbauten, die der Gewalt des Orkans nicht gewachsen waren.

durch einen Ringdeich geschützt wird. Die Lage wird nach Mitternacht immer dramatischer. Beim Katastrophenstab werden laufend neue Deichbrüche gemeldet, auch aus Moorfleet und Stillhorn. Unglaubliche Szenen spielen sich auf den Straßen und in den Häusern ab. Hilferufe hallen durch die Nacht, halbmeterhohe Wellen walzen durch die Straßen und hinterlassen eine Spur der Zerstörung. Im Hafenviertel versucht man, mit Sandsackbarrikaden und Holzbrettern die Eingänge zu schützen und die Flut zu bremsen – vergeblich! Das hereinschießende Wasser reißt alles kaputt.

Menschen klettern auf Bäume oder krallen sich bis zur Erschöpfung an den Dächern ihrer Häuser fest. Untermalt wird das Chaos durch das Heulen der Sirenen und Martinshörner, die schaurig durch die Nacht hallen. Nur 17 Jahre nach dem Krieg werden sich viele Hamburger an die vernichtenden Bombennächte erinnert haben.

Doch es kommt noch schlimmer. Die Stadt wird vollkommen lahmgelegt. Georgswerder, Stillhorn, Billbrook, Waltershof und die Süderelbmarsch ertrinken in den schmutzig-braunen Fluten, die Autobahn ist drei Meter hoch überspült. Über die Elbbrücken ist Hamburg nicht mehr zu erreichen. Der elektrische Strom fließt nicht mehr, die Telefone sind stumm, Gasrohre und Wasserleitungen zerfetzt. Selbst die Bahn muß kapitulieren,

stellvertretend dafür das Bild vom Wilhelmsburger Bahnhof: wie lange Schiffe im Hafen wirken die Züge, die nicht mehr fahren können. Als um zwei Uhr nachts der Damm des Berliner Ufers im Norden Wilhelmsburgs zusammenbricht, ergießt sich das Wasser mit ungeheurer Schnelligkeit in den Stadtteil. Allein hier finden in dieser Nacht 200 Menschen den Tod, besonders im tieferliegenden Schrebergartengelände mit seinen zahlreichen Behelfsheimen. In den Vororten und in den Elbmarschen sterben Tiere und Menschen, die Ost-West-Straße wird wie der Adolphsplatz zur Wasserstraße. Die kollabierende Kanalisation läßt hohe Fontänen aus den Gullys spritzen. Ein Keller nach dem anderen läuft voll. Um 2:30 Uhr stürzt die Elbe durch ein Fleet in die Alster – sonst fließt die Alster in die Elbe…

Der Höhepunkt der Flut ist um 3:30 Uhr, langsam beginnt das Wasser zu fallen. Zu spät für 315 Hamburger, die in dieser Nacht umkamen. Sage und schreibe 60 Deichbrüche sind insgesamt zu vermelden, 100 000 Menschen sind von der Flut eingeschlossen und 12 500 Hektar Land überschwemmt – ein Sechstel des Stadtgebietes! 30 000

Der Güter- und Verschiebebahnhof Wilhelmsburg am Morgen des 17. Februar. In der Nacht stand hier das Wasser 1,55 Meter hoch. Beim Rangieren verunglückten mehrere Männer der Bundesbahn: sie gehörten zu den ersten Opfern der Katastrophe in Hamburg.

Einwohner verlieren ihre Wohnung, werden obdachlos. Als der Tag hereinbricht und das Wasser langsam weicht, sieht es an vielen Stellen wirklich wie nach einer der grausamen Bombennächte des Zweiten Weltkrieges aus.

Schlimme Verwüstungen gab es überall an der Elbe. Nicht nur das Hamburger Stadtgebiet erlitt schwere Schäden, auch an den Ufern des Flusses in Niedersachsen brachen die Deiche an 54 Stellen, 30 000 Hektar Land wurden überflutet.

Auch Sylt wurde wieder schwer getroffen. Meterweise schwammen Dü-

nen und Strand weg, auf der Westerländer Strandpromenade bot sich ein Bild der Verwüstung. Wasser stand in den Straßen der Stadt. Hätte die Flut länger angedauert, dann wäre die Insel womöglich an zwei schmalen Stellen durchgebrochen: südlich von Rantum und nördlich von Kampen. Auf Amrum konnten die Deiche bei Norddorf und Wittdün den Ansturm des Meeres nicht aufhalten. Sie brachen, und besonders im Norden der Insel gab es Überschwemmungen.

Mußte es 340 Tote geben? Bestimmt nicht, hätte man damals so gehandelt, wie es heute selbstverständlich ist. Es

Dieses Bild zeigt die schweren Verwüstungen in den Elbmarschen. Menschen ertranken, Wohnhäuser und Gehöfte wurden zerschlagen. Allein in Hamburg richtete die Flutkatastrophe Schäden in Höhe von 860 Millionen Mark an. Insgesamt starben 50000 Stück Vieh bei dieser Flut, davon allein 6000 in den Elbmarschen.

Moorburg während der Flut – nur noch Boote taugten als Fortbewegungsmittel. So sah es in einem Fünftel des Hamburger Stadtgebietes aus – 30000 Menschen wurden obdachlos.

Ein schrecklicher Anblick für die Bauern am Morgen des 17. Februar 1962: Zum Glück kamen in Schleswig-Holstein keine Menschen in den Fluten um, dafür ertrank das Vieh zu Tausenden in den Ställen oder auf den Deichen.

Die Wege zu den Deichen heißen „Katastropheneinsatzwege" – bei dieser Flut waren sie an vielen Stellen in der Tat eine echte Katastrophe! Der Einsatz der Rettungs- und Sicherheitskräfte wurde zusätzlich erschwert. Eine Lehre war schließlich, daß feste Zugänge gebaut werden mußten. Heute gibt es fast überall geteerte Straßen zu den Küstenschutzwerken, so daß auch schweres Gerät schnell an den gefährdeten Abschnitt gebracht werden kann.

27

Der Uelvesbüller Koog bei Husum: am Morgen des 17. Februar glich er eher einer Seenlandschaft. Wie gestrandete Schiffe ragen die vom Wasser umgebenen Höfe aus dem Wasser. Hier war ein Bauer am Abend noch einmal auf den Deich gelaufen. Als er mit Schrecken merkt, daß das Wasser nur noch einen halben Meter unter der Deichkrone steht, will er schnell zurücklaufen und seine Nachbarn warnen. Doch er erreicht ihre Höfe nicht mehr, denn plötzlich schießen die gräulich-braunen Wassermassen über den Deich. Mit Mühe kann er sich noch selbst in Sicherheit bringen. Seine Nachbarn können sich rechtzeitig auf ihre Dachböden retten.

mußten erst diese Menschen sterben, damit die Deiche an der Küste auf ein sicheres Maß gebracht wurden. Deichbrüche konnten von den Einsatzkräften oft kaum erreicht werden, weil feste Straßen zu und an den Deichen fehlten. Gemeinsame Katastrophenübungen hatte es vorher so gut wie nicht gegeben.

Verheerend wirkte sich aus, daß die Menschen am Abend des 16. Februar zu spät alarmiert wurden und, als die Warnungen kamen, diese nicht ernst nahmen. Schon früh merkte das zuständige Wetteramt, daß dieser Sturm keine Routineangelegenheit werden würde und gab Meldung an das Deutsche Hydrographische Institut. Das genaue Ausmaß war noch nicht abzusehen, dennoch wurde im Rundfunk vor der Gefahr einer sehr schweren Sturmflut mit Wasserständen von 3,50

Metern über Normal gewarnt. Nur wenige hörten die Durchsage, besorgten Anrufern beim Hydrographischen Institut wurde nur der aktuelle Wasserstand mitgeteilt. Eine Prognose für die Nacht war nicht möglich. Es entstand der Eindruck, mit diesen 3,50 Metern sei die Spitze erreicht – das war nicht mehr als einige Tage vorher. Viele dachten sicher: „Wenn's nicht schlimmer wird, dann kann ja nichts passieren." Doch dann nahm das Unheil seinen Lauf.

In vielen Wohnstuben flimmerte an diesem Samstagabend eine Folge der beliebten Sendereihe „Familie Hesselbach" auf der Mattscheibe – jetzt hätte die Warnung kommen müssen! Eine Unterbrechung der Sendung gelang den zuständigen Stellen, die langsam erkannten, was sich über der Nordsee zusammenbraute und auf die

Küste zuraste, nicht. Als dann im Anschluß an die Tagesschau um 22:35 Uhr die erste Sondermeldung durchgegeben wurde, lagen die meisten bereits im Bett. Sie konnten nicht ahnen, wie groß die Gefahr war und wie schwach dagegen die Deiche, die sie schützen sollten. Die Flut überraschte sie im Schlaf! Natürlich ist es leicht, heute diese Vorwürfe zu machen, hinterher ist man immer klüger. Wenn aus den Ereignissen des Februar 1962 eine Lehre gezogen wurde, dann die, daß man immer mit dem Unerwarteten rechnen muß. Wer glaubte damals schon, daß eine Katastrophe wie in Holland auch bei uns passieren könnte?

Am nächsten Morgen bot sich unzähligen Küstenbewohnern ein apokalyptisches Bild: obwohl sie ein ganzes Stück hinter den scheinbar sicheren Deichen wohnten, waren sie plötzlich vom Wasser umgeben. Ganze Köge liefen voll Wasser, als die Deiche brachen, so zum Beispiel der Uelvesbüller Koog bei Husum. Dort stand das Wasser 1,55 Meter hoch in den Häu-

sern. Die Menschen konnten sich in Sicherheit bringen, doch für das Vieh war es oft zu spät. Auch ein Teil der Störniederung bei Itzehoe wurde überflutet.

In Dithmarschen kamen die ersten Hiobsbotschaften aus dem Christians- und dem Friedrichskoog. Die Sommerköge waren überflutet und die Deiche nur noch Fragmente – aber sie hielten mit viel, viel Glück. Büsum geriet in noch größere Bedrängnis: schwere Betonplatten schwammen umher, die Strandtreppen zerbrachen und der Musikpavillon wurde wie ein Kartenhaus weggerissen. Nach dem Alarmruf von Bürgermeister Ohlen kämpften 1500 Menschen verzweifelt gegen die Fluten. Vorsorglich wurden die niedrigeren Stadtteile evakuiert und 1000 Menschen mit Lastkraftwagen ins sichere Heide gebracht. Wie durch ein Wunder ließ der Wind mitten in der Nacht nach, Büsum entging den entfesselten Naturkräften.

Aber auch positive Dinge sollen nicht verschwiegen werden. Nach der Kata-

strophe 1953 vor allem in Holland wurden die schwächsten Deiche um 1,20 bis 1,80 Meter erhöht. So auch auf Pellworm und Nordstrand, wo das Wasser nur 50 Zentimeter unter der Deichkrone stand – hätte es diese Maßnahmen nicht gegeben, dann würden diese Inseln heute wohl nicht mehr auf den Landkarten zu finden sein. An diesem Beispiel sieht man, wie gefährlich der Sturm war. Erinnerungen an die verheerende Katastrophe von 1634 werden wach, als die alte Insel Strand von der Nordsee zerrissen wurde und es über 6000 Tote gab. Würdigen muß man auch den Einsatz der unzähligen Helfer, ob sie nun von der Bundeswehr, vom Bundesgrenzschutz, der Feuerwehr oder anderen Rettungsdiensten kamen. Viele Freiwillige meldeten sich spontan und halfen ohne große Worte ihren bedrohten Nachbarn. Über 6000 Norddeutsche wurden mit Hubschraubern und Schlauchbooten vor dem Ertrinken gerettet. So starben nur wenige Menschen an Unterkühlung. Nicht vergessen wollen wir an dieser Stelle die Schüler des Nordseegymnasiums

Uniformierte und Freiwillige waren pausenlos im Einsatz, um die schweren Schäden an den Deichen zu flicken. Wie diese Soldaten im Tümlauer Koog verhinderten die unzähligen Helfer durch ihren Einsatz Schlimmeres.

Das zerstörte Haus der Familie Petersen auf Langeneß am 17. Februar 1962. Die Nordsee hinterließ an vielen Orten eine Schneise der Vernichtung.

St. Peter, die mithalfen, noch größeres Unglück zu verhindern, oder die 300 Studenten der Kieler Christian-Albrechts-Universität, die sich beim DRK freiwillig zum Einsatz meldeten. Die Jugend bewies in diesen schweren Stunden einmal mehr, daß sie viel besser ist als ihr Ruf!

St. Peter traf der Sturm ebenfalls mit vernichtender Wirkung. Die Badebrücke und die Arche Noah wurden vernichtet, die schützenden Dünen wurden wie auf Sylt unterspült und stürzten zusammen. Noch zwei Tage später stand das Wasser im Ortskern. Überhaupt gab es in Nordfriesland die schlimmsten Schäden auf der Halb-

insel Eiderstedt, die zum Notstandsgebiet erklärt wurde. Der Tümlauer Koog und der Norderheverkoog wurden vollständig geräumt. Auch in Dithmarschen bot sich das gleiche Bild, allerorten zerstörte Deichstrecken. Nur noch zwei Meter blieben von dem Deich, der 30000 Menschen in der Meldorfer Bucht schützen sollte. Eine Nachfolgeflut hätte in Marne, Wesselburen und Meldorf für Tod und Vernichtung sorgen können. Das Dithmarscher Festland hat einen großen Nachteil: anders als in Nordfriesland, wo Inseln und Halligen die Nordsee bremsen, kann hier das Meer mit voller Kraft gegen die Deiche rennen. Auch besaßen die Deiche damals noch keinen ausreichenden Kleimantel, was sie besonders angreifbar machte. Erst die Vordeichung der Meldorfer Bucht brachte Sicherheit für die bedrohten Küstenbewohner.

Schlimm sah es auch auf den Halligen aus. Schon oft wurden ihre Bewohner von den Fluten hart getroffen, und seit mit der Krise der Landwirtschaft die wichtigste Einkommensquelle gefährdet ist, wird das Leben immer schwerer. Und dann eine Nacht wie diese, in der es großen Sachschaden gab. Nun, zerstörte Möbel und weggebrochene Hausmauern kann man ersetzen, wenn man nur mit dem Leben davonkommt. Auch die braune Brühe, die bei Überschwemmungen in den Häusern schwimmt, läßt sich verkraften – eine Mischung aus Wasser, Abfall, Jauche und Erde. Aber man muß daran denken, welcher ideelle Verlust bei Flutkatastrophen entsteht. Oft sind Erinnerungsstücke, Bilder, Schmuck und andere persönliche Dinge für immer verloren, besonders wenn die Flut überraschend kommt. Zum Glück konnten sich die Menschen auf den Dachboden retten und so den tobenden Wassermassen trotzen. Für das Vieh kam vielfach jede Rettung zu spät. Am nächsten Morgen bot sich ein furchtbares Bild. Und doch ging es wieder ans Aufräumen, wie schon so oft in der Geschichte. Tote Schafe wurden aus dem Wohnzimmer geschleppt, schubkarrenweise Schutt und Dreck aus dem Flur geschaufelt. Die Liebe der Insel- und Halligbewohner zu ihrer Heimat werden viele Festländer wohl nie verstehen können. Bereits der römische Geschichtsschreiber Plinius berichtete 47 v. Chr. über die Westküste: „Ein armseliges Volk wohnt dort. Wenn das Wasser das Umliegende bedeckt, sehen die Leute in ihren auf Hügeln errichteten Häusern wie Schiffahrer aus, und wenn es wieder abläuft, scheinen sie wie Schiffbrüchige." Auch dieses Mal richteten sie ihre Häuser wieder her oder bauten sie neu. Welch ungeheure Kraft das rasende Meer hat, läßt sich gut am Foto des zerstörten Hauses der Familie Petersen von Langeneß ablesen. Eine Hälfte war weggebrochen, die Familie überlebte auf einem Heudiemen.

Landunter ist für die Halligen nichts Ungewöhnliches, das gibt es einige Male im Jahr. Im Jahr 1962 hatte das Meer zum Beispiel die Hallig Süderoog bis zum 16. Februar schon 16mal überschwemmt. Aber bei dieser Flut waren die Fethinge zugelaufen, die Süßwasserteiche auf den Halligen. Sie werden durch Regenwasser gespeist, das Salzwasser hatte sie verdorben. Nun mußte schnell Trinkwasser zu den Halligen geschafft werden, um die Menschen und die Tiere, die vom Wasser umgeben sind, vor dem Verdursten zu retten. In den Tagen nach dem 16. Februar wurden allein zur Hallig Hooge 10 Millionen Liter Trink- und Brauchwasser herübergebracht. Die Feuerwehren pumpten tagelang, um die Zisternen wieder frei zu bekommen. Mittlerweile hat sich eine Menge getan, nicht nur Stromkabel wurden zu den Mini-Inseln gelegt, auch Wasser kommt aus der Leitung vom Festland. Es dürfte wohl kaum einen Halligbewohner geben, der den alten Verhältnissen nachtrauert. Zu dramatisch waren die Geschehnisse im Februar 1962.

Obwohl nach der Holland-Flut schon eine Menge geschehen war, was vielen Küstenbewohnern zweifelsohne das Leben rettete, handelten Bund und Land nach dem Alptraum des 16./17. Februar 1962 unbürokratisch und schnell. Alle wichtigen Aufträge zur Wiederherstellung der zerstörten Deiche wurden umgehend vergeben. Insgesamt wurden 382 Millionen Mark aufgewendet, um zumindest die schlimmsten Schäden zu reparieren. Denn keiner wußte, was der Herbst bringen würde. Ein Jahr später stellte das schleswig-holsteinische Landwirtschaftministerium den Generalplan Küstenschutz auf, der eine Überholung aller noch zu niedrigen Deiche vorsah. Dabei wurde berücksichtigt, daß selbst bei der vernichtenden Flut des Jahres 1962 alles noch viel schlimmer hätte kommen können. Schon 14 Jahre später ereilte die Nordseeküste die nächste schwere Sturmflut, deren Wasserstände an einigen Stellen noch über denen des Jahres 1962 lagen. Spätestens jetzt war der Beweis erbracht, wie lebensnotwendig konsequenter Küstenschutz ist.

Über 10 Meter hoch sind die Brecher, die hier gegen das Sieglitz-Haus in Morsum schlagen. Kaum zu glauben: an dieser Stelle ist das Kliff fünf Meter hoch!

Auch nach 1962: keine Entwarnung

Auch nach der schweren Sturmflut im Februar 1962 wurde die Westküste wiederholt von hohen Fluten getroffen. Langanhaltende hohe Wasserstände (zwischen 2,5 und 3 Metern) gab es am 1. November 1965 sowie am 23./24. Februar 1967. Wegen des stundenlangen Angriffs des Wassers erlitt besonders die Sylter Westküste schwere Landverluste. Der Orkan im Februar 1967, der nach dem gekenterten Seenotkreuzer „Adolph-Bermpohl-Orkan" benannt wurde, hätte noch schlimmere Folgen als der des Jahres 1962 haben können. Noch nie wurden so hohe Windgeschwindigkeiten gemessen wie in dieser Nacht. Fünf Jahre nach der großen Katastro-

Bei jeder schweren Flut nagt die Nordsee am schlimmsten dort, wo keine Deiche die Küsten schützen können. Das Bild zeigt die Sylter Westküste bei Puan Klent.

phe waren nur einige Deichstrecken auf das notwendige Maß gebracht worden. Wenn es dieses Mal glimpflich abging, dann deshalb, weil der Wind am stärksten zur Niedrigwasserzeit blies. Im Spätherbst des Jahres 1973 führte eine Serie von 28 Sturmfluten zu großen Schäden. Zwischen dem 6. November und dem 17. Dezember standen die Deiche nahezu ununterbrochen unter großem Druck. Eine solche sogenannte „Sturmflutkette" ist aus der Geschichte nicht unbekannt, man denke nur an jene im Winter 1824/25. Dabei ging die Hauptgefahr weniger von den hohen Wasserständen (in Büsum und Husum beispielsweise höher als 2,85 Meter über MThw) und den Wellenkräften aus. Die Durchweichung der Deiche wegen des häufigen Hochwassers konnte schon bei weniger starker Beanspruchung Schäden mit sich bringen. Große Zerstörungen gab es nicht, abgesehen von der Insel Sylt. Bei dieser Flut bewährte sich erstmals die Sandvorspülung des Vorjahres: die Verlu-

ste vor Westerland hielten sich in Grenzen. Die inzwischen fertiggestellten Sperrwerke an der Elbe und an der Eider sorgten dafür, daß die Flußniederungen verschont blieben. Eine besondere Gefahr entsteht bei derart langanhaltendem Hochwasser dadurch, daß Sieltore nicht geöffnet werden können und Überschwemmungen hinter den Deichen durch Binnenwasser verursacht werden. Heute wird dieses Problem durch Schöpfwerke gelöst, die das Wasser ins Meer pumpen, allerdings um den Preis höherer Pumpkosten.

Neue Rekordwasserstände im Januar 1976

Am Anfang des Jahres 1976 erschütterten zwei sehr schwere Sturmfluten die Nordseeküste. Wer geglaubt hatte, die hohen Wasserstände des Februar

Man kann es kaum glauben: bis zur Vordeichung der Hattstedter Marsch war dies der Seedeich! Gut kann man die viel zu steilen Bermen erkennen, besonders auf der Innenseite. Das dahinterliegende Land liegt unter dem Meeresspiegel, so daß das Wasser bei einem Deichbruch weit nach Westen hätte einströmen können. Nur um Haaresbreite hielt der Deich in der 1976er Flut, auf 700 Metern war die Innenböschung bis zur Mitte der Deichkrone abgerutscht.

1962 würden für lange Zeit unübertroffen bleiben, den belehrte die Flut am 3. Januar 1976 eines besseren. Nur 14 Jahre später wurden die Pegelstände durch den „Capella-Orkan" (benannt nach dem Schiff „Capella" aus Rostock, das vor der holländischen Küste sank) zum Teil noch übertroffen. Die ungünstigen Winde ließen das Wasser an einigen Stellen deutlich über die bisherigen Höchstwerte steigen. Die Nordsee bewies auf eindrucksvolle Weise, daß man mit noch höheren Wasserständen rechnen mußte. Der St. Pauli-Pegel, der 1962 mit 5,70 Metern einen absoluten Rekordwert angezeigt hatte, vermeldete jetzt 6,45 Meter über NN – 75 Zentimeter über dem Stand von 1962! In

Husum kletterte der Pegel auf 5,66 Meter – 40 Zentimeter höher als 1962, so hoch war das Wasser noch nie gestiegen!

Der Sturm kam überraschender als 14 Jahre vorher, wo der schweren Februarflut ein kleinerer Sturm vorausging. Westlich von Irland hatte sich ein Tief gebildet, das sich unter Verstärkung nach Jütland verlagerte. Tropen- und Polarluftmassen mit einem Temperaturunterschied von 25° Celsius verwirbelten, ein Orkanwirbel entstand. Am Morgen des 3. Januar herrschten in der Deutschen Bucht an seiner Südseite Windgeschwindigkeiten von maximal 150 km/h, also in Böen 14 Beaufort, auf Sylt wurden gar Windgeschwindigkeiten von 170 km/h gemessen! Die besonders hohen Wasserstände ergaben sich aus dem Zusammentreffen des Orkans mit einer Springflut bei Neumond. Am Husumer Pegel stieg die Flutkurve ab 7:30 Uhr steil an. Zu diesem Zeitpunkt lag sie nur 50 Zentimeter unter dem MThw – dabei sollte das Wasser eigentlich noch zurückgehen, Hochflut war erst um 15:08 Uhr! Bei dieser Flut brachen die Deiche des Christianskooges und vor der Haseldorfer

Marsch, kurz davor standen die nordfriesischen Schutzwerke vor der Hattstedter Marsch, St. Peter-Süderhöft und dem Grothusenkoog.

Im Wattenmeer tobten die entfesselten Naturgewalten. Zum ersten Mal seit seiner Inbetriebnahme vor 49 Jahren mußte der Eisenbahnverkehr über den Hindenburgdamm eingestellt werden. Der letzte Zug vom Festland, der nach Westerland fahren sollte, mußte in Morsum halten: das Wasser war vom Wattenmeer durchgebrochen und machte die Weiterfahrt unmöglich. Sylt war jetzt vom Festland abgeschnitten. Auch an anderen Stellen der Insel gab es große Schäden, dazu mehr im Sylt-Kapitel. Kuriosum am Rande: am nächsten Sonntagmorgen mußte Werner Höfer seinen „Frühschoppen" über das Telefon moderieren, da er nicht mehr rechtzeitig von der Insel aufs Festland kam.

Der kümmerliche Deich zwischen dem Übergang des Hindenburgdammes zum Festland und der dänischen Grenze war viel zu steil und zu niedrig. Hinter ihm liegen die Wiedingharde und der Gotteskoog, letzterer teilweise unter dem Meeresspiegel. Wäre der Deich gebrochen, hätte das Wasser womöglich bis Niebüll vorrücken können – doch zum Glück hielt er gerade noch.

Am Norderhafen auf Nordstrand wurde das Deckwerk auf einem Kilometer Länge aufgerissen, auch dieser steile Deich bot der Nordsee zuviel Angriffsfläche. Das Meer riß die Kleiabdeckung auf und fraß tiefe Löcher in den Sandkern. Brüche gab es hier glücklicherweise nicht, aber zwei Drittel aller Deiche wurden überspült, der Elisabeth-Sophien-Koog wurde evakuiert. Wie hier war auf einer Strecke von 12 Kilometern der Süderkoog-Deich auf Pellworm noch nicht auf den neuesten Stand gebracht worden. Auch er war zu steil, aber immerhin hoch genug – das war die Rettung. Das Wasser schwappte zwar über und überflutete das Land, doch die Katastrophe blieb aus. Mittlerweile wird der Süderkoog durch einen erneuerten Deich geschützt, doch bis heute ist der Ütermarkerkoog ohne ausrei-

33

Höchste Gefahr für den Deich bei St. Peter-Süderhöft am 3. Januar 1976: die Nordsee peitscht über die Deichkrone und beginnt, die Innenseite aufzureißen. Nur mit Glück hielt dieser zu niedrige Erdwall.

chenden Schutz: auf 2,6 Kilometern Länge muß hier noch auf 7,80 Meter erhöht und das Profil abgeflacht werden.

Große Gefahr drohte auch dem Westerheverkoog. Dort hatte die Nordsee auf einem Kilometer den alten Deich aufgerissen. Nicht auszudenken, was hier hätte passieren können – großen Teilen der Halbinsel Eiderstedt drohte die Überflutung. Zu allem Übel fehlten an dieser Stelle auch die notwendigen Deichverteidigungsstraßen, so daß die Einsatzkräfte einen Kammbruch nicht verhindern konnten. Die Innenseite war schwer angeschlagen, zum Deichbruch kam es aber nicht.

Wie wichtig ein reibungsloser Zugang zu den gefährdeten Deichen ist, wurde am Beispiel Süderhöft bei St. Peter deutlich. Dort konnte eine 50 Meter breite Schadstelle rechtzeitig geschlossen werden, bevor das Wasser den wunden Deich weiter aufriß. Mehrere tausend Helfer und 15 000 Sandsäcke verhinderten Schlimmeres! Trotzdem mußte eine Teilevakuierung vorgenommen werden, ebenso im Cecilienkoog (südwestlich von Struckum) und im Grothusenkoog.

Wieder einmal hatten die Nordfriesen Glück. Im Süden des Landes war die Lage weitaus gefährlicher. Die Frühaufsteher bemerkten an diesem Morgen bereits das flackernde Licht, gegen 8 Uhr fiel der Strom völlig aus, da das Umspannwerk Heide durch umherwehendes Salzwasser funktionsunfähig geworden war – immerhin 20 Kilometer von der See entfernt! Fast gebrochen wären die Deiche vor St. Margarethen, Glückstadt und Bie-

lenberg. Der Alptraum eines jeden Bürgermeisters an der Küste, ein Deichbruch, wurde für Peter Maaßen am 3. Januar Wirklichkeit. Der Bürgermeister von Nordermeldorf ist auch für den Christianskoog verantwortlich – schon 1962 hatte hier der Deich nur knapp gehalten. Um 10:30 Uhr fährt er an den Deich. Sofort erkennt er die kritische Situation, denn obwohl erst in dreieinhalb Stunden Hochwasser angesagt ist, schlägt die aufgewühlte Nordsee bereits gegen den Deichfuß. Eine Dreiviertelstunde später bekommt er einen Anruf vom Katastrophenabwehrleiter aus dem Amt Meldorf-Land: Voralarm wurde ausgelöst! Die Feuerwehr, die Maaßen darafhin umgehend benachrichtigt, ist bereits unterwegs. Sie hatte schon mehrere Schadensmeldungen erhalten. Um 11:45 Uhr ist es soweit: Mit seinem Magnophon, einem transportablen, kohlensäurebetriebenen Gerät zum Auslösen des Katastrophenalarms, gibt Maaßen

Vollalarm für Nordermeldorf. Da das Ventil der Kohlensäureflasche laufend vereist, kommt kein Dauerton von einer Minute zustande, doch die Bevölkerung begreift den Ernst der Lage. Die Feuerwehr ist ohnehin am Einsatzort, Busunternehmer werden angewiesen, für eine mögliche Evakuierung des Christianskooges Wagen bei der Gastwirtschaft „Zur Nordsee" bereitzustellen – dort sitzt der örtliche Krisenstab. Die Bevölkerung wird über den Rundfunk informiert, und eine Stunde nach Auslösung des Alarms kann mit der Räumung begonnen werden. Polizeiwagen fahren voraus, über Megaphon werden die Bewohner zum Verlassen ihrer Häuser aufgefordert: „Achtung, Achtung! Hier spricht die Polizei! Es ist Katastrophenalarm ausgelöst. Es besteht die Gefahr von Deichbrüchen. Verlassen sie den Koog! Fahrzeuge zur Räumung stehen bereit." Kaum einer verläßt in dieser Situation gerne sein Hab und Gut, vor allem die Bauern bleiben auf den Höfen bei ihrem Vieh, das wehrlos in den Ställen steht. Die Evakuierten werden in die Meldorfer Hauptschule gebracht, wo sie das DRK betreut. Ein Teil kann bei Verwandten und Bekannten unterkommen.

Am Deich spielen sich unterdessen dramatische Szenen ab. Betreten kann man ihn nicht mehr, denn auf ganzer Länge tritt die Nordsee über seine Krone und flutet an der Innenseite hinunter in den Koog. Die Wellen wühlen das Erdreich auf und reißen große Löcher in das schwache Bauwerk. Plötzlich beginnt der Wasserstand leicht zu fallen – ist dies die Rettung? Das Vieh soll trotzdem abtransportiert werden. Einige Bauern haben bereits selbst die Initiative ergriffen und versuchen, zu Fuß und mit kleinen Wagen die Tiere zu bergen. Doch so geht es viel zu langsam, von Amts wegen werden Fuhrunternehmer benachrichtigt, die über die entsprechenden Fahrzeuge verfügen. Die

Zeit sitzt den Rettern im Nacken, wieder gibt es Verzögerungen, weil viele Fahrer erst mühsam am Deich gesucht werden müssen, wo sie die tobende See stoppen wollen. Auch durch die überlasteten Telefonleitungen geht immer wieder wertvolle Zeit verloren, nicht alle haben ein Funkgerät. Selbst Bürgermeister Maaßen ist pausenlos mit dem Auto unterwegs, um die Deichverteidigung zu organisieren. Plötzlich wird klar, warum der Wasserstand leicht gesunken ist: Der Deich

ist gebrochen! Zum ersten Mal in der Geschichte des Kooges bricht der „blanke Hans" mit voller Wucht durch den zerschlagenen Schutzwall ins Land. Millionen Kubikmeter Wasser dringen ein und überfluten besonders schnell die tieferen Gebiete.

An der Bruchstelle ist der Deich nicht mehr zu halten. In die Lücke geworfene Sandsäcke werden von der nächsten Welle einfach fortgespült. Endlich kommen die ersten LKWs, die

Überströmendes Wasser verursachte einen Kammbruch an der Innenberme des Deiches im Grothusenkoog. Zu einem Deichbruch fehlte nicht mehr viel …

An dieser Stelle brach der Deich des Christianskooges. Fieberhaft versuchten die Einsatzkräfte, die schwer beschädigten Deiche so schnell wie möglich wieder zu flicken. Man weiß nie, ob die Nordsee nicht schon bald zum nächsten Schlag ausholt ...

1300 Rinder und 400 Schweine aus Lebensgefahr retten sollen. Sie fangen bei den am niedrigsten gelegenen Höfen an – es ist ein Wettlauf mit der Zeit. Das Wasser steigt unaufhörlich, von den Straßen sieht man nur noch die Begrenzungspfähle. Doch alle Rinder können bis zum späten Abend gerettet werden, Feuerwehr und Freiwillige packen zügig an. Nur den Ferkeln ist nicht zu helfen: sie brauchen den warmen Stall, in der Kälte würden sie erfrieren. Das Milchvieh wird in Ställe gebracht, wo eine Melkanlage steht, alle anderen Tiere schafft man dahin,

wo gerade Platz ist und wohin die Nordsee nicht gelangen kann. In der Nacht läßt der Sturm nach, der Schaden ist groß, doch alles Lebendige konnte gerettet werden. Die eigentliche Arbeit beginnt erst jetzt: die beschädigten Häuser müssen wieder instandgesetzt werden und die zerstörten Deiche erneuert werden. Im Christianskoog wurde nur provisorisch gesichert, denn wenige Jahre später rückte der Deich durch die Eindeichung der Meldorfer Bucht in die zweite Linie.

Die Haseldorfer Marsch (Kreis Pinneberg) wurde am schwersten betroffen. Auch hier veranlaßten die verantwortlichen Stellen eine Evakuierung. 80 Menschen waren in akuter Lebensgefahr, nachdem an sechs Stellen Deichbrüche aufgetreten waren, 55 mußten mit dem Hubschrauber geret-

tet werden, weil sie der Aufforderung zur Räumung nicht nachgekommen waren. Es bot sich ein Bild wie im Hamburger Umland während der 1962er Flut: 800 Einwohner der Marsch waren von der Außenwelt abgeschnitten und mußten aus der Luft versorgt werden. 40 Quadratkilometer wurden überflutet.

Knapp dem Deichbruch entging die Umgebung von Brunsbüttel, denn zwischen Nordhusen und Hermannshof waren Außenböschung und Krone bereits zerstört.

Insgesamt entstanden auf 16 Kilometern sehr schwere und an weiteren 23 Kilometern mittlere und leichte Schäden, allesamt an Deichabschnitten, die noch nicht im Zuge des Generalplans verstärkt worden waren. Trotz teilweise deutlich höherer Wasserstände blieben die Folgen im Vergleich zu 1962 – damals wurden 270 Kilometer Deiche beschädigt – im Rahmen. Dennoch gab es 30 Millionen Mark an Privatschäden. Große Abbrüche gab es auch wieder auf der Insel Sylt, auf den Halligen war in einigen Fällen Wasserschaden in den Gebäuden zu beklagen. Auch unsere dänischen Nachbarn waren betroffen: der Tonderner Deich, der mittlerweile durch einen neuen Deich in die zweite Linie gerückt ist, brach. 20000 Men-

schen aus dem Raum Ripen/ Hoyer/Tondern mußten evakuiert werden. Welche ungeheuren Kräfte bei dieser Flut wirkten, konnte man am 22. Januar gut auf der Anlegemole des Hafens Havneby auf Röm sehen. Ein Fischkutter wurde auf die Mole geschleudert!

Allein an den Küstenschutzwerken entstanden in Schleswig-Holstein Schäden in Höhe von 50 Millionen Mark, in Niedersachsen waren es 22

Millionen, in Hamburg 8 Millionen. In ganz Mitteleuropa gab es durch den Orkan 82 Tote, davon 16 in Deutschland und vier in Dänemark – davon keiner durch das Meer. Beeindruckend ist die Zahl derer, die bei dieser Flut im Einsatz waren: 16423 Feuerwehrmänner, 5500 Soldaten, 3213 Polizisten, 1404 Mitglieder des

Schlimm traf es die Haseldorfer Marsch am 3. Januar 1976. An vielen Stellen glich sie eher einer Seenlandschaft.

Der Orkan am 21. Januar besaß eine solche Kraft, daß dieser Fischkutter auf die Anlegemole des Hafens Havneby geschleudert wurde. Zusätzlich sanken sechs Krabbenkutter aus Tönning, die hier Zuflucht vor dem Sturm gesucht hatten.

THW, 860 des DRK, 292 des Arbeiter-Samariter-Bundes, 115 Beamte des Bundesgrenzschutzes sowie 24 Angehörige der Johanniter-Unfall-Hilfe. Unzählbar bleiben die freiwilligen Helfer, die an den Deichen und im Hinterland gegen die Auswirkungen des „blanken Hans" arbeiteten. Auch in den Tagen danach mußten fieberhaft die Deiche gesichert werden, wer weiß, wann die nächste Flut kommt? Sie ließ nicht lange auf sich warten ...

Knapp drei Wochen später, am 21. Januar des gleichen Jahres, folgte eine weitere schwere Sturmflut, die jedoch nicht die Rekordhöhen vom Anfang des Monats erreichte. Vorhandene Schäden werden in einigen Fällen verschlimmert, neue kommen kaum hinzu. Die Erfahrungen vom Monatsanfang sind noch in guter Erinnerung, so daß das DHI auf Nummer Sicher geht und eine noch höhere Prognose abgibt. Wieder wird an einigen Stellen evakuiert, wieder läuft die Katastrophenmaschinerie an. In Nordfriesland wird die Räumung des Eiderstedter Grothusenkooges angeordnet, doch die Bauern bleiben bei ihrem Vieh. Zu größeren Einsätzen kommt es allerdings nicht. Das wird vielen Helfern, die oft stundenlang in Alarmbereitschaft ausharrten, nur recht gewesen sein – lieber umsonst warten als eine Katastrophe bestehen müssen! Welch ein Unterschied zu früheren Jahrhunderten, als die Küstenbewohner weitestgehend auf sich alleine gestellt waren. Zwar klappte nicht alles reibungslos, beispielsweise versagten am 3. Januar in Eiderstedt einige Sirenen wegen Stromausfalls, dennoch sind die Leistungen im Bereich des Küstenschutzes und der Katastrophenhilfe vorbildlich.

Die Folgen der Januarsturmfluten führten zur Fortschreibung des Generalplanes im Jahre 1977. Es hatte sich gezeigt, daß auch bereits verstärkte Deiche in einigen Fällen den neuen Fluthöhen nicht gewachsen waren, so daß sie weiter erhöht werden mußten. Dennoch bedeutete diese Flut eine Bestätigung für den Generalplan und die nach seiner Vorgabe durchgeführten Maßnahmen: in Hamburg und an der schleswig-holsteinischen Westküste gab es keine Toten, und Deiche brachen nur dort, wo sie noch nicht verstärkt worden waren. Trotz der hohen Wasserstände, in Hamburg beispielsweise lag der Sturmflutscheitel nur 12 Zentimeter unter dem des Jahres 1962, waren die Fluten im Januar 1976 kein Katastrophenereignis wie viele andere Fluten in der Geschichte. Das neue Küstenschutzkonzept, das Warnsystem und die Katastrophenabwehr boten mittlerweile einen guten Schutz gegen das Wüten des „blanken Hans". Dennoch: der Meeresspiegel steigt weiter, die nächste Flut kann immer noch höher auflaufen als die bisherige Rekordflut. Weiter ist größte Wachsamkeit nötig, damit nicht wieder Hunderte von Menschen ihr Leben lassen müssen. Es gilt weiter das Wort, das der Oberdeichgraf Nordfrieslands, auf dem Deich bei Risummoor stehend, während der Sturmflut 1634 der tosenden Nordsee entgegenschrie: „Trutz, blanke Hans!" – bis hierher, Nordsee, und nicht weiter!

Nicht nur an den Deichen, auch in den Häfen sieht es bei einer Sturmflut oft abenteuerlich aus. Diese Aufnahmen entstanden am 24. November 1981. Das obere Bild zeigt die Wyker Mole, auf die ein Kutter getrieben war, das untere die Mole im Hafen von Dagebüll. Nur noch die Lampen und einige Verkehrsschilder ragen aus den Fluten, im Hintergrund sieht man die Anlegebrücken.

Die nächste sehr schwere Sturmflut folgte am 24./25. November 1981. In Hamburg lief sie 64 Zentimeter, in Cuxhaven 59 Zentimeter unter dem Wert von 1976 auf. Wegen der ungünstigen Zugbahn des Sturmtiefs stieg das Wasser noch höher als fünf Jahre zuvor. An den Pegeln nördlich von Husum wurden neue Rekordstände gemessen, daher der Beiname „Nordfrieslandflut". Der Küstenschutz war in den vergangenen Jahren weiter verbessert worden, so daß große Schäden nicht auftraten, abgesehen von starken Abbrüchen auf der Insel Sylt und Löchern im Hindenburgdamm. Auf der gesamten, 38 Kilometer langen Westküste der Insel wurden die Dünen schwer angegriffen, die Wasserstände betrugen zwischen 4,10 Meter über NN in List und 4,45 Meter über NN am Rantumdamm. Teilweise brachen bis zu 25 Meter Dünen weg, am schlimmsten traf es den Bereich Hörnum. Im folgenden ist der Ablauf des Katastropheneinsatzes auf der Insel bei dieser Flut wiedergegeben. Es wird deutlich, welch ein großer Apparat an Menschen und Maschinen in Aktion tritt, wenn eine schwere Flut die Küsten angreift.

3:59 Uhr – Das Deutsche Hydrographische Institut (DHI) meldet telefonisch: Das Nachthochwasser etwa 3,5m über MThw. Mittagshochwasser laut Tidekalender um 11:27 Uhr.

4:45 – Abschnittsführungsstelle Sylt ist besetzt.

5:10 – Eintreffen von Dr. Andersen im Abwehrstab.

5:15 – Deichgraf Peters bestätigt die Einsatzbereitschaft.

5:20 – Gemeinde List (Amtsrat Petersen) bestätigt: Voralarm ausgelöst.

5:38 – Herr Horn, der technische Betriebsleiter, meldet sich einsatzbereit.

7:50 – Anruf der Kurverwaltung (KV) Westerland: erhöhte Einsatzbereitschaft bestätigt, Anforderung von Sandsäcken für die Sicherung der Milchkurhalle.

8:45 – Der Abwehrstab ordnet den Einsatz der Wehren am Nössedeich an.

9:00 – Meldung der Wehren vom Nössedeich: Einsatzbereitschaft hergestellt. Das Wasser steht am Deichfuß, geringer Wellenauflauf.

9:05 – Anruf vom Kreis Nordfriesland: um 8:45 Uhr wurde für den Bereich der Insel Sylt Katastrophenalarm ausgelöst. Deich- und Strandabschnitte sind zu besetzen.

9:26 – Anruf beim DRK-Bereitschaftsführer, Herrn Kroll: Das Rote Kreuz ist einsatzbereit.

9:30 – Funkleitung zum Abwehrstab Niebüll steht.

9:35 – Dr. Andersen meldet sich per Funk: in Keitum werden Sandsäcke gebraucht. Das ALW wird diese liefern.

10:18 – Dr. Andersen per Funk: Beschädigungen am Keitumer Schöpfwerk. Bitte an Bgm. Hoppe, die gefährdeten Stellen des Nössedeiches in Augenschein zu nehmen.

10:32 – Herr Pfnür (ALW) wird zum Abwehrstab beordert.

10:35 – Oberkommissar Serfling meldet telefonisch: alle zur Verfügung stehenden Beamten der Polizei sind einsatzbereit.

10:36 – Beorderung von DRK-Bereitschaftsführer Kroll zum Abwehrstab.

10:45 – Großeinsatz für die Feuerwehr: alle Wehren werden an den Nössedeich beordert.

10:59 – Laut Funkmeldung Dr. Andersen weiter äußerste Gefährdung des Deichschöpfwerks Keitum.

11:08 – Funkmeldung aus Hörnum: die Stöpe am Campingplatz ist geschlossen.

11:11 – Vom Schöpfwerk/Nössedeich kommt ein Funkspruch: erste Wellen überspülen den Deich, der Pegelstand beträgt 9,20 Meter.

11:24 – Funkanruf Dr. Andersen: im Bereich Morsum/Archsum wird möglicherweise eine Evakuierung nötig.

11:29 – Olt. Meinhard wird von der Marine als Verbindungsoffizier bereitgestellt.

11:31 – An den Kreis Nordfriesland wird gemeldet, daß eine Evakuierung im Bereich Morsum/Archsum nötig werden könnte. Bitte um Weiterleitung an NDR 2.

11:32 – Dr. Andersen meldet über Funk, daß der Nössedeich im Bereich „Karl Bohn" bricht.

11:34 – Die Kreisleitstelle wird verständigt und gebeten, für den Bereich der gesamten Insel Sylt Sirenenalarm auszulösen.

11:39 – Auslösen des Sirenenalarms.

11:40 – Die Busfirmen Tölke und Prahl werden angerufen und angewiesen, die laut Evakuierungsplan eingeteilten Busse auf Anforderung bereitzustellen.

11:42 – Auf Bitten von Verwaltungsoberrat Kilian gibt die Abschnittsführungsstelle einen Lagebericht: Der Nössedeich bricht in Höhe Katrevel, die Gemeinden Morsum und Archsum sind stark gefährdet, Evakuierung könnte notwendig werden. Der Pegelstand beträgt z. Zt. 4,20 Meter über MThw, Bitte um Unterrichtung der Bevölkerung über NDR 2.

11:51 – Anruf beim Kreisabwehrstab. Für die ganze Insel Sylt ist Sirenenalarm auszulösen. Nach Mitteilung der Keitumer Feuerwehr ist er bisher nur in Westerland ausgelöst worden.

11:52 – Die Schulen melden, daß alle Schüler vorzeitig aus dem Unterricht entlassen werden.

11:53 – Funknachfrage bei den Wehrabschnitten des Nössedeiches ergibt: Wasser läuft über die Deichkrone, Deichbruch hat sich jedoch nicht bestätigt.

12:02 – Meldung vom Nössedeich: Wasserübertritt in voller Deichlänge. Es wird immer schwieriger, die Schadenstellen auszumachen.

12:19 – Über Funk werden neue Lageberichte von den Feuerwehren an den Wehrabschnitten des Nössedeiches abgerufen. Morsum: vermehrter Wasserübertritt, vorhandene Löcher werden ausgewaschen. Teilweise rutscht die Innenseite ab. Archsum: Wasser tritt voll über den Deich. Geringe Schadstellen. Keitum: vereinzeltes Übertreten von Wasser, geringe Schäden. Tinnum: Teilweise läuft das Wasser über, Beobachtung der Schäden wird immer schwieriger. Bislang keine nennenswerten Schadstellen. Rantum: Noch steht das Wasser 10 Zentimeter unter der Deichkrone, steigt aber weiter an.

12:33 – Laut Telefonmeldung der Westerländer KV Wassereinbruch in der Brunnenhalle und im Spielcasino. Soweit möglich Sicherung durch Sandsäcke und Bauholz.

12:34 – Bereitschaftsführer Kroll/DRK hat die Verpflegung der Einsatzkräfte angeordnet.

12:40 – Anordnung an die Polizei, die Zufahrtswege zum Nössedeich zu sperren, da die Einsatzfahrzeuge durch Schaulustige behindert werden.

12:47 – Bitte an die Feuerwehr, die Personen zu bergen, die sich noch im Spielcasino auf der Promenade befinden.

12:49 – Herr Buse (Stadtwerke) ruft an und berichtet, daß das Elektrokabel am Hindenburgdamm freigespült wurde und abgeschaltet werden muß. Durch das Wattenmeerkabel bleibt die Stromversorgung aber gesichert.

12:56 – Erneut die Lister Feuerwehr per Funk: In Höhe Blidsel-Bucht tritt Wasser über die L 24. Das Straßenbauamt wird veranlaßt, Absperrungsmaßnahmen durchzuführen.

12:57 – Feuerwehr Morsum gibt per Funk die Meldung durch, daß der Nössedeich im Bereich Katrevel schwer beschädigt ist. Deichbruch möglich.

13:03 – Bgm. Striberny/List berichtet, daß der Mövenbergdeich noch ungefährdet ist. Absperrung der L24 unbedingt nötig, wegen zahlreicher Schaulustiger bereits ab Ortseingang Kampen. Ihm wird mitgeteilt, daß die Absperrung bereits im Gange ist.

13:04 – Amtsvorsteher Dr. Andersen und Deichgraf Peters werden angewiesen, sich zur Schadensstelle Katrevel zu begeben und einen detaillierten Lagebericht zu senden.

13:09 – NDR 2 meldet, daß eine Evakuierung im Bereich Morsum/Archsum nötig werden kann.

13:14 – Über Funk wird aus Hörnum gemeldet, daß die Straße nach Hörnum in Höhe „Puan Klent" nicht mehr passierbar ist.

13:19 – Erneut Hörnum per Funk: Kiosk „Klaar Kimming" rutscht ab. Am Parkplatz und am Campingplatz steht das Wasser bis zur Deichkrone.

13:22 – Funkmeldung vom Nössedeich: in Höhe Katrevel besteht an drei Stellen akute Bruchgefahr.

13:25 – Herr Buse von den Stadtwerken ruft an: Das zweite Elektrokabel im Bereich des Stellwerkes auf dem Hindenburgdamm ist freigespült. Weiterhin ist die Stromversorgung durch das Wattenmeerkabel gesichert.

13:35 – Funkspruch aus Keitum: Auf der Innenseite des Deiches drei große Löcher und Aufweichungen. Auf Anfrage meldet Herr Pfnür (ALW), daß der Wasserstand sinkt.

13:38 – Die Feuerwehren am Nössedeich werden vom Abwehrstab per Funk angewiesen, über den Deichverteidigungsweg die nötigen Sandsäcke an die Bruchstellen zu bringen. Deichverteidigungswege intakt.

13:40 – Telefonanruf der Bundeswehr: Sie stellt Fahrzeuge und Geräte frei, um an den Bruchstellen einsatzbereit zu sein.

14:07 – Über den Kreis Nordfriesland Anruf bei NDR 2: Die Straßen und Zufahrtswege zu den Deichen sind von Schaulustigen freizuhalten. Streckenweise Überflutung des Nössedeiches, für Morsum und Archsum besteht Überflutungsgefahr. Die Bewohner müssen sich für eine Evakuierung bereithalten.

14:09 – Funkmeldung der Feuerwehr vom Nössedeich: Nur kleinere Schäden im Bereich des Schöpfwerkes. Herr Pfnür (ALW) trifft an der Bruchstelle ein. Bei Uwe Klint/Morsum sind 30 Bundeswehrsoldaten zum Sandsackfüllen eingesetzt. Über Funk meldet Herr Pfnür, daß die Deichkrone hält, der Deich aber von der Innenseite abbricht.

14:30 – Herr Pfnür ordnet über Funk an, alle Vorräte an Schaufeln, Keulen, Rammen und Matten vom ALW zu Uwe Klint nach Morsum zu bringen.

14:47 – Die Morsumer Feuerwehr meldet, daß sie ihren Standort erreicht hat.

15.03 – Aus List wird gemeldet, daß die neue Straße noch überflutet ist, die alte ist nur in Notfällen mit Lkws befahrbar.

15:24 – Kommandeur Formansky meldet über Funk, daß er mit 100 Bundeswehrangehörigen bei Uwe Klint eingetroffen ist, Einsatzbereitschaft hergestellt.

15:30 – Über NDR 2 wird erneut durchgegeben, daß weiterhin für Morsum und Archsum die Gefahr einer Überflutung besteht. Die Bevölkerung soll sich für eine eventuelle Evakuierung bereithalten. Der Bahnverkehr über den Hindenburgdamm ruht.

15:37 – Zusätzliche 5000 Sandsäcke werden nach Morsum gebracht und 80 weitere Soldaten in Marsch gesetzt.

16:25 – Die Tinnumer Wehr meldet, daß im Bereich Rantum Damm in Höhe des Schöpfwerkes auf 20 Metern Länge und 2 Metern Breite ein größerer Schaden entstanden ist.

16:35 – Die Tinnumer Feuerwehr wird von der Einsatzzentrale angewiesen, zunächst zu versuchen, den Schaden am Schöpfwerk mit eigenen Mitteln zu beheben.

16:38 – Wettermeldung des DHI: An der gesamten deutschen Nordseeküste wird das Nachthochwasser 2,5 bis 3 Meter über NN erreichen, leicht westdrehender Wind der Stärke 9, in Böen 10.

17:08 – Die Archsumer Feuerwehr meldet per Funk: In etwa zehn Minuten wird die zur Seeseite liegende Schadstelle behoben sein.

17:31 – Funkmeldung der Feuerwehr Morsum: Der Deich wurde nochmals begangen, dabei in Höhe Katrevel zwei große Löcher entdeckt. Eines ist abgedichtet, die Einsatzkräfte sind auf dem Weg zum anderen, das voraussichtlich in etwa einer Stunde geschlossen werden kann.

17:48 – Die Tinnumer Wehr meldet, daß die Schadstelle am Tinnumer Deich behoben ist.

18:26 – Das Seewetteramt gibt auf Anfrage die folgende Wettermeldung: Im Nordteil der Deutschen Bucht Windstärke 10, in der ersten Nachthälfte anhaltend, morgens Abschwächung auf Stärke 8.

19:22 – List meldet, daß das Loch im Mövenbergdeich abgedichtet ist.

20:30 – Die Einsatzzentrale teilt der Bundeswehr mit, daß alle Fahrzeuge zum Standort zurückkehren können.

21:10 – Der Seewetterbericht meldet für das Gebiet 1 (Deutsche Bucht) Wind aus Nordwest, Stärke 9, abnehmend 7 bis 8. Für das Gebiet 4 (mittlere Nordsee/Ostteil) Nordwest Stärke 10 bis 11, abnehmend 9.

21:32 – Dr. Andersen meldet aus Keitum telefonisch, daß der Wasserstand am Nössedeich/Höhe Schöpfwerk 6,40 Meter beträgt. An der Nordseite der Keitumer Bucht scheint das Nachthochwasser höher aufzulaufen.

22:04 – Die Zentrale beauftragt alle Einsatzbereiche, um 23:00 Uhr die Deiche zu überprüfen und einen Lagebericht abzugeben.

23:09 – Deichgraf Peters und Dr. Andersen berichten über Funk, daß die Lage am Nössedeich unbedenklich ist. Dies wird von den einzelnen Wehren über Funk bestätigt.

23:23 – Alle Feuerwehren an den Deichen werden per Funk angewiesen, in die Gerätehäuser zurückzukehren und dort rufbereit zu bleiben.

00:05 – Die Westerländer Feuerwehrmänner werden durch den stellvertretenden Wehrführer Söderberg entlassen.

00:13 – Funkbericht der Feuerwehr Morsum über die Schäden am Nössedeich. Es sind keine wesentlichen Veränderungen eingetreten.

1:05 – Gemeindewehrführer Sylt-Ost meldet eine weiterhin unbedenkliche Lage an den Schadstellen des Nössedeiches.

1:11 – Dem Kreisabwehrstab wird gemeldet, daß die Gefahr an allen Deich- und Strandabschnitten gebannt ist und der Katastrophenalarm für den Bereich der Insel Sylt aufgehoben werden kann. Der Kreisabwehrstab stimmt zu.

1:15 – Alle Wehren werden über Funk von der Aufhebung des Katastrophenalarms informiert und entlassen.

1:30 – Der Einsatz der Abschnittsführungsstelle Sylt ist beendet.

Soweit der Auszug aus dem Ablaufplan des Katastropheneinsatzes auf Sylt im November 1981. Bleibt noch nachzutragen, daß auf der Hallig Habel das einzige Haus zerstört wurde, auf den anderen Halligen stand das Wasser teilweise in den Häusern, die Friedhöfe wurden verwüstet. Auf Föhr schwamm eine Menge Sand weg, vor allem am Südstrand gab es Beschädigungen an der Uferbefestigung. Wieder wurde Rantum überflutet.

In den folgenden Jahren blieb es vergleichsweise ruhig, außergewöhnliche Wasserstände waren nicht zu vermelden. Zu Beginn des Jahres 1990 gab es dann wieder eine Reihe hoher Fluten, die besonders die Westküste Schleswig-Holsteins und das Elbegebiet betrafen. Am 26. Januar wurden Fluthöhen erreicht, die in Nordfriesland nur knapp unter den Rekordhöhen der 1981er Flut lagen. Die Meßgeräte zeigten Windgeschwindigkeiten an, die 15 Beaufort (162 km/h) entsprechen! Das Hochwasser vom 26. bis 28. Februar dagegen lief an der Elbe am höchsten auf. In Husum erreichte es 4,89 Meter über NN, in Brunsbüttel 4,74 Meter sowie in Büsum 4,66 Meter. Diese Orkankette war die bisher größte bekannte, unmittelbare Aufeinanderfolge schwerer Fluten. In nur drei Tagen reihten sich fünf Stürme bzw.

Schwer beschädigt wurde der Dagebüller Deich durch die Flut am 26./27. Januar 1990. Die Einsatzkräfte hatten große Schwierigkeiten, die Sandsäcke zu den Löchern im Deich zu bringen, da die nötigen Deichverteidigungswege fehlten.

Am Wyker Südstrand, 27. Februar 1990: Sandsäcke schützen die beschädigten Uferbefestigungen.

Orkane aneinander. Auf den Halligen herrschte seit Januar Dauer-Landunter: auf Langeneß 38mal, auf Gröde gar 58mal in zwei Monaten! Gefährlich war die Situation am Deich vor Dagebüll, der bei Wasserständen von 4,23 Metern über NN zu brechen drohte. Auf 800 Metern war die Innenseite weggerutscht, doch dank des tatkräftigen Einsatzes von über 1000 Helfern, die mit Sandsäcken die gefährdeten Stellen sicherten, konnte der Deich gehalten werden.

Heute steht an dieser Stelle ein neuer, höherer und sanft ansteigender Deich mit einem Deichverteidigungsweg. Den gab es seinerzeit noch nicht, so daß die Einsatzkräfte nur schwer an die bedrohten Deichstrecken gelangen konnten. Auch der Nössedeich im Sylter Osten wurde an einer noch nicht verstärkten Stelle wieder überflutet. Erst seit dem letzten Herbst

können sich die Morsumer hinter ihrem komplett erneuerten Deich wieder sicher fühlen.

Die vorletzte Sturmflut fand am 21./22. Januar 1993 statt, als ein schwerer Orkan auf Sylt für Sandverluste von bis zu 20 Metern sorgte. Sie war erneut Bestandteil einer Kette mehrerer Sturmfluten, die beispielsweise auf Gröde für 20 Landunter sorgten – den anderen Halligen erging es kaum besser. In Deutschland gab es in diesem Orkan vier Todesopfer: ein Lotse und zwei Matrosen ertranken in der eiskalten Elbemündung, als ein Versetzboot kenterte. Ein Seemann wurde bei Borkum durch den Sturm vom Deck eines Frachters gerissen und starb ebenfalls. Die Dagebüller Mole wurde überspült und mußte geräumt werden, die Schiffahrt kam vielerorts zum Erliegen. Die Deiche und anderen Küstenschutzanlagen hielten.

Landunter auf der Wyker Mole am 27. Februar 1990. Der Fährverkehr ist zusammengebrochen, die Fähren der Wyker Dampfschiffs-Reederei liegen im schützenden Hafen fest.

Allen Fluten seit 1962 ist gemein, daß sie sehr hoch aufliefen, auf längere Sicht allerdings nicht ungewöhnlich sind. In den letzten Jahrhunderten stieg der Meeresspiegel grundsätzlich um 25–30 Zentimeter pro Jahrhundert an, die Fluten der letzten Jahre passen, auch wenn ein anderer Eindruck entsteht, durchaus ins Bild.

Die letzte große Sturmflut fand am 28. Januar 1994 statt. Sie betraf vor allem Hamburg, aber auch Sylt verlor wieder große Mengen Land. Mit Böen der Stärke 10 hatte sich der Sturm schon am Morgen angekündigt – Spitzenwerte waren Windgeschwindigkeiten von 95 Kilometern pro Stunde.

18 Jahre nach dem bisherigen Höchststand am Pegel St. Pauli (6,45 Meter im Januar 1976) erreichte die Elbe um 16.15 Uhr 6,02 Meter – der zweithöchste Stand, seit man Fluthöhen in der Hansestadt mißt. Das erste Opfer dieses Sturmes war eine 85jährige Rentnerin aus Wandsbek, die von einer Bö umgerissen wurde und sich dabei mehrere Knochenbrüche zuzog. Anders als 1962 gab es zum Glück keine Toten, Unfälle wegen des Sturmes sorgten allerdings für einige Verletzte. In der Innenbehörde tagte der Katastrophenstab, für Polizei, Feuerwehr und andere Hilfskräfte gab es weit über 100 Einsätze. Zahlreiche Menschen mußten aus eingeschlossenen Häusern evakuiert und Unfallstellen gesichert werden. 60 Autos schwammen weg, besonders die ufernahen Bereiche wurden überflutet. Der Verkehr brach zusammen. Über 1000 Helfer waren im Einsatz, um Schlimmeres zu verhindern. Am Abend ging es dann für viele Hamburger ans Aufräumen: unzählige Dachpfannen waren vom Sturm von den Dächern geweht worden. Keller und Wohnungen liefen voll mit einer dunklen Brühe aus Wasser, Dreck und Schlamm.

Die Dienststelle der Wasserpolizei Cuxhaven wurde lahmgelegt, größere Schäden gab es an der Elbmündung aber nicht. Auch die Schleuse Brunsbüttel blieb ab 11 Uhr geschlossen: bis zum Abend ruhte der Verkehr auf dem Nord-Ostsee-Kanal. Auch wenn es dieses Mal ohne größere Schäden an Mensch und Material abging: die Bedrohung durch die Nordsee bleibt bestehen. Es gibt keinen Grund, sich ruhig zurückzulehnen und blind auf die Küstenschutzanlagen zu schauen. Schon beim nächsten Sturm kann es wieder viel schlimmer kommen. Es kann daher nicht verwundern, daß bei vielen Fachleuten der Ruf nach einem Elbesperrwerk wieder lauter wird.

Hamburg am 28. Januar 1994: Oben: Neumühlen, im Hintergrund Wohnschiffe; unten: Einsatz im Schlauchboot (Övelgönne) / nächste Seite: Blankenese – Kajaks fuhren auf dem Strandweg.

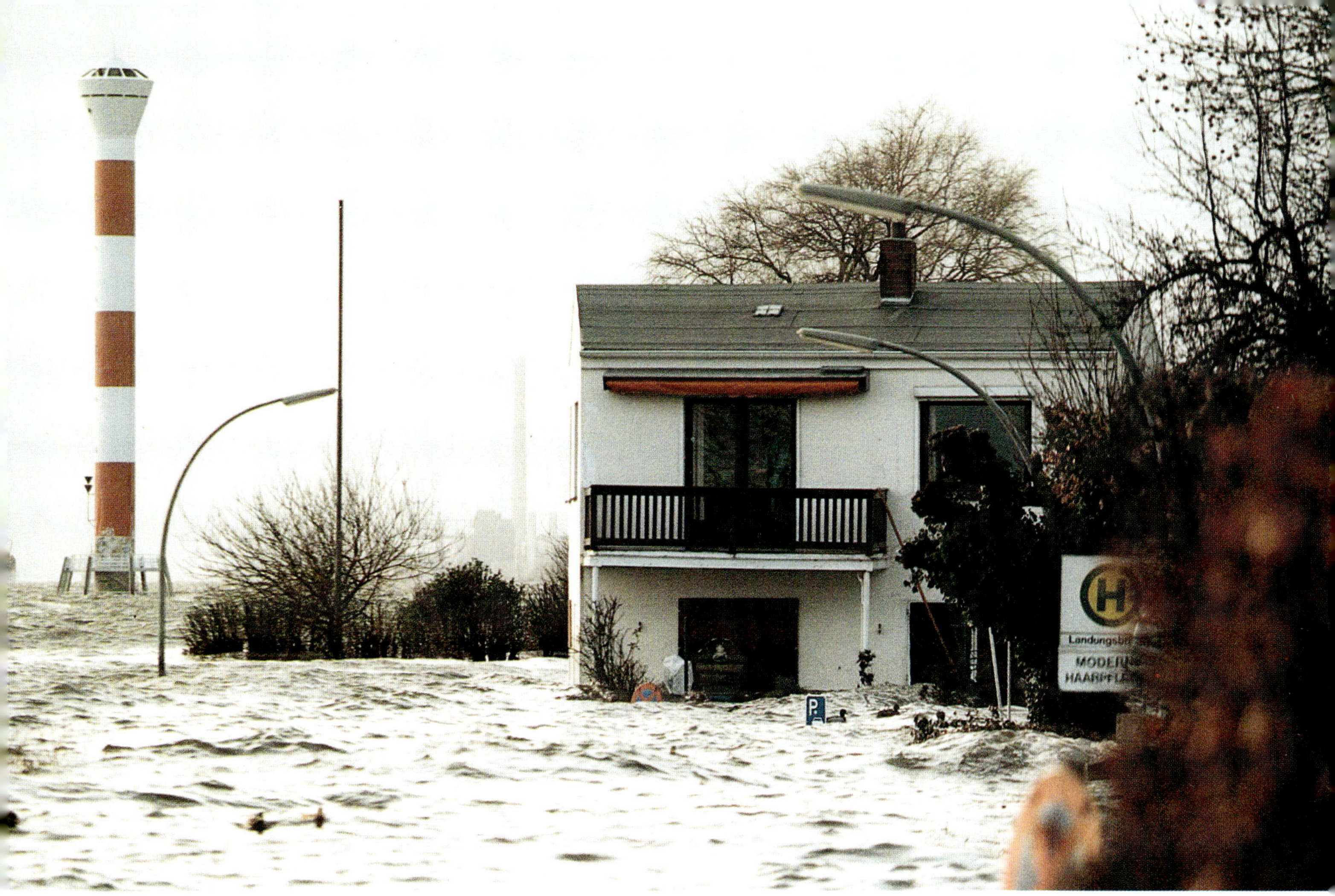

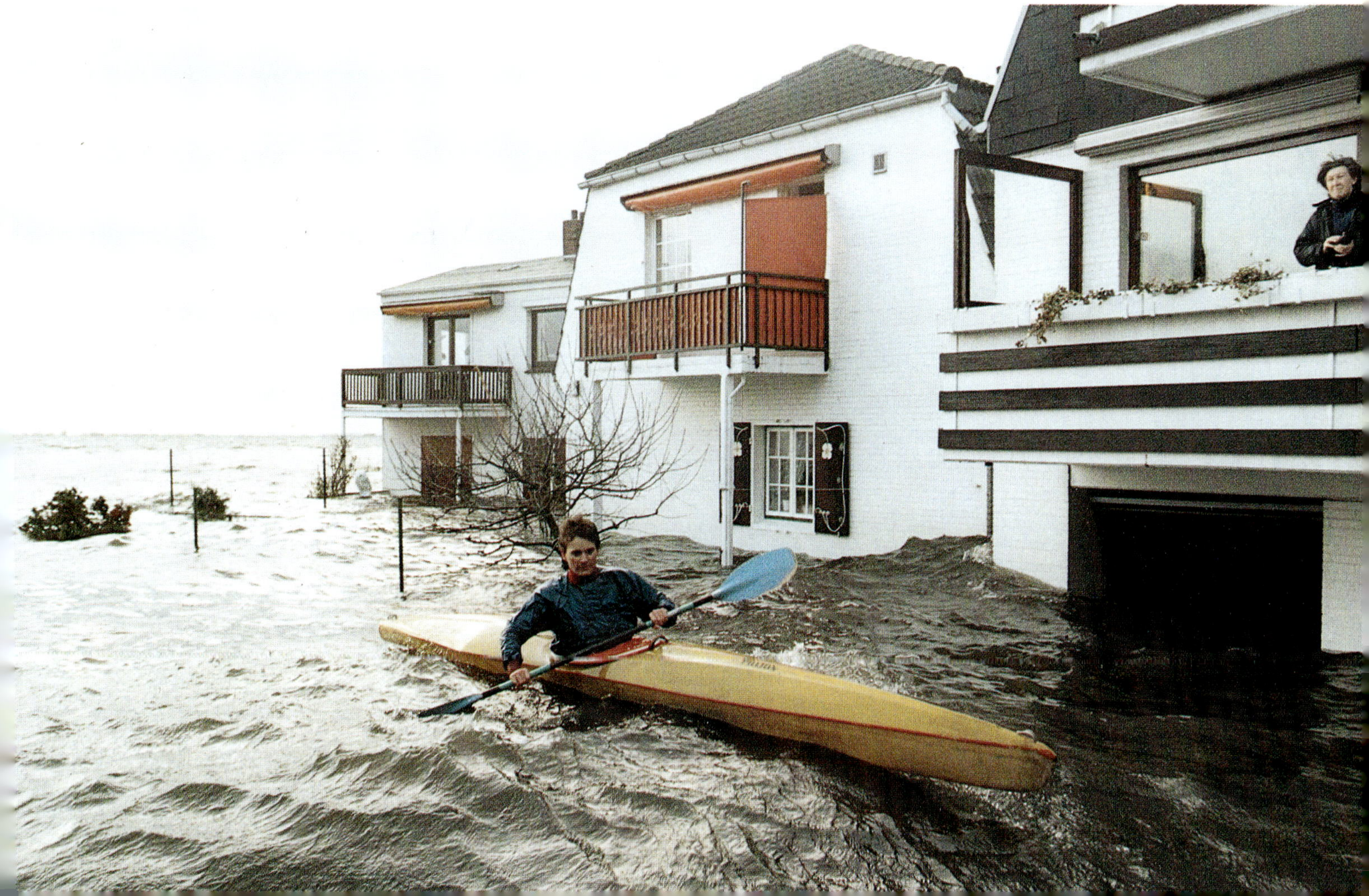

Sylt – auf Sand gebaut

Auf Sylt gibt es nicht nur Sonne, Strand und FKK, nicht nur Friesenhäuser, Pensionen und schmucke Gassen, sondern auch die gefährliche Bedrohung durch den „blanken Hans". Das Wüten der Sturmfluten ließ die Insel durch die Jahrhunderte immer weiter schrumpfen. Heute bedeckt Sylt eine Fläche von 99 Quadratkilometern. Anhand Deutschlands beliebtester Ferieninsel kann man beispielhaft schwere Sturmschäden und die jeweiligen Gegenmaßnahmen beschreiben. Während anderenorts mittlerweile die Deiche erhöht wurden und die Menschen sicher leben können, gibt es auf Sylt eine brennende Wunde, gegen die die Wasserbauer noch kein durchschlagendes Rezept entwickeln konnten: die schweren Abbrüche an den Dünen und Kliffs, die das Eiland von Jahr zu Jahr weiter schrumpfen lassen. Doch wagen wir zunächst einen Blick in die Geschichte.

Zur Entstehung der Insel Sylt

Die Sage macht es sich einfach bei der Frage, wie Sylt entstand. Demnach ist in früher Zeit das riesige Schiff „Manigfuald" nahe der dänischen Stadt Esbjerg gestrandet. Der Kapitän ging von Bord und verlor beim Marsch durch das Watt seine Schuhsohle, die heute den Mittelteil der Insel von Westerland bis Nösse bildet. Auffällig ist auch die Nähe der Wörter Sylt (Söl) und Sohle (Sööl) in der sylterfriesischen Sprache, dennoch wollen wir uns lieber mit der wissenschaftlichen Theorie über die Entstehung der Insel beschäftigen.

Vor allem am Morsum-Kliff und am Roten Kliff in Kampen kann man an der Abbruchkante wie in einem geologischen Buch lesen. Die Geestteile der Insel bestehen vor allem aus drei verschiedenen Ablagerungen:

1. *Schwarz-grauer Glimmerton:* Diese Erdschicht ist 8–10 Millionen Jahre alt und stellt eine Ablagerung aus der Ur-Nordsee dar. Diese bedeckte seinerzeit etwa zwei Drittel des heutigen Schleswig-Holstein. Damals herrschte tropisches Klima, auch das Wasser war wärmer. Die üppige Waldvegetation dieser Zeit wurde im Laufe der Jahrmillionen zu Braunkohle, die heute abgebaut wird. Der Glimmerton ist eine Schlammbildung der frühen Nordsee, in ihm sind Überreste der damaligen Meeresbewohner enthalten, also Schnecken, Muscheln, Krebse, Haie und Wale.

2. *Rotbrauner Limonitsandstein:* Diese Schicht entstand, als das Meer vor etwa 5 Millionen Jahren zurückwich und das Gebiet des heutigen Sylt in seiner Brandungszone lag. Der abgelagerte hellgraue Meeressand erhielt seine bräunliche Farbe dadurch, daß er sich mit Eisenlösungen verband. Im feinkörnigen Limonit finden sich zahlreiche Fossilien, besonders Schnecken und Muscheln.

3. *Kaolinsand:* Nachdem das Meer nach Westen zurückgegangen war, transportierte ein weitverzweigtes Flußsystem vor etwa 3 Millionen Jahren den Kaolinsand, der auch Porzellanerde genannt wird, in Sylter Gefilde. Sylt war damals festes Land. In dieser Schicht finden sich Überreste von Korallen, Trilobiten, Seelilien und auch lavendelblaue Hornsteine.

Diese drei Schichten bilden die Grundlage der Insel.

Vor 550 000 Jahren folgte auf das tropische Klima die sogenannte Güneiszeit, die Schneefälle und Eisbildung von bis zu 3000 Metern Höhe mit sich brachte. Das skandinavische Eis rückte nach Süden, zermalmte den Untergrund und schob Massen von Geröll vor sich her. Auch Schleswig-Holstein wurde auf diese Weise erhöht und ge-

formt. Die entstehende Oberflächenmoräne, so werden die bewegten Geröllmassen bezeichnet, kam während der Elstereiszeit vor 450 000 Jahren nach Sylt und führte zu einer Verschiebung der vorhandenen Schichten, so daß Glimmerton, Limonit und Kaolinsand heute am Morsumer Kliff schrägstehen. Ein Phänomen, das den Wissenschaftlern in früherer Zeit große Rätsel aufgab.

Die dritte Vereisung (Saaleeiszeit) transportierte vor 200 000 Jahren Steine und Geschiebelehm aus dem Norden nach Schleswig-Holstein, der Geestkern wurde so aufgebaut. Diese Schichten lassen sich besonders gut am Roten Kliff bewundern. Eine vierte Eiszeit, nach der Weichsel benannt, erreichte Sylt nicht, sondern schuf das östliche Hügelland in Schleswig-Holstein.

Als die Weichseleiszeit vor 15 000 Jahren endete, schmolz das Eis, und der Meeresspiegel begann zu steigen. Die Nordsee rückte vor. Noch vor 10 000 Jahren konnte man das 600 Kilometer entfernte England von Sylt aus zu Fuß erreichen. Doch das Meer stieg mit zunehmender Erwärmung weiter an und steigt bis heute, insgesamt etwa 100 Meter, im Durchschnitt um 25–30 Zentimeter pro Jahrhundert. Es rückte immer näher an die heutige Westküste heran, vor etwa 7000 Jahren erreichte es Sylt und ließ nur noch die drei Geesthügel herausragen. In den folgenden Jahrtausenden bildete sich die Insel dann heraus, das Meer riß einerseits Land weg, andererseits sorgte es für Ablagerungen aus Sand, Schlick und Sinkstoffen. Im Hochmittelalter gab es an der Westküste einen breiten Marschengürtel mit Geestinseln und sandigen Stränden, das Gebiet der Insel war damals Teil einer größtenteils feuchten, von Prielen durchzogenen Landmasse. Ihre längliche Gestalt erhielt die Insel in den folgenden Jahrhunderten durch Sturmfluten, beson-

Die bedeutendsten Zeugnisse zur Erdgeschichte auf Sylt, das Rote Kliff bei Kampen (oben) und das Morsum-Kliff. Gut lassen sich die verschiedenen Erdarten an der unterschiedlichen Farbe erkennen.

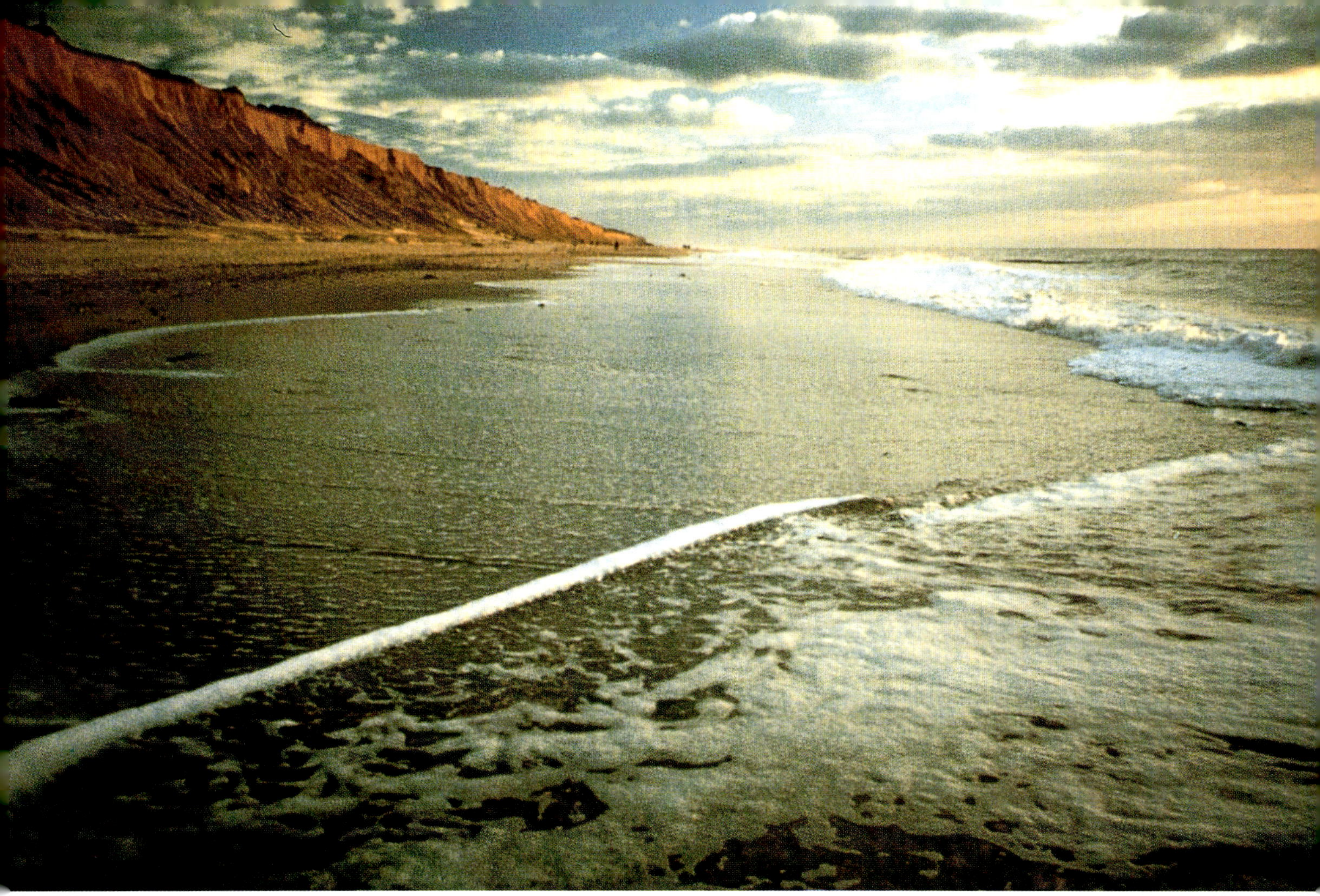

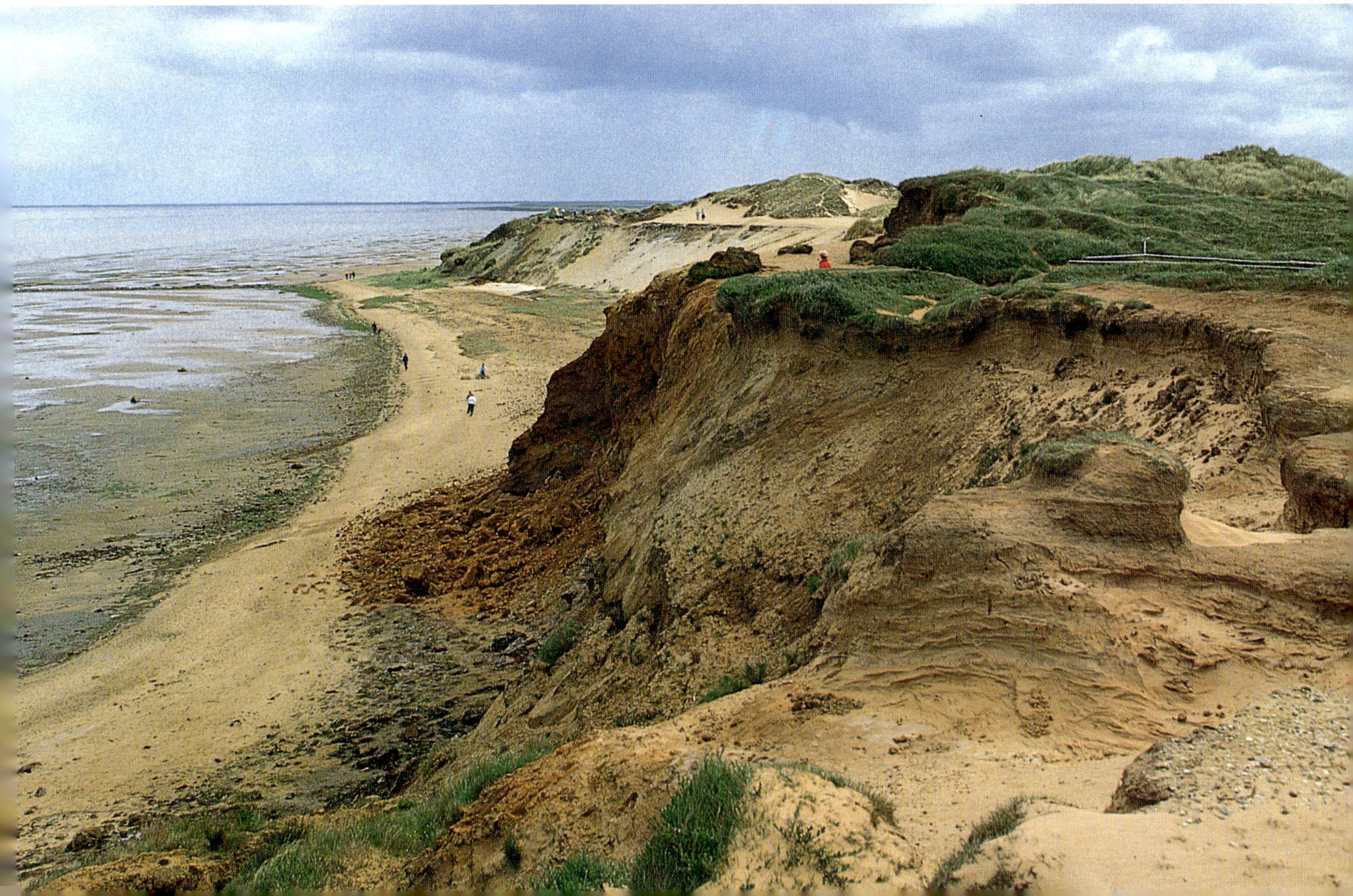

durch die Katastrophe 1362. Seit ihrer Entstehung vor 7000 Jahren verliert die Insel an Substanz und verlagert sich nach Osten. Menschen leben schon seit etwa 6000 Jahren auf Sylt. Noch heute legen zahlreiche Hünengräber davon Zeugnis ab. Die meisten entstanden in der Jungsteinzeit und in der Bronzezeit. Im 18. Jahrhundert gab es auf Sylt noch über 800 Hünengräber, selbst im vorigen Jahrhundert noch gut 500. Das bekannteste unter ihnen ist der Denghoog in Wenningstedt, ein Anziehungspunkt für zahlreiche Feriengäste.

Das Flutgeschehen auf Sylt seit dem Mittelalter

Wie im allgemeinen gilt auch für Sylt, daß über die Fluten in früheren Jahrhunderten oft keine Quellen vorliegen. Erst viel später entstanden die Aufzeichnungen der Chronisten, die uns heute vorliegen, so daß man sie nicht in jedem Fall für bare Münze nehmen kann. Urkundlich taucht die Insel zum ersten Mal im Jahre 1141 auf, als der dänische König Erich III. dem Kloster Odense 10 Silbermark des Landgeldes der „insula Sild" schenkte. Die älteste uns heute bekannte Chronik Sylts stammt vermutlich vom Anfang des 15. Jahrhunderts und wurde als „Hans Kielholts Silter Antiquitäten" im 17. Jahrhundert veröffentlicht. Über den Verfasser wissen

Die Gestalt der Insel im Mittelalter ist heute nicht mehr bekannt. Das einzige Zeugnis sind die Karten des Kartographen Johannes Mejer aus der Danckwerth'schen Landesbeschreibung von 1652. Es wurde schon angedeutet, daß auf Mejer kein unbedingter Verlaß ist, viele Details konnte er nicht wissen und mußte daher spekulieren. Aus Urkundenfunden geht hervor, daß Sylt bereits im 12. Jahrhundert als Insel angesehen wurde, wenngleich es auch Nachrichten darüber gibt, daß Sylter mit dem Pferdewagen nach Hoyer (heute jenseits der Grenze in Dänemark) fahren konnten. Dennoch bietet die Karte einen groben Eindruck von der damaligen Größe Sylts, wobei man sich allerdings keinen festen Landblock wie heute vorstellen darf. Das Land war von zahlreichen kleinen Flüssen und Seen durchzogen, abgesehen von den Geestkernen werden die flacheren Marschgebiete sehr feucht gewesen sein. Wichtigster Ort der Insel im Mittelalter war Wendingstadt, einer der Orte, von denen die Angelsachsen und Jüten im 5. Jahrhundert aufbrachen, um England zu erobern.

wir nichts, auch der Name ist fraglich: man vermutet, daß sein Name künstlich ist – Kiel(onia) Holt(satus). Dieser Mann studierte in den 1420er Jahren an der Universität Leipzig. Die nächsten Nachrichten stammen aus der Feder der bekannten Chronisten Heimreich, Danckwerth und Johannes Mejer (17. Jahrhundert), die allgemein für die Sturmflutgeschichte an der Westküste eine bedeutende Rolle spielen. Der unbekannte Verfasser „Hans Kielholt" war für sie Vorlage, ihre Schriften wiederum bildeten die Grundlage für die folgenden Chroniken. Im 19. Jahrhundert ist C. P. Hansen (1803–1879) hervorzuheben. Alte Karten und besonders Kirchenaufzeichnungen belegen, daß durch die Jahrhunderte viele Kirchspiele auf Sylt ein Raub des Meeres wurden.

·Die Katastrophenflut von 1362 hielt auch auf Sylt traurige Ernte. Wie groß die genauen Verluste an Mensch und Boden waren, läßt sich heute nicht mehr feststellen, auch ist es sehr fraglich, ob nur diese eine Flut das Land verwüstete. Vermutlich gab es im 14. Jahrhundert mehrere schwere Fluten, die einen großen Teil der Insel Sylt ertrinken ließen. Widersprüchliche und erwiesenermaßen falsche Angaben der Chronisten lassen keine sicheren Aussagen zu. 1362 soll Wendingstadt mit seinem Friesenhafen in der Nordsee versunken sein, Zeugnisse über die Stadt und ihren genauen Standort besitzen wir leider nicht. Andere Beispiele sind die Eydumer (auch: Eytumer) Kirche, die mehrfach nach Osten verlegt werden mußte, und die Stedumer Kirche südwestlich von Morsum, die ebenfalls in dieser Zeit unterging. Im 14. Jahrhundert wurde Sylt endgültig zur Insel und bekam nach ungeheuren Landverlusten im Westen wie im Osten seine längliche Gestalt.

Die Allerheiligenflut 1436 brachte auf Sylt wieder große Zerstörungen. Alt-Rantum versank in den Fluten und mit ihm die Westerseekirche, das wichtigste Gotteshaus der Insel. Der alte Ort lag westlich des heutigen Rantum, das wahrscheinlich in jenem Jahr gegründet wurde. St. Peter war die erste Rantumer Kirche, wahrscheinlich wurde sie im 9. Jahrhundert aus Holz erbaut,

heute steht im Ort die vierte – ihre Vorgänger raubten Meer und Sand. Das dritte Gotteshaus, das 1757 errichtet worden war, mußte bereits 1801 wieder aufgegeben werden, da es vom Dünensand eingeschlossen wurde. Überhaupt litten die Rantumer besonders unter den Sandverwehungen, mehrfach mußten sie deswegen ihre Häuser nach Osten verlegen oder in andere Dörfer ziehen. Im Jahre 1801 wurde den Rantumern wegen ihrer großen Not von der Regierung die Kopfsteuer erlassen. Erst Mitte der 1830er Jahre brachte die gemeinschaftliche Bepflanzung der Dünen bei Rantuminge (nördlich von Neu-Rantum) einige Entlastung. Ein weiteres Opfer der Naturkatastrophe von 1436 war Eydum, das aufgegeben werden mußte. Die Überlebenden gründeten danach Westerland als ihre neue Heimat – am neuen Westrand der Insel. Lediglich die alte Kirche St. Niels blieb noch bis 1635 von Eydum übrig. Aus dem 16. Jahrhundert sind mehrere Sturmfluten überliefert, in der des Jahres 1570 sollen alle Marschländer untergegangen sein, was wohl bedeutet, daß sie überflutet wurden. Auch 1596 und 1597 gab es zahlreiche Tote und große Schäden. Das nächste einschneidende Ereignis folgte im Jahre 1634, als auch die alte Insel Strand auseinanderbrach. Vom 11. auf den 12. Oktober wurden alle Deiche jämmerlich zugerichtet, so daß die Insel fast ungeschützt dalag. Sieben Menschen ertranken im Haus von P. Andresen (Morsum), das völlig zerstört und weggetrieben wurde. Unzählige Häuser fielen der Flut zum Opfer, Vieh ertrank in großer Zahl. Nach den Ereignissen wurde die Westerländer Kirche gebaut, da das 1436 übriggebliebene Gotteshaus zu Eydum endgültig aufgegeben werden mußte. Allerdings wird aus den Chroniken nicht ganz klar, ob das Meer oder die Dünen der Grund waren. Aus einer Bittschrift an die Regierung wissen wir, daß nach dieser Flut große Not auf der Insel geherrscht haben muß. Die Sylter Friesen waren kaum in der Lage, die zerstörten Deiche wieder aufzubauen, so daß ihnen 1638 ein bedeutender Steuernachlaß gewährt wurde. Weitere Schadensfluten in den folgenden Jahren machen deutlich, daß sie in dieser

Zeit ein schweres Schicksal hatten. Genaue Angaben über die Landverluste sind nicht möglich, obwohl einige Karten der Insel aus dem 17. Jahrhundert bekannt sind. Sie widersprechen sich aber und sind nicht mehr zu überprüfen. Am bekanntesten ist wiederum die Darstellung des Husumer Kartographen Mejer, von dem schon an anderer Stelle die Rede war. Wieder gibt er einen recht guten Überblick, wenngleich seine Darstellung Fehler enthält. So war die Insel nicht so lang wie von Mejer angenommen. Sicher ist aber, daß es im 17. Jahrhundert vier Kirchspiele auf Sylt gab: Keitum, Morsum, Rantum und Westerland. Danckwerth gibt 1652 zur Mejer'schen Karte der Insel Sylt diese Erläuterung: „Sie ist nicht sonderlich fruchtbar, sintemalen viele Sanddünen, Heiden und dergleichen wüste Orte viel Raum daselbst einnehmen, sie ist dreieckiger Figur, ihre Länge beträgt vier große Meilen, die Breite ist sehr ungleich. An der Süd- und Ostseite hat sie noch etwas Marschland, wo gutes Vieh gezüchtet wird, sie hat gar kein Holz und müssen ihre Einwohner ihre Feuerung von dem festen Lande in kleinen Schiffen hinüberholen. Die Einwohnerzahl der Insel soll etwa 1750 betragen. Rantum, nunmehr schlecht und gering, nimmt immerfort ab durch des Meeres gefräßige Wellen. Ein daselbst wohnhafter glaubwürdiger Mann berichtet, das dort von dem Westufer innerhalb 25 Jahren über 90 Schritte durch das Meer unterbrochen und weggespült worden."

Auch im 18. Jahrhundert suchte die Flut Sylt mehrere Male heim, immer wieder wurden die tieferliegenden Marschgebiete überschwemmt. Herausragend ist, wie an der gesamten Nordseeküste, das Hochwasser 1717, wobei es aber anscheinend unter den Menschen nicht viele Tote gab. Der Schaden an Häusern und Vieh muß allerdings immens gewesen sein, doch die stabile Bauweise rettete vielen Inselbewohnern das Leben. Dabei ist weiter zu bedenken, daß auch der Sand die Häuser bedrohte – wieder wandten sich die Sylter mit einer Bittschrift an den König, da sie die Steuerlast als sehr drückend empfanden, trotz der Reduzierung aus dem

Dieses Schema zeigt den enormen Landverlust der Insel seit dem 13. Jahrhundert. Zahlreiche Ortschaften gingen in den Fluten unter.

17. Jahrhundert. Mehrfach gab es Heufluten, also Hochwasser im Sommer, bei denen das Heu von den Feldern geschwemmt wird. Noch höher lief die Flut am 31. Dezember 1720 auf, mehrere Häuser wurden weggerissen. Von der heftigen Flut am 10./11. Dezember 1793 wissen wir, daß sie schwere Schäden an den Dünen hervorrief. An den meisten Stellen der Westküste gingen zwischen 11,5 und 14,5 Meter verloren. Aus dem Jahre 1769 haben wir wertvolle Daten über Sylt, die für eine Volkszählung gesammelt wurden. Damals standen 713 Wohnhäuser auf der Insel, in denen 2814 Einwohner lebten. Etwa 700 von ihnen waren Seeleute. Daß die Seefahrt ein gefährliches Unternehmen war, erkennt man an der Zusammensetzung der Bevölkerung: 1180 Männern standen 1634 Frauen gegenüber.

Im Jahre 1821, am 1. Dezember, erlitt besonders die Landwirtschaft große Verluste durch eine Sturmflut. In Archsum war die Wintersaat gänzlich, in Morsum, Keitum, Tinnum und Westerland zu einem großen Teil vernichtet. Eine Mißernte bei der Sommersaat war überdies zu erwarten. Viel schlimmer traf es die Insel aber in der Nacht vom 3. auf den 4. Februar 1825. Über dieses Ereignis sind wir recht gut unterrichtet, wenn wir auch nicht wissen, wie hoch das Wasser genau auflief. Wieder gab es große Überschwemmungen und harte Verluste für die Landwirtschaft, die Bauern hatten mit großen Mengen Sand und Kies auf ihren Äckern zu kämpfen, viel fruchtbare Erde wurde weggespült und war verloren. Nicht selten waren nach einer Sturmflut die Felder über Jahre vom Salzwasser verseucht. Allein in Archsum erlitten zwölf Häuser großen Schaden, in Rantum wurden fast alle unbewohnbar. Sieben Schafe und drei Lämmer ertranken, durch einen glücklichen Umstand gab es dort aber keine Toten. Die Landvogtei notierte am 30. März 1825: „In Rantum würden ohne allen Zweifel

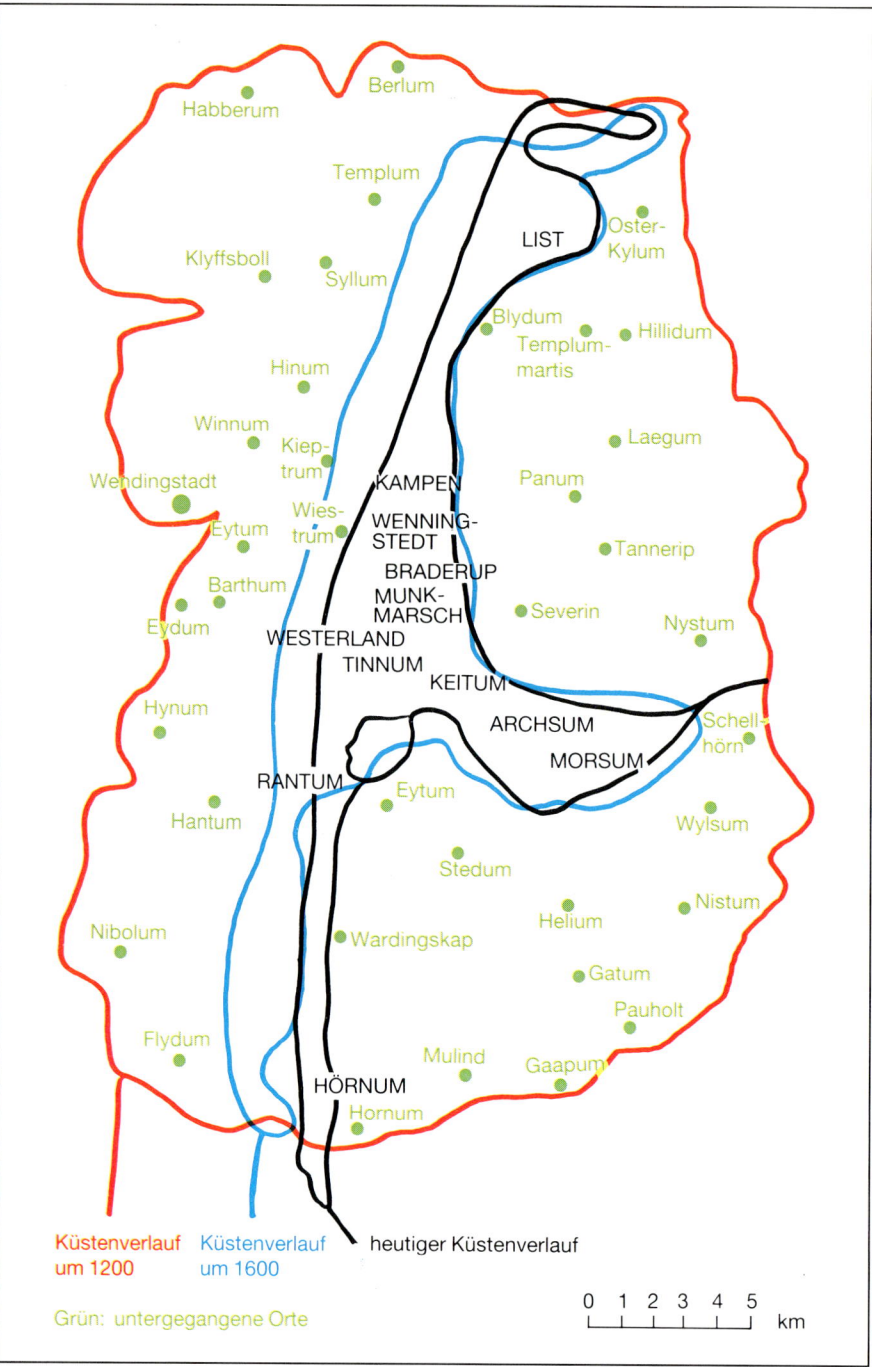

Küstenverlauf um 1200
Küstenverlauf um 1600
heutiger Küstenverlauf

Grün: untergegangene Orte

0 1 2 3 4 5 km

Menschen ertrunken sein, wenn nicht glücklicherweise das Haus des Hans Fedders vor dem Eindrang der Flut frei geblieben. Dahin flüchteten alle, durch die hohe Flut wadend, eiligst, trugen ihre Kinder mit sich. Dies Haus des Fedders ist vor zwei Jahren neu aufgebaut an einer hohen Stelle neben den Dünen und auch aufgewarft, nachdem sein altes in der Flut einstürzte." Zwischen Westerland und Tinnum brach der Deich ebenso wie

bei List: dort wurden vier Häuser zerstört. Wie durch ein Wunder gab es auf der Insel aber keine Toten, obwohl für viele große Gefahr bestand. Dafür ertrank das Vieh in großer Zahl. Auf der hohen See mußten allerdings einige Sylter ihr Leben lassen. An der Westküste waren enorme Landverluste zu beklagen, ganze Dünenketten schwammen weg. Vor Westerland brachen etwa 25–30 Meter ab, stark angeschlagen auch die Dünen an der schmalsten Stelle Sylts bei Rantum. Im Oktober und Dezember desselben Jahres gab es dann nochmals hohe Fluten, die aber keinen größeren Schaden anrichteten.

Wegen der häufigen Klagen der Sylter über zu hohe steuerliche Belastungen wurde die Insel 1827 durch eine Regierungskommission genau untersucht. Sie stellte an mehreren Stellen ein „ostwärts Fortschreiten der Dünen" und öftere Überschwemmungen niedrig gelegener Wiesen fest. Besonders in der Rantumer Gegend gab es seit 1634 starke Land- und Dünenverluste. Anhand der Reste des alten Deiches stellte man fest, daß in den vorigen Jahren über fünf Meter per anno verlorengegangen sein müssen. Vom Archsumer Sommerdeich waren nur noch Spuren vorhanden, so daß „die Wiesen und sogen. Marschweiden dem Meere preisgegeben" waren. Abschließend heißt es über die Nösse-Halbinsel (heute: Sylt-Ost): „Auf der gesamten Südstrecke aller Wiesen und Weiden sowohl Süden Morsum, Archsum und Keitum als Süden Tinnum und Westerland findet sich an vielen Stellen das Ufer oder ein Teil des Grases mit kleinen Kieseln und Sand bedeckt, der an einigen Stellen wohl 1½–2 Fuß [1 Fuß=knapp 30 Zentimeter] hoch lag, die jährliche Reinigung der Wiesen von diesem Unrat schien auch viel Mühe zu geben." Berechnungen des Landesbevollmächtigten Booysen 1827 ergaben, daß Sylt in den 180 Jahren seit 1648 knapp 30% seiner Fläche verlor! Die durchschnittliche jährliche Abbruchrate wurde später mit 19,5 Hektar errechnet. Das Kirchspiel Westerland verlor zwischen 1778 und 1834 30,43 Hektar nutzbares Land durch Versandung und Landabbruch (jährlich 4,1 – 4,4 Meter).

Hohe Fluten mit Überschwemmungen gab es dann noch viermal in den 1820er und 1830er Jahren. Die Dünen wurden dabei immer wieder beschädigt, trotz aller Gegenmaßnahmen blieben die Verluste enorm. Die Inselbewohner litten unter großen Belastungen, denn sie mußten in Eigenregie für ihren Schutz sorgen. Während des stürmischen Winters 1824/25 muß-

te durchgehend von Ende Dezember bis Ende Januar jeweils ein Drittel der Westerländer Haushalte für einen halben Tag eine Person für den Dünenschutz abstellen. In dieser Zeit wurden etwa 10 Kilometer Wälle errichtet und auf ganzer Länge Anpflanzungen durchgeführt.

Und das Meer gab keine Ruhe. Am 10. Januar 1852 verursachte ein starker Südweststurm schwere Verwüstungen. An einigen Stellen wurde der Wasserstand während der 1825er Flut noch übertroffen. Die kleine Insel Uthörn bei List wurde fortgerissen, westlich von Westerland versanken 11 Hektar Strand in den Fluten. Wieder verlor die Insel wertvolle Dünen, so daß man jetzt die Anstrengungen zu ihrem Schutz vergrößerte. Neu war der Plan, durch flache Vordünen den eigentlichen Dünengürtel zu sichern, vor Rantum wurde ein Wall ausgebaut. Im Herbst und Winter 1862 setzten mehrere Fluten besonders dem Roten Kliff zu. Im Westen Westerlands gingen 11,5 Meter Strand und Dünen verloren, an anderer Stelle sogar 17,4 Meter. In der Folge errichteten die Westerländer sieben hohe Wälle für den Dünenschutz. Wieder standen zahlreiche Wiesen und Äcker unter Wasser. Schwere Orkanböen und ein Wasserstand von 5,70 Meter über NN am Lister Ellenbogen wurden am 14./15. Oktober 1881 beobachtet. Diese Flut blieb damit nur knapp unter den Werten des Jahres 1825. Glücklicherweise gingen nicht, wie befürchtetet, sämtliche Vordünen verloren, aber die Abbrüche waren erheblich. Westlich der Insel soll sich das Wasser ocker gefärbt haben, weil es so viel Sand mit sich trug. Am Ende des 19. Jahrhunderts gab es dann noch drei schwerere Fluten in den Jahren 1894, 1895 und 1898, die zwar nicht übermäßig hoch waren, aber dennoch an der Westküste erhebliche Schäden anrichteten. An den Dünen und Kliffs gab es wieder starke Abbrüche, die erfolgreichen Versuche zur Vordünengewinnung wurden stark zurückgeworfen. An einigen Stellen gingen allein 1894 bis zu 23 Meter verloren.

Am Anfang dieses Jahrhunderts überschritten die Fluten 1902, 1904 und

1906 die Marke von 5 Metern über NN. Dünen- und Strandverluste waren überall an der Westküste zu beobachten, besonders vor Westerland. Dort befürchtete man einen Abbruch aller Gebäude am Strand. Im Jahre 1906 begann man mit dem Bau einer Strandmauer, die das Meer stoppen sollte, nachdem mit den herkömmlichen Methoden kein Erfolg erzielt wurde. Schwerer fielen die Schadensfluten vom 5./6. November 1911 sowie 16./17. Februar 1916 aus, die am Lister Pegel 6,53 Meter über NN erreichten. Im November 1911 wurde die hölzerne Westerländer Promenade vollkommen verwüstet. Kurz nach zwölf Uhr am 5. November wurde die Musikmuschel von einer mächtigen Welle erst aufrecht ein Stück nach Norden getragen, bis sie umfiel und wegschwamm. Mehrere Hallen am Ufer wurden ebenfalls von den Fluten weggerissen. An der Dünenkette gingen 16 Meter verloren. 1916 brachen die Dünen bei List und Hörnum, so daß an diesen schmalen Stellen das Wasser zeitweise bis zum Wattenmeer vordringen konnte. Kurios war die Zerstörung der neuen Westerländer Strandmauer auf einer Länge von 50 Metern: eine angetriebene Mine wurde von der Flut an die Mauer gedrückt und explodierte. Am 9. und 12. Oktober 1926 wurden sämtliche Vordünen und zahlreiche Fangzäune vernichtet. Am Roten Kliff gingen 15 Meter verloren.

Besonders den Bewohnern des Sylter Ostens blieben die Sturmfluten vom 17. und 24. November 1928 lange in Erinnerung. Die niedrigen Marschgebiete der Nösse-Halbinsel standen unter Wasser, viele gaben dem vor einem Jahr eingeweihten Hindenburgdamm die Schuld an den hohen Wasserständen. Es ist wohl dem glücklichen Umstand zu verdanken, daß die Flut zur Tageszeit auflief, daß es keine Toten zu beklagen gab. Die schmale Stelle am Sylter Ellenbogen wurde überspült, für kurze Zeit war der Norden eine eigene Insel. Am 18. und 27. Oktober 1936 erreichte das Wasser einen Höchststand von 5,98 Metern über NN. Wiederum brachen mehrere Meter von der Küste ab, die Randdünen auf List brachen an zwei, auf Hörnum an einer Stelle durch.

Im Jahre 1928 hängt das Strandcafé Wenningstedt über dem Kliffrand. Das Haus mußte aufgegeben werden.

Oben rechts: Schwere Brecher schlagen 1936 auf die Westerländer Promenade. Die Konzertmuschel steht wie ein Fels in der Brandung.

Überflutete Straßen in Westerland/Gaadt im November 1936.

Die Katastrophe im Februar 1962

Nachdem es gut 125 Jahre keine Katastrophenflut mehr gegeben hatte, führte die verheerende Sturmflut in Holland vom 1. Februar 1953, bei der über 1800 Menschen ertranken, den Küstenbewohnern brutal vor Augen, daß der „blanke Hans" noch keineswegs besiegt war. An der deutschen Westküste wirkte sie sich allerdings kaum aus, dafür sorgte der Sturm am 3. Januar 1959 für ein böses Erwachen auf Sylt. Windböen der Stärke 10 schlugen gegen die Westküste, die aufgewühlte Nordsee nagte wieder an den Stränden, Dünen und Kliffs. Im nördlichen Teil der Insel gingen zwischen drei und fünf Meter verloren, im Südabschnitt zwei bis vier Meter. Am stärksten wurde der Hörnumer Weststrand betroffen: Vordünen und Buschzäune wurden auf einer Länge von 1850 Metern vollkommen zerstört, die Randdünen mußten mehrere Meter zusetzen. Nach dieser Flut wurde gemessen, daß das Haus Düneck (Wenningstedt) noch 25 Meter, das Haus „Kliffende" in Kampen noch 40 Meter vom Kliffrand entfernt standen.

Knüppeldick erwischte es die gesamte Nordseeküste dann am 16./17. Februar 1962, wobei es die meisten der 340 Opfer in Hamburg gab (315). Aber auch Sylt erlitt schwere Schäden. Der Sturm aus Westen, Stärke acht bis neun, setzte bereits in der Nacht zum 16. Februar ein, das Mittagshochwasser erreichte in Westerland einen Stand von 1,5 Metern über dem mittleren Tidehochwasser. Trotz Niedrigwasser sank die Fluthöhe nicht, und der Wind drehte auf Nordwest, so daß für das nächste Hochwasser mit einem außergewöhnlichen Wasserstand gerechnet werden mußte. Um 20:30 Uhr, mittlerweile herrschte Windstärke zehn bis elf, wurde Katastrophenalarm ausgelöst. Am späten Abend waren aus den Strandübergängen reißende Flüsse geworden: die braunen Massen ergossen sich in die Stadt, allen Versuchen zum Trotz, die Übergänge mit Sandsäcken zu schließen. Gottlob gab es auf Sylt keine Toten, dafür aber erheblichen Sachschaden

und Dünenverlust. Vor der Kersig-Siedlung in Hörnum wurde die schützende Düne vollständig abgeräumt, Wassereinbrüche waren die Folge. Im alten Gemeindehaus stand das Wasser bis zum Fensterkreuz. In letzter Minute rettete der Bürgermeister die Akten. Es wird berichtet, daß in diesem Moment ein Mitarbeiter trocken bemerkte: „Schade eigentlich, daß nicht auch das Finanzamt abgesoffen ist."

Auch in Rantum brachen mehrere Meter von der Westküste ab, die Häuser an der Wattseite standen bis zu 50 Zentimeter im Wasser.

Am Lister Strandübergang holte sich die Nordsee im Februar 1962 zehn Meter Dünen. Den unteren Teil der Holztreppe riß die Flut mit sich.

gänge fielen zusammen. Enormen Flutschaden gab es auch in der Stadt. Das Kampener Kliff verlor sechs Meter Substanz, vor der Lister Strandhalle gingen etwa 10 Meter Dünen verloren.

Kurz vor dem eigentlichen Hochwasser flaute der Sturm ab, so daß es nicht zu einer größeren Katastrophe kam. Sylt drohte bei dieser Flut auseinanderzubrechen: nördlich von Kampen und südlich von Rantum ist die Insel nur einige hundert Meter breit. Das Glück stand den Inselbewohnern zur Seite, Sylt kam bei dieser Flut noch glimpflich davon, andere Gebiete an der Nordsee erwischte es viel schlimmer.

Abbrüche an der Sylter Westküste

Über die Abbruchraten an den Stränden der Insel in früheren Jahrhunderten können wir heute nichts Genaues sagen, denn dafür bräuchte man exakte Karten aus dieser Zeit, die leider nicht vorhanden sind. Erst 1793 wurde die erste zuverlässige Karte Sylts angefertigt. Nach einer älteren Berechnung gingen zwischen 1300 und 1640 durchschnittlich 2,6 Meter im Jahr verloren. Erst in den letzten Jahrzehnten wurden umfangreiche und sehr detaillierte Aufzeichnungen gemacht, die sichere Aussagen über jährliche Verlustraten und die Schäden nach bestimmten Fluten zulassen. Bekannt ist, daß die Insel an der Westküste ganz unterschiedlich Land verliert. Starke Abbrüche gibt es besonders an den Inselenden, die Inselmitte verhält sich dagegen stabiler. Für einige Stellen kann man genaue Angaben machen, so zum Beispiel für den Strand vor dem Haus Kliffende. Zwischen 1967 und 1984 brachen hier insgesamt 26 Meter weg, das entspricht im Mittel knapp 1,50 Metern pro Jahr! Am schlimmsten traf es diesen Abschnitt im November 1981: in nur einer Nacht riß das Meer 8 Meter Strand und Kliff weg. Die besondere Belastung der Inselenden sowie die Zunahme der Abbrüche seit den fünfziger Jahren wird in der folgenden Tabelle gut deutlich:

Ein weiteres Beispiel für die Sandverluste auf Sylt: das Haus Kliffende. Das obere Bild zeigt den Zustand im November 1985. Nur wenige Jahre später, nach der Flut vom 26. Februar 1990, sind nur noch etwa fünf Meter des Dünengürtels vor dem Haus übrig.

In Westerland wurde die Strandmauer unterspült, in der Promenade entstanden große Hohlräume. Steine und Geröll lagen wild auf dem Gehweg verstreut. Einige Tetrapoden, die immerhin sechs Tonnen pro Stück wiegen, wurden vom Wasser bis zu 40 Meter weggetrieben, zwei Strandüber-

Abschnitt	Abbruch 1870–1951	Abbruch 1951–1984
Hörnum	1,3m/Jahr	2,2m/Jahr
Rantum-Westerland	0,4m/Jahr	0,9m/Jahr
Westerland-Kampen	0,7m/Jahr	1,4m/Jahr
List	1,9m/Jahr	2,0m/Jahr

(Quelle: Fachplan)

Im Schnitt reißt das Wasser rund 1,4 Millionen Kubikmeter Sand bzw. 17 Hektar Land von der Insel weg – Jahr für Jahr.

Vor dem Haus Kliffende in Kampen hatten die beiden Fluten im Januar und Februar 1990 für eine dramatische Situation gesorgt: das Haus stand nur noch fünf Meter von der Kliffkante entfernt. Das frühere Haus Thiedemann, 1927 in 100 Metern Entfernung zum Kliff gebaut, ist eines der bekanntesten Urlaubsdomizile der Insel – berühmte Männer wie der Literatur-Nobelpreisträger Thomas Mann und der Maler Emil Nolde waren hier zu Gast.

Der Fachplan Küstenschutz Sylt

Sylt ist den Kräften des Meeres sehr viel stärker als alle anderen Nordseeinseln ausgesetzt. Zum Vergleich: durchschnittlich prallt jährlich eine Energiemenge von 5,6 Milliarden Kilowattstunden (kWh) auf die Sylter Küsten – die Hamburger Elektricitätswerke verkauften 1982 insgesamt 12,8 Milliarden kWh elektrischen Strom. Im Gegensatz beispielsweise zu Amrum schützen auch keine breiten Außensände die Insel, so daß die Nordsee direkt die Strände und Kliffs angreifen kann. In den letzten vierzig Jahren liefen die Sturmfluten an der

Westküste immer häufiger, höher und länger auf. Am Lister Pegel wurden beispielsweise zwischen 1941 und 1961 keine Sturmfluten beobachtet, die höher als 3 Meter über NN aufliefen, zwischen 1962 und 1982 gab es davon bereits 10. Gab es zwischen 1900 und 1960 keine Flut von 2 Metern über NN, die länger als 30 Stunden anhielt, dauerten nach 1961 schon 4 Fluten dieser Höhe zum Teil deutlich länger als 30 Stunden. Seit dem Anfang unseres Jahrhunderts hat sich die Sturmflutaktivität verachtfacht!

Während in der Regel höhere und flachere Deiche verbesserten Schutz bieten können, ist die Lage auf Sylt besonders schwierig: die Dünen- und Kliffufer an der Westküste sind gegen Sturmfluten schwer zu schützen. Insgesamt hat die Insel 76 Kilometer sandige Küsten, auf 13 Kilometern an der Westküste findet sich im Mittelteil der

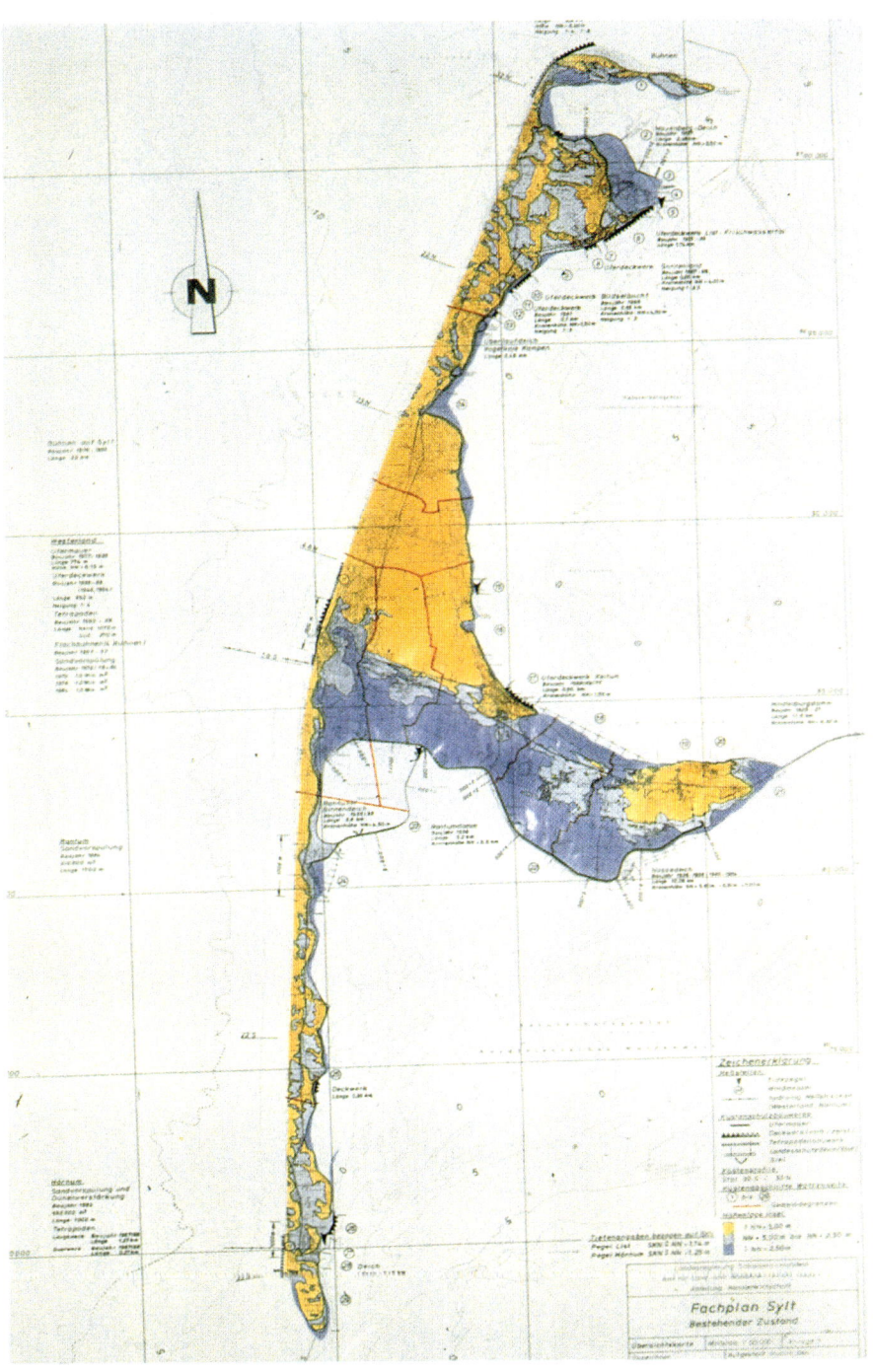

Eine Übersichtskarte der Insel Sylt aus dem Fachplan 1985. Sie zeigt alle Küstenschutzanlagen der Insel und die unterschiedliche Bodenbeschaffenheit: gelb sind die Geestflächen eingefärbt, blau die niedriger gelegenen Marschflächen.

Insel eine Steilküste. Hier raubt besonders die Brandung den Strand, an den Inselenden sorgen auch die Strömungsverhältnisse für Sandverluste. Einen bedrohlichen Höhepunkt erlebte Deutschlands beliebteste Ferieninsel bei der Sturmflut am 24./25. November 1981, als alle bisher gekannten Wasserstände übertroffen wurden. Ein durchdachtes Konzept mußte her, um den Schutz der Insel dauerhaft zu sichern, und nicht zuletzt auf Drängen des Landschaftszweckverbandes Sylt, einem Zusammenschluß der Inselgemeinden, stellte das ALW Husum am 13. Januar 1985 den „Fachplan Küstenschutz Sylt" auf.

Endlich lag ein langfristiges Gesamtkonzept vor, das den komplizierten Gegebenheiten auf Sylt Rechnung trug.

Seit vielen Jahren streiten Inselbewohner, Wissenschaftler und die zuständigen Beamten des Kieler Landwirtschafts-Ministeriums um einen erfolgreichen Schutz der Sylter Westküste. Dabei muß auch auf den Fremdenverkehr Rücksicht genommen werden. Mit riesigen Mengen Beton würden die schönen Strände verschandelt. Viele Vorschläge wurden bereits unterbreitet und schon bald wieder verworfen. Der massive Einsatz von Tetrapoden, die Sicherung des Steilküstenfußes durch Beton, ja sogar Betonterrassen zur Stabilisierung der Dünen wurden ins Auge gefaßt.

Mittlerweile hat man sich von der Idee eines festen Bauwerks am Strand verabschiedet, zumal hier ständig die Gefahr einer Unterspülung droht. Aus diesem Grund verschwanden im 17./18. Jahrhundert bereits die Stackdeiche an unserer Küste. Bei schweren Sturmfluten konnte man beispielsweise auch an der 1906 gebauten Westerländer Strandmauer eine Unterspülung feststellen. Trotz zusätzlich angebrachter Buhnen, die die Wellen brechen helfen, konnte ihr Bau die Sandverluste vor Westerland nicht stoppen.

Lageplan

Lister Tief – Hörnum Tief – Norderaue – Restströme während der Ebbphase

Bedrohte Inselenden: Ellenbogen und Hörnum-Odde

Schwierig ist die Lage an den Inselenden Ellenbogen und Hörnum-Odde. Bis in die dreißiger Jahre wurde die Insel durch Sandablagerungen immer länger, so wuchs sie beispielsweise zwischen 1878 und 1928 um etwa 400 Meter. Von etwa 1930 bis 1960 blieb die Länge stabil, doch dann nahmen die Sturmfluten stark zu und wurden immer höher. Seit 30 Jahren verliert Sylt nun an Länge, und das teilweise in bedrohlichem Ausmaß! An einigen Strandabschnitten waren die Abbruchraten zwischen 1952 und 1984 doppelt so hoch wie zwischen 1870 und 1952: insgesamt erhöhten sie sich von durchschnittlich 90 Zentimetern pro Jahr auf 1,50 Meter pro Jahr. An der Hörnum-Odde waren es in den letzten Jahren jeweils rund 15 Meter! Zwischen 1972 und 1994 schwammen hier 570 Meter Land weg, am Ellenbogen zwischen 1975 und 1990 immerhin 70 Meter. Bei der letzten Flut am 28. Januar 1994 schluckte die Nordsee wieder viel Sand vor dem Lister Leuchtturm und der Ellenbogenstraße. Insgesamt büßte Sylt in den letzten 35 Jahren etwa 250 Hektar

Sechs Bilder zu den Abbrüchen an der Sylter Südspitze, der Hörnum-Odde. Besonders anhand des Weges zur Südspitze, der auf den beiden oberen Bildern noch in der Mitte des Landes verläuft und recht lang ist, lassen sich die ungeheuren Landverluste gut erkennen. Oben links: 1957. Oben rechts: 1970. Mitte links: Oktober 1988. Mitte rechts: August 1989. Unten links: August 1992. Unten rechts: Februar 1993.

Dünendurchbruch bei der Kersig-Siedlung in Hörnum im Februar 1962. Hier schwamm mit einem Schlag die schützende Dünenkette weg.

Inselfläche oder, anders ausgedrückt, 50 Millionen Kubikmeter Land ein. Aus drei Gründen schrumpfen die Inselenden immer weiter: höhere und häufigere Fluten, das Anschwellen der Wattströme und die Buhne senkrecht zum Hörnumer Tetrapodenwerk, die die natürliche Sandzufuhr stört. Die Bedrohung durch die Wattströme läßt sich an einigen Zahlen gut veranschaulichen: das Lister Tief verläuft an einigen Stellen bis zu 40 Meter unter NN, südlich von Hörnum ist der Strom bis zu 42 Meter tief. Die Strömungsgeschwindigkeit des Wassers beträgt hier bei Flut bis zu 1,6 Meter pro Sekunde, bei Ebbe sogar

1,7 Meter/Sek. Nördlich des Ellenbogens strömt das Wasser mit maximal 1,4 Metern/Sek. bei Flut, bei Ebbe immer noch mit einem Meter in der Sekunde. Ob diese Entwicklung von selber aufhört, ist sehr unwahrscheinlich, ein geeignetes Mittel gegen die Abbrüche wurde aber noch nicht vorgelegt. Auch hier scheint es keine Alternative zu regelmäßigen Sandvorspülungen zu geben, da festen Bauwerken eine Unterspülung droht und Lee-Erosion einsetzt. Auch Querbuhnen, die den parallel zum Strand strömenden Sand auffangen sollen, sind kein geeignetes Mittel. Sie fördern, ähnlich wie beim Tetrapodenwerk, Sandverluste südlich des Baus und stören die vorhandenen Strömungsverhältnisse, so daß Sand, der von anderen Inselabschnitten an die Südspitze treibt, nicht mehr ankommt. Auch könnte es dann Probleme auf Amrum und Föhr ge-

ben, die derzeit vom weggetriebenen Sylter Sand profitieren und den Wasserbauern kaum Kopfzerbrechen bereiten.

Ein Brennpunkt in Hörnum in Sachen Dünenabbruch ist die Kersig-Siedlung. Die reetgedeckten Häuser waren 1957 weit entfernt vom Meer errichtet worden. In der Sturmflut vom Februar 1962 brach die schützende Randdüne weg, eine Überflutung drohte. Das errichtete Tetrapodenwerk wurde dann nicht zuletzt zum Schutze dieser Siedlung angelegt.

Ein weiterer wunder Punkt im Schutzschild der Insel ist die Keitumer Bucht. Zwischen Munkmarsch und Morsum bricht immer mehr Ufer weg. In den Januarfluten 1976 reichte das Wasser nahe bis an die Häuser heran.

Sandvorspülungen

Seit 1972 versucht man, die sandige Sylter Westküste mit Sandvorspülungen zu sichern. Dazu fährt ein sogenannter Hopperbagger in ein festgelegtes Gebiet einige Kilometer vor der Küste, wo er in etwa 25 Metern Tiefe mit Hilfe eines Schneidekopfes ein Gemisch aus Sand und Wasser entnimmt und in seinen mächtigen Bauch spült, wo der Sand vom Wasser getrennt wird (Fassungsvermögen der „Cornelia" 1993 vor Puan Klent: 4000 Kubikmeter). Dann fährt er wieder in Richtung Strand, geht in 1,5 Kilometern Entfernung vor Anker und pumpt den Sand unter erneuter Zugabe von Wasser durch eine Schwimmleitung in die eigentliche Rohrleitung, die an der Stelle auf dem Strand mündet, wo das Gemisch hin soll. Hier fließt das Wasser ab, der Sand bleibt liegen und kann von Raupen wie gewünscht verteilt werden.

Zum ersten Mal wurden vor Westerland 1972 versuchsweise eine Million Kubikmeter Sand vorgespült, die eine Art Polster vor dem Strand bildeten. Die Maßnahme bewährte sich schon bald: die Verluste und Beschädigungen bei den schweren Fluten der Jahre 1973 und 1976 hielten sich in Grenzen. Statt mit voller Wucht auf die Strandmauer zu prallen, wird die Brandung bereits weit vorn gedämpft. Der durch die Stürme losgerissene Sand treibt an benachbarte Strandabschnitte und bremst dann dort die Verluste. Vor den Dünen und Kliffs wird sozusagen eine Verschleißmasse angebracht, die von Zeit zu Zeit erneuert werden muß. Dabei wird der Strand erhöht und an seinem Ende eine künstliche Düne als Reserve angelegt. Dennoch spülte man in Zukunft näher am Strand vor, da das recht weit ins Meer herausragende Sandpolster schnell wieder verschwand und bereits sechs Jahre später neu angebracht werden mußte.

In der Fortschreibung des Generalplanes 1977 hielt man es für ausreichend, durchschnittlich alle drei Jahre Sand vorzuspülen, die jährlichen Kosten wurden im Mittel mit 1,6 Millionen Mark pro Jahr veranschlagt. Der

Fachplan Sylt (1985) nennt höhere Zahlen: bei fast einer Million Kubikmetern Vorspülmenge (Kosten pro Kubikmeter: 6,50 Mark) sind 5,88 Mio. Mark jährlich für diese Schutzmaßnahme einzukalkulieren – diese Schätzung ist weitaus realistischer.

Die Sandvorspülungen List (oben) und Puan Klent im Mai bzw. August 1993 aus der Luft. Die schwarzen Streifen am Strand auf dem oberen Bild sind die Einzelteile der kilometerlangen Rohrleitungen.

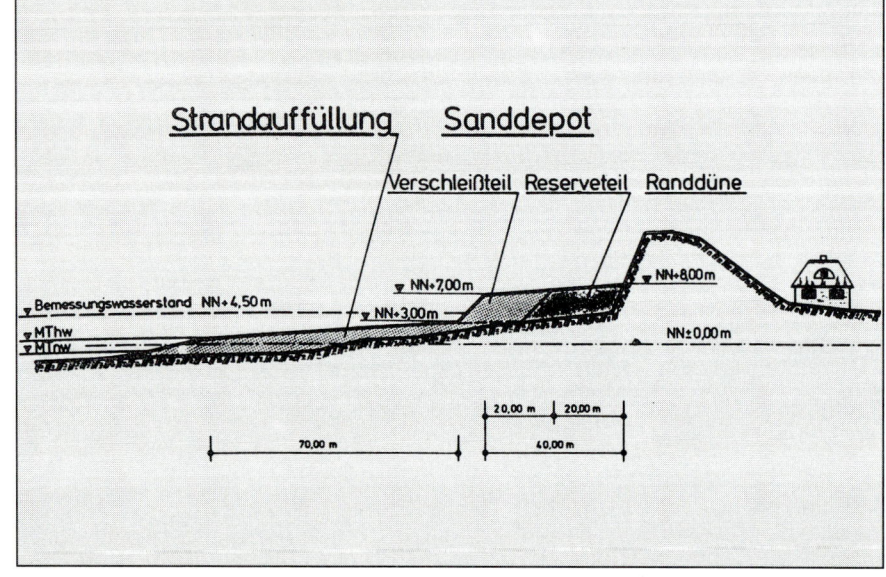

1978 wurde die Aktion vor Westerland wiederholt, zwischen 1983 und 1993 waren jedes Jahr Saugbagger und Spülrohre am Sylter Strand im Einsatz. Neben der kaum ernstzunehmenden Alternative, Sylt dem Schicksal zu überlassen, bleiben jährliche Sandvorspülungen der Königsweg für den Schutz der Insel. Nach der Herstellung eines künstlichen Dünengürtels an der gesamten Küste sollen nur noch Verluste durch neue Vorspülungen ausgeglichen werden. Zahlreiche Alternativen wurden geprüft, im Herbst 1994 soll ein Gutachten über jahrelange Forschungen zur Verbesserung des Sylter Küstenschutzes vorgelegt werden. An Vorspülungen und Dünenschutz wird sich auf absehbare Zeit nichts ändern.

An der Sylter Westküste wurde in 21 Jahren für insgesamt 135 Millionen Mark Sand vorgespült. Trotz dieser hohen Summe ist dies das günstigste Verfahren, große Bauwerke kosten

Oben: Im Spülfeld (Hörnum, Juli 1993): Rechts ist das Ende der Rohrleitung zu sehen, durch die der Saugbagger das Wasser-Sand-Gemisch an den Strand pumpt. Das Wasser fließt ab, eine Raupe schiebt den angespülten Sand zusammen.

Unten: Dieses Schema macht deutlich, wie der vorgespülte Sand zum Schutze der Dünen angebracht wird. Er dient als Verschleißmasse, die das Meer abträgt, ohne die Dünen zu zerstören. Nach einiger Zeit hat die Nordsee das Sanddepot abgetragen, dann muß neu vorgespült werden.

mehr, zumal sie voraussichtlich durch Sandvorspülungen unterhalten werden müssen. Getragen werden die Vorspülungen in der Regel zu 70% vom Bund und 30% vom Land Schleswig-Holstein. Für die Maßnahmen 1984 vor Westerland und Rantum sowie 1985 vor Wenningstedt und Kampen mußte der Landschaftszweckverband jeweils 10% übernehmen, eine Gesamtsumme von immerhin 2,13 Millionen Mark. An der Vorspülung 1986 vor Hörnum beteiligte sich die dortige Gemeindekasse mit 400000 Mark (5% der Gesamtsumme von 8 Mio. Mark).

Durchgeführte Sandvorspülungen/Sylt seit 1972

Jahr	Ort	Menge	Kosten
1972	Westerland	1 Mio. m³	5,6 Mio. DM
1978	Westerland	1 Mio. m³	5,2 Mio. DM
1983	Hörnum	0,63 Mio. m³	3,3 Mio. DM
1984	Westerland, Kampen	1,1 Mio. m³	5,2 Mio. DM
1984	Rantum	0,33 Mio. m³	2,1 Mio. DM
1985	Wenningstedt/Kampen	1,97 Mio. m³	14,4 Mio. DM
1986	Hörnum	1,6 Mio. m³	7,7 Mio. DM
1987	Rantum	1,44 Mio. m³	10,1 Mio. DM
1987	Kampen Kliffende	0,3 Mio. m³	2,98 Mio. DM
1988	Westerland Süd	1,0 Mio. m³	5,7 Mio. DM
1988	List	1,2 Mio. m³	6,5 Mio. DM
1989	Rantum Süd/Puan Klent	2,0 Mio. m³	10,6 Mio. DM
1990	Hörnum, Westerland, Kampen	3,45 Mio. m³	25 Mio. DM
1991	Wenningstedt/Kampen, Hörnum	2,02 Mio. m³	14 Mio. DM
1992	Kampen	2,0 Mio. m³	19 Mio. DM
1993	List, Hörnum, Puan Klent	2,2 Mio. m³	20 Mio. DM

(Quelle: Küstenschutzmaßnahmen des Landes Schleswig-Holstein an der Westküste Sylt)

Dünenschutz ist Inselschutz!

Die Dünen sind für die Sylter Westküste so etwas wie der Deich auf dem Festland – nur viel empfindlicher und wenig stabil. Schon bald erkannten die Inselbewohner, daß das Wohnen an der Westseite der Insel gefährlich war, sie siedelten im Osten. Die starke Bebauung an der Seeseite setzte erst mit dem Aufkommen des Tourismus ein. Die Gäste wollten möglichst nah am Wasser wohnen. Auch der Dünenschutz ist bereits alt, schon im 16. Jahrhundert bepflanzte man die schwachen Bollwerke aus Sand, um sie haltbarer zu machen. Nach einer längeren Pause setzte diese Maßnahme im 18. Jahrhundert wieder ein, ein regelmäßiger Dünenschutz wurde allerdings nur vor Westerland verwirklicht.

Seit 1865 legt man Buschzäune an. In diesen Zäunen fängt sich der Sand, und es entstehen Vordünen als Puffer vor dem eigentlichen Dünengürtel. Zwar konnten diese Maßnahmen den Landverlust nicht stoppen, aber verlangsamen, so daß bis heute Bepflanzungen durchgeführt und Buschzäune errichtet werden. In günstigen Jahren können mit relativ geringem und obendrein umweltverträglichem Ein-

Durch die Anpflanzung von Strandhafer werden die Dünen stabilisiert. Das Meer kann dann nicht mehr so leicht den Sand wegreißen.

An der Sylter Südspitze. Jede Flut verkleinert die Insel ein kleines Stück.

satz auf diese Weise 700 000 Kubikmeter Vordünen aufgebaut werden. Spektakulär war der Erfolg an den Dünen, die in der Februarsturmflut 1962 bei Hörnum durchbrochen wurden: in nur zwei Jahren konnten 250 Meter Dünen neu aufgebaut werden, die den Ort schützen. Kosten für die umweltfreundliche Methode: etwa 1,3 Millionen DM pro Jahr.

Dennoch: gewonnen ist damit nicht viel, denn der Sand kommt vom Strand und fehlt bei der nächsten Flut dann dort. Erfreulich ist aber, daß durch den künstlichen Sandfang regelrechte Sandstürme der Vergangenheit angehören. Aus früheren Jahrhunderten sind zahlreiche Nachrichten über die immensen Schäden durch Dünensand überliefert. Der Sylter Chro-

nist C. P. Hansen berichtete 1865, daß ganze Ackerflächen und Dörfer auf diese Weise verwüstet wurden. Im dünenreichen Listland sowie im Süden der Insel fielen den Sandstürmen die früheren Dörfer zum Opfer. Sandflug und Sturmfluten sorgten so für die Gründungen von Neu-Rantum, -Archsum, -Wenningstedt, -Kampen, -List und Westerland. Unter den Lister Dünen befinden sich beispielsweise Reste früherer Wälle und Äcker. Nur die Wanderdünen bei List sind heute noch in Bewegung und werden als Naturdenkmal erhalten.

Bereits gegen Ende des 17. Jahrhunderts erkannten die staatlichen Stellen den Wert des Dünenschutzes, so wurde auf Amrum eine Verordnung gegen das Pflücken des Strandhafers erlassen. Im Jahre 1706 wurden die Sylter angewiesen, durch die Anlage von Wällen oder Gräben den Sandflug einzudämmen. Vom 19. Juni 1739 da-

tiert eine Dünenschutz-Verordnung für das Listland. Das Stiftsamt in Ripen reagierte damit auf Klagen, wonach sich die Sylter erdreisteten, „den zur Verhütung der Sandflüge auf der Insel List mit großer Mühe und Kosten gesäten Helmt höchst strafbarer Weise zu ruinieren." Man hatte dort Kaninchen gejagt, die Gräser ausgerissen und das Vieh in die Dünen getrieben – dies wurde nun streng verboten, da die amtlichen Stellen „den totalen Ruin der Insel List" befürchteten. Zur Überwachung des Dünenschutzes wurde ein Düneninspektor eingesetzt, der allerdings nicht immer seinen Verpflichtungen nachkam. So weiß man vom Landvogt M. Matthießen, der das Amt von 1747 bis 1788 bekleidete, daß er sich kaum um den Posten scherte. Die großen Verwehungen Mitte des 18. Jahrhunderts gehen zum guten Teil auf sein Konto. Erst nach dem Tode Matthießens wurde der Dünenschutz wieder sorgfältig betrieben. Besonders nach den schweren Schäden 1792 befaßte man sich umfangreich mit dem Dünenschutz, allerdings war die sprichwörtliche Sturheit der Friesen lange ein Hindernis gegen Neuerungen auf diesem Gebiet. Auch beteiligten sich nicht alle Inselgemeinden an den Arbeiten, erst im Gefolge der Katastrophenfluten des Jahres 1825 besserte sich die Zusammenarbeit. Einen neuen Schub erhielt der Sylter Dünenschutz nach der Niederlage Dänemarks im Krieg gegen Preußen und Österreich 1864. Die Insel war nun der preußischen Regierung unterstellt, die die neuesten Methoden ausprobierte. 1865 begann man mit der Errichtung von Sandfangzäunen aus Sträuchern. Damit konnten schon bald große Mengen des umherwehenden Sandes aufgefangen werden, neue Vordünen bildeten sich. Neu war auch das Einsetzen des Strandhafers mit Wurzel, was den Anwachs wesentlich verbesserte. Trotz der rasch erkennbaren Erfolge hielten sich in der Bevölkerung noch lange Vorbehalte gegen die neuen Verfahren. Die stolzen Friesen hatten Angst um ihre Unabhängigkeit, denn sie sahen die zu schützenden Dünen als ihr Eigentum an. An einigen Küstenabschnitten wurde der Dünenschutz nach wie vor vernachlässigt. Ab 1869 war das Dünenwesen durch die preußische Düneninspektion dem Staat unterstellt. Zwei staatliche Dünenaufseher überwachten fortan die Küste. Im Klappholttal nördlich von Kampen starteten die staatlichen Stellen zwischen 1893 und 1914 einen Modellversuch: die zurückliegenden Dünen wurden mit Kiefern bepflanzt. Die Bäume hielten sich allerdings nur in windgeschützten Ecken. Zwar wurden die Vordünen bei den folgenden Sturmfluten immer wieder beschädigt oder zerstört, dennoch haben sie ihren Nutzen als vorgelagerte „Verschleißmasse", die die dahinterliegenden Dünen entlastet.

Auch die Touristen tragen Verantwortung dafür, daß die wichtigen Dünen länger halten und durch einen regelmäßigen Bewuchs dem angreifenden Meer besser trotzen können. Sehr schnell bilden sich Trampelpfade, auf denen der Bewuchs zerstört wird –

Oben: Neben der Anpflanzung von Strandhafer versucht man auch durch die Anlage von Windfangzäunen, die Dünen zu stabilisieren und wieder aufzubauen. Das obere Bild zeigt den Lister Weststrand an der Strandhalle, die mittlerweile aufgegeben werden mußte.

Unten: Ein Strandübergang bei Westerland.

dort können Wind und Meer ungehindert die Düne angreifen und schließlich abtragen. Die Gäste der Insel werden daher gebeten, auf den festen Wegen zu bleiben. Am Bau von Sandburgen am Strand scheiden sich dagegen die Geister. Nach Einschätzung des ALW ist das Strandvergnügen ungefährlich. Kleine Löcher durch Sandburgen fallen nicht ins Gewicht, allerdings behindern sie die Bergung von Strandkörben bei Sturmfluten. Schon bald werden diese Löcher wieder von selbst geschlossen.

Ein außergewöhnlicher Versuch wurde im Herbst 1990 vor dem Kampener Haus „Kliffende" vorgenommen, das nach den vorangegangenen Sturmfluten nur noch 5 Meter von der Kliffkante entfernt stand. Der Inhaber des Hauses, die Deutsche Bank, steckte etwa 1,5 Millionen Mark in den Einbau von Geotextilien, die dem vorgespülten Sand am Fuße des Kliffs besseren Halt geben sollen. Zehn mit Sand gefüllte Polster wurden hintereinander einen Meter unter NN in den Strand eingebaut, mit Sand bedeckt und bepflanzt, so daß man sie nicht sieht. Die Maßnahme wurde am 30. Januar 1991 abgeschlossen, eine abschließende Bewertung steht noch aus.

Buhnen – Wellenbrecher vor dem Strand

Bereits seit 1867 werden vor Sylt Buhnen gebaut – lange Wälle senkrecht zum Strand, meistens aus Stein –, die die Wellen brechen und so den Strand schützen sollen. Der erste Versuch vor Kampen sollte dazu dienen, die Vordünen zu sichern, die bei jeder größeren Flut angegriffen wurden. Dazu wurden im Sommer 1867 drei Pfahlreihen mit beiderseitiger Steinschüttung errichtet, die zunächst sehr erfolgversprechend wirkten. Doch schon bei den nächsten Fluten im Winter 1867/68 holte sich das Meer den angelandeten Sand zurück und legte die Pfahlreihen frei. In den Jahren 1872/73 baute man nach sorgfältigen Voruntersuchungen die ersten drei Steinbuhnen vor Westerland ein. In der Folge wurde an der Westküste der Insel zwischen Rantum und der Ellenbogen-Spitze ein enges System dieser Querbauwerke angebracht, teils Pfahlkonstruktionen mit Steinfüllung, teils reine Steinbuhnen. Bald legte man Pfahlbuhnen nur noch zur Unterstützung an, da sie den Meereskräften nicht dauerhaft standhalten konnten.

Reste von Stahlbuhnen, die sich beim Schutz der Dünen nicht bewährten. Wenn sie langsam verrosten, bedeuten sie eine große Gefahr für die Badegäste.

Links: In einem Modellversuch vor dem Kampener Haus Kliffende soll herausgefunden werden, ob die Stabilisierung des Strandes durch Geotextilien erfolgversprechend ist.

Negativ wirkten sich auch die hohen Unterhaltskosten aus, da die Steinbuhnen immer wieder repariert werden mußten und ihre Enden bei schweren Fluten unterspült wurden. Stahlwände, mit denen man vor allem in den 1930er Jahren experimentierte, weisen nur eine Lebensdauer von 10–20 Jahren auf und werden nicht mehr verwendet. Ihre rostigen Spitzen bedeuten eine große Gefahr für die Badegäste. Am besten bewährten sich schließlich Beton-Konstruktionen. Letztlich haben auch diese Bauwerke den Küstenrückgang nicht verhindern können. In ruhigen Jahren konnte sich der Strand in der Tat verbreitern, doch bei höheren Fluten bieten sie keinen echten Schutz für die dahinterliegenden Dünen. Der größte Teil der früher errichteten Buhnen ist heute zerstört.

Ein Sonderfall ist die 1968 errichtete Kombination einer Buhne mit dem Tetrapoden-Längswerk südwestlich von Hörnum. Zunächst schien der umstrittene Bau (Gesamtkosten: 13 Millionen Mark) erfolgreich zu sein: in den ersten zehn Jahren lagerte sich wie geplant nördlich des Bauwerks Sand ab. Spätestens seit 1979 sind die Erfahrungen eher negativ, die Tetrapoden versacken im Sand (zwischen 1968 und 1980 allein um 3,8 Meter) und werden freigespült. Beim Einbau machte man einen schweren Fehler. Statt sie auf einer festen Unterlage anzubringen, wurden sie nur auf Nylonmatten gelegt, die das Versinken nicht stoppen können. Standen sie bei ihrer Errichtung 1968 noch am Dünenfuß, sind sie jetzt weit draußen am Strand zu sehen – wenn sie nicht gerade durch eine Sandvorspülung bedeckt werden wie im Herbst 1993. Doch nicht sie haben sich bewegt, in ihrem Rücken wurden die Dünen weggerissen! Die jährliche Verlustrate beträgt hier etwa 3,5 Meter pro Jahr. Vor allem südlich des mächtigen Bauwerks nahmen die Abbrüche zu. Verlor dieser Abschnitt vor Aufstellung der Tetrapoden jährlich etwa zwei bis drei Meter, so schwammen zwischen 1968 und 1974 allein 60 Meter durch Lee-Erosion weg. An diesem Beispiel wird gut deutlich, daß starre Bauwerke dem Küstenschutz oft eher schaden als nützen, denn sie stören die natürliche Strandentwicklung und fördern die Lee-Erosion. Nicht die aufprallenden Wellen wirken so verheerend, sondern die entstehenden Strudel und das abfließende Wasser schädigen den Strand.

Alle Arten von Buhnen, die vor der Sylter Küste angebracht wurden, brachten keinen durchschlagenden Erfolg. Oben: Reste von Pfahlbuhnen mit seitlicher Steinschüttung, Mitte: Reste von Stahlbuhnen, unten: Betonbuhnen, die von allen am haltbarsten sind. Im Hintergrund ein Spülbagger.

Der gleiche Effekt tritt an der Westerländer Strandmauer auf: an ihren Enden und am Fuß drohten ständig Unterspülung und Lee-Erosion. Im Jahr 1906 wurde ihr Bau auf einer Länge von 68 Metern vor dem Hotel Miramar begonnen, als dessen Grundmauern nur noch 12 Meter von der Dünenkante entfernt lagen. In der Folge wurde sie bis ins Jahr 1954 laufend erweitert, so daß sie heute eine Gesamtlänge von 2970 Metern hat. Dabei ist das im nördlichen Teil angeschlossene Steindeckwerk eingerechnet, das nach der 1936er Flut angeschlossen wurde. Die Strandmauer erhielt wegen der laufenden Unterspülungen mehrfach neue Fußsicherungen und muß durch Sandvorspülungen immer wieder stabilisiert werden, da dieses starre Bauwerk die Ausräumung des vorgelagerten Strandes fördert und bei starken Fluten eine Unterspülung droht. An ihren Enden waren immer wieder Ausspülungen zu beobachten. Die Tetrapoden, die 1962/63 zur Sicherung

davor angebracht wurden, stehen auf einem festen Betonfundament und können daher nicht versinken. Entscheidend genutzt haben sie nicht.

Sehr viel mehr Erfolg mit festen Bauwerken hatte man an der Ostseite der Insel, die alle Mitte der 30er Jahre errichtet wurden. Bei List am Möwenbergdeich und südlich des Hafens befinden sich Deckwerke, die nachweislich einen guten Schutz bieten, ebenso vor Keitum. Auch die Beton- und Stahlbuhnen auf der Ostseite der Hörnum-Odde tun ihren Dienst – entscheidend ist dort der Meeresangriff von Westen und Süden. Heute wirkungslos ist das zwischen 1938 und 1942 errichtete Uferdeckwerk an der Nordwestspitze des Ellenbogens, dessen südlicher Abschnitt mittlerweile zerstört ist.

Links: Eine Besonderheit stellt das Terapoden-Längswerk in Hörnum dar. Es brachte eher Nachteile. Oben: Verlegung der Tetrapoden 1967.

Das Riff
vor der Westküste

Eine wichtige Größe für den Küstenschutz der Insel Sylt ist das Sandriff vor der Westküste. Es verläuft zwischen 200 und 500 Meter vor dem Strand parallel zur Küste in zwei bis 4,50 Metern Tiefe. Da es nicht fest ist, läßt es der Seegang wandern, trotzdem ist es ein wertvoller Wellenbrecher bei höheren Wellen. Bei sehr hohen Wasserständen allerdings zeigt es kaum Wirkung, dafür ist es zu flach. Seine Wirkung wird besonders dort deutlich, wo das Riff Lücken hat: an diesen Stellen ist der Strand schmaler, so beispielsweise vor Kampen. 1990 wurde der Versuch unternommen, mit großen Sandsäcken (10 Kubikmeter) den Aufbau des Riffs vor Kampen zu fördern. Obwohl der Versuch recht erfolgreich war – an dieser Stelle verkleinerte sich die Lücke – gingen die Abbrüche weiter. Dennoch: das Riff

ist ständig in Bewegung, bei längeren Ostwinden besteht es zeitweise nur aus einem Flickenteppich, so daß es keine zuverlässige Grundlage für einen effektiven Schutz der Küste bieten kann. Überlegungen, durch eine Verfelsung des Riffes oder den Aufbau eines Dammes die Küste zu schützen, sind unrealistisch.

Auch auf Sylt: Deiche

Die sandigen Abschnitte machen den Löwenanteil der Sylter Küstenlinie aus, dennoch gibt es auf der Insel auch Deiche. Vier sind hier zu nennen: der Mövenbergdeich (List, 2,8 Kilometer), der Nössedeich (Morsum, 10,08 Kilometer), der Rantumdamm (5,2 Kilometer) sowie der Rantumer Binnendeich (3,8 Kilometer). Alle vier wurden zwischen 1936 und 1938 erbaut. Der Hörnumer Hafendeich mit einer Länge von 360 Metern ist Eigen-

tum der Gemeinde und sichert den Hörnumer Süden. Diese Deiche wurden in den letzten Jahren auf den neuesten Stand gebracht, der viel zu niedrige Nössedeich, der in der schweren Sturmflut im November 1981 fast gebrochen wäre, erst 1993. Bis vor kurzem lagen 1700 Hektar Marsch hinter einem viel zu niedrigen Bauwerk. Für rund 24 Millionen Mark wurde er auf einen Stand gebracht, der 5500 Einwohner – in der Hochsaison bis zu 40000 – wieder ruhig schlafen läßt.

In Eigenregie bauten die Rantumer und der Landschaftszweckverband Sylt einen 1,8 Kilometer langen Deich an der Wattenseite, um ihren Ort vor den gelegentlichen Überflutungen zu schützen. Dieser Deich wurde ohne staatliche Hilfe nur aus Mitteln des

Brandung an der Westerländer Promenade im Januar 1984.

Oben: Der Rantumer Binnendeich, der den Ort vor laufenden Überflutungen von der Ostseite schützt.

Unten: Ein Luftbild von den Arbeiten am Nössedeich. Erst 1993 wurde das letzte Stück dieses wichtigen Deiches auf das notwendige Maß gebracht.

Zweckverbandes sowie aus Spenden der Sylter Bevölkerung und der Kurgäste finanziert. Großen Anteil hatten auch das schleswig-holsteinische Bauhandwerk und die Bauindustrie: zum Deichschluß Ende September 1989 kamen 212 Laster über den Hindenburgdamm, vollgeladen mit Kies. Organisiert wurde diese einmalige Aktion vom Landschaftszweckverband, dem Deutschen Küstenschutzverein und der ausführenden Westerländer Baufirma Peter Jacobsen. Zusätzlich spendeten die Männer vom Bau noch 100000 Mark für das Projekt.

In früheren Zeiten gab es auf der Insel vermutlich mehrere Deiche, so soll der Stinum-Deich, der die Sylter Marschgebiete südlich des heutigen Keitum bis hin nach Rantum schützte, in der Flutkatastrophe 1362 untergegangen sein. Nördlich davon wurde der Eidemdeich angelegt, der in der Flut von 1634 so stark beschädigt wurde, daß er aufgegeben werden mußte. Des weiteren sind der Langinge- und der Schalpodde-Deich vermerkt, die ebenfalls ein Raub der Fluten wurden. Auch der Sommerdeich zwischen Morsum und Keitum konnte nicht gehalten werden. In den folgenden Jahrhunderten wurde immer wieder eine Bedeichung in Erwägung gezogen, doch mit kleinen Ausnahmen (z. B. 1819–25 zwischen Westerland und Tinnum) deichte man erst in den dreißiger Jahren dieses Jahrhunderts wieder auf Sylt. Allein an dieser Aufstellung wird das scheinbar unaufhaltsame Vordringen des Meeres deutlich, das vor allem die niedriger gelegenen Marschgebiete bedroht.

Ein Sonderfall ist der 11,2 Kilometer lange Eisenbahndamm vom Festland nach Sylt, der die Verbindung der Insel zum Festland verbessern und zum Küstenschutz an der Wattseite dienen sollte. Die verantwortlichen Stellen hofften auf einen beschleunigten Landgewinn an der Ostspitze, den man mit Lahnungen verstärken wollte. Bereits vor 1914 geplant, verzögerte sich der Bau durch den Ersten Weltkrieg, erst im Frühjahr 1923 begannen die Arbeiten. Am 1. Juni 1927 konnte der Damm dem Verkehr übergeben werden, benannt wurde er nach dem damaligen Reichspräsidenten Hindenburg. Die Anlage von Buhnen und Lahnungen förderte die Landgewinnung zu beiden Seiten des Bauwerks, besonders vor dem Festland. Die Erfolge kann man heute beim Blick aus dem Zugfenster gut erkennen. Umstritten ist, ob sich der Damm negativ auf die Fluthöhen im Sylter Osten auswirkte.

Fluten auf Sylt nach 1962

Am 1./2. November 1965 sorgte ein langanhaltender Sturm für starke Schäden an den sandigen Uferabschnitten. Bereits seit dem 29. Oktober war es sehr stürmisch mit Windstärken von 7 bis 8 aus Südwest. Wie schon öfter in der Geschichte nahm der Sturm an Allerheiligen stark zu und drehte auf Nordwest. Angetrieben von Windstärken 10 bis 11 und Orkanböen peitschte die See gegen die Westküste, in Westerland wurden zwei Meter über dem mittleren Hochwasser gemessen. Die Stöpen an den Strandübergängen wurden geschlossen und die Überfahrt Brandenburger Straße durch einen Sandsackwall abgeriegelt. Im Laufe des 2. November flauten die Winde dann ab. Die Dünen, Kliffs und Strände an der Westküste verloren in der Regel zwei bis drei Meter, böser erwischte es die Hörnumer Dünen. Die seit 1962 vor der Kersig-Siedlung aufgebaute Randdüne wurde zu 80% zerstört, am Ellenbogen brach das Meer bis zu 12 Meter in die Dünen ein. Ähnliche Landverluste verursachte die Flut am 23./24. Februar 1967, die ebenfalls weniger durch einen hohen Wasserstand, sondern durch das lange Anhalten des Sturms auffiel. Auch am Nachmittag des 15. Januar 1968 sorgte ein Orkan aus westlichen Richtungen für Abbrüche von zwei bis drei Metern.

1972 wurde vor Westerland zum ersten Mal eine Sandvorspülung vorgenommen. Wie auch am Südstrand der Insel Föhr (Vorspülung 1975) bewährte sich diese Maßnahme bei den Herbststürmen 1973 und der Januarsturmflut 1976: durch den Schutz konnten die Abbrüche dort im Rahmen gehalten werden. Dennoch verursachte das Meer im Herbst 1973 besonders vor Wenningstedt und Hörnum schwere Schäden. Sechs Wochen lang herrschte Sturm, es gab Dünenabbrüche zwischen drei und 30 Metern, am Kliff zwischen Westerland und Kampen gingen fünf bis sieben Meter verloren.

Schwere Brecher an der Westerländer Promenade am 24. November 1981.

Diese Bildserie dokumentiert die Abbrüche vor der Wenningstedter Strandhalle seit 1956. Das Haus muß immer weiter zurückweichen. Links oben: 1956. Rechts oben: 1960 – der breite Platz vor dem Haus ist verschwunden. Mitte links: Nach der Sturmflut vom 3. Januar 1976. Mitte rechts: Sommer 1980 – nur noch wenige Meter bis zum Kliffrand. Unten links: Am 19. Januar 1983 steht die Strandhalle nach einer weiteren Sturmflut direkt am Abgrund. Der vordere Teil muß abgerissen werden. Unten rechts: Der heutige Kliffkieker nahe am Kliff (November 1985). Das Luftbild zeigt die Schäden an der gerade angebrachten Sandvorspülung.

Enorme Landverluste forderten zwei hohe Sturmfluten am 3. Januar und 21. Januar 1976. Der Westwind schlug mit Stärke 9–10 und Orkanböen die Nordsee gegen die Sylter Küste. Im Lister Hafen wurden 3,24 Meter über MThw gemessen. Bereits 18 Tage später folgte das nächste Hochwasser, das allerdings nicht ganz so schlimm wie am Jahresanfang auflief. In diesen Tagen gab es an mehreren Stellen der Nordseeküste bedrohliche Situationen durch neue Rekord-Wasserstände. In Nordfriesland und Dithmarschen brachen Deiche oder drohten zu brechen, ebenso wie vor Tondern/Dänemark, das evakuiert werden mußte. Der Hindenburgdamm war so schwer angeschlagen, daß der Zugverkehr zum ersten Mal seit seiner Einweihung im Jahre 1927 eingestellt werden mußte. Die zu steile Kleidecke oberhalb des Basaltdeckwerkes wurde auf ganzer Länge in Mitleidenschaft gezogen. Am Übergang auf das Festland entstand ein drei Meter tiefes und 70 Meter langes Loch. An der Sylter Westküste waren verheerende Schäden die Folge dieses „Doppelschlages" des blanken Hans. Sämtliche Vordünen wurden abgetragen, an den Randdünen brachen bis zu 30 Meter ab (Puan Klent). Mehrere Häuser in den Dünen und am Kliffrand gerieten in Gefahr, bei den nächsten großen Abbrüchen ins Meer zu stürzen. Beispiele dafür sind die Strandhalle und das Haus Düneck in Wenningstedt.

Vor der Westerländer Strandmauer wurden die letzten Reste der 1972er Sandvorspülung weggeschwemmt und das hölzerne Geländer zerschlagen. Für Schaulustige gab es ein atemberaubendes Schauspiel zu beobachten: teilweise prallten die Wellen direkt auf die starre Mauer und stellten sich dann zu einer 20 Meter hohen Wasserwand auf.

Im Bereich des Hörnumer Zeltplatzes brach die Randdüne auf einer Länge von 80 Metern durch, das dahinterliegende Dünental und der Parkplatz wurden überspült. Vor dem Unterfeuer gingen insgesamt 25 Meter Dünen in den Fluten unter. Auch im Muscheltal (südlich von Hörnum) wurden die Randdünen vollkommen zerstört, die See konnte von der West- und der Ostseite in das Tal eindringen.

Nicht nur im Westen, auch an der Wattseite der Insel machte sich der Sturm brutal bemerkbar. Der Nössedeich erlitt nur geringe Schäden, dafür brachen am Morsum-Kliff bis zu 20 Meter ab, ähnliche Schäden gab es am Keitumer Kliff. Am Ostrand von List drang das Wasser weit bis in die Dünen vor, die Straße Richtung Westerland war wegen Überschwemmung längere Zeit unpassierbar. Trotz großer Bedrohung hielt der Mövenbergdeich – bereits in der Fortschreibung 1977 des Generalplans Küstenschutz wurde seine Erhöhung dringend empfohlen, geschehen ist bis heute nichts! Insgesamt verlor die Insel etwa 700 000 Kubikmeter Sand. Zum Ausgleich der Sandverluste vor Westerland wurde im Frühsommer 1978 eine weitere Sandvorspülung

vorgenommen, seit 1983 kommen die Spülbagger jedes Jahr.

Starke Sandverluste brachte auch die Sturmflut vom 18. Dezember 1979, bei der ein großer Teil der erst vor gut einem Jahr angebrachten Vorspülung vor Westerland weggetrieben wurde. Im einzelnen gingen am Nordende der Ufermauer 19 Meter, bei der Liegehalle 18 Meter, vor der Musikmuschel 20, bei der Milchhalle und am Südende der Ufermauer jeweils 23 Meter Strand verloren. An der Hörnum-Odde schrumpften die Randdünen um 6 Meter. Rekordhöhen erreichte die Flut am 24./25. November 1981: bei List wurden 4,04 Meter und am Hörnumer Pegel 4,05 Meter über NN gemessen, am Rantumdamm gar 4,45 Meter. Der Orkan tobte zeitweise mit Stärke 14! Der Zugverkehr über den Hindenburgdamm mußte vorübergehend eingestellt werden, am Damm selber schlug die Nordsee das Deckwerk kaputt und legte die Stromkabel frei – nur gut, daß auch unter dem Wattenmeer eine Stromleitung verläuft, sonst hätte es im wahrsten Sinne des Wortes finster auf Sylt ausgesehen. An der gesamten, 38 Kilometer langen Westküste verschwanden die Vordünen, im Bereich Hörnum gin-

Wasserübertritt am Nössedeich bei Morsum am 24. 11. 1981. Nur knapp entgingen die Bewohner der Sylter Marschen einer Katastrophe: der Deich hielt so eben.

71

gen am Südende der Tetrapoden bis zu 25 Meter verloren. Bei der Lister Strandhalle brachen 10 Meter ab. Die letzten Reste der Westerländer Vorspülung von 1978 wurden ebenfalls abgetragen, das Wasser hinterließ auf der Promenade eine Spur der Verwüstung und drang durch die Strandübergänge in die Stadt ein. Archsum, Morsum und List waren wegen überfluteter Straßen vom Rest der Insel abgeschnitten. Große Gefahr herrschte hinter dem zu niedrigen Nössedeich im Sylter Osten: er wurde schwer beschädigt und drohte zu brechen. Die Bewohner Archsums und Morsums wurden bereits über Rundfunk angewiesen, sich für eine Evakuierung bereitzuhalten. Zum Glück hielt der Deich aus dem Jahre 1938, obwohl bereits große Mengen Wasser überschwappten und an seiner Innenseite tiefe Löcher entstanden waren. Erst im folgenden Jahr wurde mit seiner Erhöhung begonnen, erst seit dem letzten Jahr bietet er den Bewohnern

der Sylter Marschen ausreichend Schutz.

Wieder einmal wurde Rantum von der Wattseite überschwemmt. Die Idee eines eigenen Binnendeiches wurde jetzt energisch betrieben. Da die öffentliche Hand für dieses Bauvorhaben kein Geld zu haben glaubte, entschlossen sich die Rantumer, in Zusammenarbeit mit dem Landschaftszweckverband Sylt, zur Selbsthilfe. Im September wurde der selbst finanzierte Binnendeich geschlossen, seitdem können die Rantumer den kommenden Fluten gelassener entgegensehen.

Im Winter 1982/83 sorgte eine Kette mittlerer Sturmfluten für Abbrüche. Am 16. Dezember 1982 waren die Schäden an den Hörnumer Dünen besonders gravierend. Den angeschlagenen Vordünen gab die Flut am 18. Januar des folgenden Jahres den Rest, sie wurden größtenteils zerstört. Am

Kliff vor Wenningstedt und Kampen brachen mehrere Meter ab. Die Fluten im Januar und November 1984 führten wieder zu Sandverlusten, die Schäden blieben aber im Rahmen. Den 6. November 1985 werden die Lister so schnell nicht vergessen, denn vor der Weststrandhalle brach die Sturmflut der Stärke 9 mit Orkanböen 12 Meter Dünen weg, so daß das Gebäude nur noch 3 Meter vom Abgrund stand und aufgegeben werden mußte. Beim Bau des Hauses im Jahre 1959 mußte man noch 50 Meter bis zum Dünenrand laufen...

Das überflutete Rantum während der Flut am 24. 11. 1981. Heute schützt der Binnendeich die Gemeinde vor den Überflutungen von der Wattseite.

Im Bereich Wenningstedt/Kampen verlor das Sanddepot der letzten Vorspülung 10 bis 15 Meter, bei Rantum 12 bis 13 Meter. Am Südende des Hörnumer Tetrapodenwerks brachen die Randdünen auf einer Länge von 300 Metern, das dahinterliegende Dünental wurde überflutet. Immer schwerer geriet auch die Hörnum-Odde unter Druck, mittlerweile sind hier die stärksten Sandverluste zu beobachten. Die Fluten vom 24. Dezember 1988, 20. Februar 1989 und 24. März 1989 waren für Sylt recht ungefährlich, mit Ausnahme der Hörnum-Odde. Hier gab es wieder große Abträge an den Dünen, am 24. März 1989 trennte das Meer die äußerste Südspitze von der Insel ab, die danach endgültig im Meer versank. Am folgenden Tag stürzte ein Bunker aus dem Zweiten Weltkrieg auf den Strand, der von den Fluten freigespült worden war.

Auch die neunziger Jahre ließen Sylt nicht zur Ruhe kommen, ganz im Gegenteil: der 26. Januar 1990 brachte Windstärken von 9 bis 10 und Orkanböen der Stärke 15! Am Pegel Hörnum-Hafen wurden 2,78 Meter über dem mittleren Hochwasser gemessen, im Lister Hafen sogar 2,81 Meter. Die Westerländer Friedrichstraße sah aus wie nach einer Bombenexplosion, Schaukästen, Fahnenmasten, Bäume und Verkehrsampeln riß der Sturm um. Die Menschen mußten sich an den Laternenpfählen festhalten, um bei den Orkanböen nicht mitgerissen zu werden. Der Zugverkehr über den Hindenburgdamm ruhte. Die Deiche hielten stand, wie auch bei den Fluten in den Jahren davor. Dafür hatte es die Westküste wieder einmal schwer erwischt. An der Lister Strandsauna waren 10 Meter abgebrochen, südlich davon zerstörte das Meer auf einer Länge von 3,5 Kilometern bis Kampen die Vordünen und Sandfangzäune. Weiter

Die Natur haßt das Gebild von Menschenhand... Nach der Flut vom 6. November 1985 mußte die zweite Lister Strandhalle aufgegeben werden, nachdem sich das Meer zwölf Meter von den Dünen geholt hatte. Heute besuchen die Kurgäste die dritte Strandhalle im nördlichsten Ort Deutschlands – der Mensch ist auf dem Rückmarsch!

südlich wurden die Sanddepots der letzten Vorspülungen um mehrere Meter verkürzt. Schlimmer sah es im Strandbereich „Puan Klent" südlich von Rantum aus, dort gab es drei Dünendurchbrüche auf 500 Metern Länge, ebenso verlor die Hörnum-Odde wieder wertvolle Dünen, nördlich des Muscheltals holte sich das Meer bis zu 30 Meter. Doch es kam noch schlimmer, und das nur einen Monat später. Am 26./27. Februar 1990 holte der

73

Mit ungeheurer Wucht schlug die Nordsee im März 1989 auf die Hörnumer Dünen ein – dabei wurde dieser Bunker aus dem Zweiten Weltkrieg freigespült und stürzte auf den Strand. Bei seiner Errichtung im Jahre 1940 stand er noch 600 Meter von der Küste entfernt.

„blanke Hans" zu einem neuen Schlag gegen die Insel aus. Die Wasserstände waren ähnlich denen im Januar, der Wind wehte mit 9–10 Stärken aus Südwest bzw. West, in Böen Stärke 14. Die Deiche hielten wieder gut, an der Westküste das übliche Bild. Das Rote Kliff verlor 3 Meter, die Sanddepots wurden weiter verkleinert, die Abbrüche bei Puan Klent weiter verschärft – das Wasser stand jetzt an der Straße nach Hörnum, der neben der Straße liegende Radweg war bereits überflutet.

Bedrohlich war die Lage vor dem Kampener Haus „Kliffende": nach der Januarsturmflut 1990 stand das Haus 10 Meter vom Kliffrand entfernt, jetzt blieben nur noch 5 Meter. Hatte die Südspitze bereits im Januar schwer gelitten, so schlug die See nun wieder mehrere 1000 Quadratmeter von der Odde weg. In einem Jahr war die Hörnum-Odde 180 Meter kürzer geworden! Doch auch die Ostseite Hörnums hatte Schäden zu beklagen, hier wurde das bereits angeschlagene Deckwerk im Hafen endgültig zerstört. Der einzig positive Effekt dieser Flut war der Besuch des schleswigholsteinischen Landwirtschaftsmini-

sters Wiesen am 9. Februar, der der Gemeinde Hörnum das „Geschenk" einer außerplanmäßigen Sandvorspülung überreichte. Diese wurde im Sommer vorgenommen und kostete 5,5 Mio. DM, die das Land übernahm. Die überraschende Sommerflut am 20. August 1990 stellte zwar für die Insel keine ernsthafte Bedrohung dar, brachte aber vor allem die Kurverwaltungen ins Schwitzen: mehrere tausend Strandkörbe mußten vor den Wellen in Sicherheit gebracht werden, in Kampen allein 1000 Stück, in List 750. In Westerland schleppten 30 Mitarbeiter der Kurverwaltung, 5 Arbeiter des Stadtbauamtes sowie 40 Soldaten aus List, was das Zeug hielt. Gegen 18 Uhr hatten sie 2000 Körbe in Sicherheit gebracht. Man richtete sich schon auf eine größere Katastrophe ein, doch zum Glück blieb es bei den üblichen Abbrüchen an der Westküste.

In jenem Sommer gab es neben der üblichen Vorspülung, dieses Mal vor Wenningstedt und Kampen, einen anderen Versuch, die Abbrüche zu reduzieren: mit riesigen Sandsäcken versuchte man, ein Loch im vorgelagerten Sandriff vor Kampen zu

schließen. Trotz gewisser Erfolge konnten die Abbrüche nicht gestoppt werden. Auch versuchte man, dem vorgespülten Sand am gefährdeten Haus Kliffende (Kampen) durch Geotextilien einen besseren Halt zu geben.

In den Jahren 1991/92 verschonte die Nordsee die Insel Sylt, so daß keine nennenswerten Verluste entstanden, dafür wurde weiter vorgespült, so daß am Ende des Jahres 1992 ein geschlossener, breiter Sandstreifen von List bis Hörnum an der Westküste bestand. Auch am Nössedeich im Osten der Insel wurden die letzten Arbeiten vorgenommen. Mit der Erhöhung und Verbreiterung der verbliebenen 3,2 Kilometer bietet er jetzt endlich den Marschgebieten ausreichenden Schutz. Nach dieser kurzen Ruhe schlug das Meer am 21./22. Januar 1993 wieder zu. Orkanartiger Sturm hinterließ in der Friedrichstraße eine Spur der Verwüstung. Hinweisschilder, Lampenkuppeln und Dachpfannen wirbelten durch die Luft, Schornsteine drohten einzustürzen. Am schlimmsten sah es aber wieder an der Hörnum-Odde aus. Der Sturm holte sich 20 Meter Sylt, seit dem November 1992 war die Insel, auch ohne Orkane, rund 100 Meter kürzer geworden. Der Einfluß der immer breiter und tiefer werdenden Wattströme macht sich hier besonders bemerkbar. Während die Westseite durch die Sandvorspülung von 1991 recht gut geschützt war, waren an der Wattseite Auflösungserscheinungen zu beobachten. Aber auch an anderen Stellen der Westküste waren erneut deutliche Sandverluste zu verzeichnen. Ob es überhaupt einen Weg gibt, die Hörnum-Odde zu schützen? Das ist die bange Frage, die sich nicht nur die Hörnumer stellen.

Zum bislang letzten Mal schlug der blanke Hans am 28. Januar 1994 auf Sylt zu. Die Uferbefestigungen an der Jückersmarsch und bei Munkmarsch wurden beschädigt, Sandverluste gab es nicht nur auf der West-, sondern auch an der Ostseite. Beispiele sind die Abschnitte am Tipkenhoog-Hünengrab, Klenderdeel und die Wuldeschlucht/Kampen sowie die schweren Schäden vor den Häusern am Kirchenweg in Kampen. Im Westen war mal wieder die Hörnum-Odde (20 Meter Landverlust) betroffen, aber auch der Strandabschnitt Samoa (bei Rantum) und der Westerländer Strand verloren Substanz. Insgesamt riß die See etwa 1 Million Kubikmeter Sand mit, die Schäden summieren sich auf 1 Million Mark allein an der Ostküste. Anschaulich lassen sich die Schäden am Lister Ostfeuer beobachten – einmal mehr drohte der Ellenbogen auseinanderzubrechen. Das noch auf Geheiß des dänischen Königs erbaute Leuchtfeuer stand ursprünglich weit vom Strand entfernt, heute sind es nur noch einige Meter bis zur steil abfallenden Dünenkante.

Das Lister Leuchtfeuer (oben), an der Hörnum-Odde (unten).

Schäden auf Sylt am 28. Januar 1994. Oben am Haus Hoeg (Kirchenweg in Keitum), unten: überflutete Landstraße Keitum–Archsum.

Oben und unten: Schäden vor den Häusern Schemmel und „Haus am Watt" am Kirchenweg in Keitum.

Wie soll es weitergehen?

Viel ist bereits zum Schutz der Insel Sylt geschehen, viel muß aber noch passieren, damit die Insel nicht weiter schrumpft. Die Deiche sind mittlerweile alle ausreichend erhöht und abgeflacht, mit einer Ausnahme: der Mövenbergdeich bei List steht noch aus. Hier sind noch 2,5 Kilometer zu überarbeiten. Zur Optimierung des Schutzes der sandigen Küsten wurde im Herbst 1993 ein achtjähriges Forschungsvorhaben abgeschlossen. Unter der Leitung des neuseeländischen Wasserbauexperten Professor Raudkivi suchten fünf wissenschaftliche Institute und das ALW Husum nach dem besten Weg für den Inselschutz. Die Untersuchungen wurden in zwei Phasen gegliedert. In der ersten Phase wurden Daten über die Sandvorspülungen und den Küstenabbruch gewonnen und die Wirkung fester Bauwerke an der Küste untersucht. Dieser Abschnitt wurde in den Jahren 1985–1991 bearbeitet, von den Kosten in Höhe von 7,3 Millionen Mark übernahm das Bundesministerium für Forschung und Technologie (BMFT) 67%. Die zweite Phase von 1991–1993 (Kosten: 5,8 Millionen Mark, 60% BMFT) diente zur Auswertung der gewonnenen Daten, am Ende soll ein Konzept zum optimalen Schutz der Insel stehen. Bei Drucklegung dieses Buches lagen die Ergebnisse noch nicht vor, dennoch kann an dieser Stelle eine Prognose gewagt werden.

Zahlreiche Vorschläge zur Sicherung der Sylter Westküste wurden bereits gemacht, keiner konnte letztlich überzeugen. Von den Schwierigkeiten mit festen Bauwerken war schon die Rede, sie werden leicht unterspült und kosten zuviel. Auch muß auf die Natur und das Landschaftsbild Rücksicht genommen werden – eine Verschandelung der Insel kann keine Lösung sein! Es ist zu erwarten, daß weiter an den bewährten Sandvorspülungen festgehalten wird. Die Landverluste konnten sie nicht überall verhindern, dennoch bieten sie den besten Weg, der obendrein noch umweltverträglich ist. Die Wissenschaftler werden sich vor allem mit der Frage beschäftigt haben, wie man die Vorspülungen am besten ausführt. Dabei muß auch darauf geachtet werden, daß man bei der Sandentnahme vor der Küste nicht den Sockel der Insel beschädigt, dazu wurden ebenfalls Versuche angestellt.

Ein Überlaufdamm zwischen den Inseln Sylt und Föhr, der die Strömung an der bedrohten Hörnum-Odde mindern soll, ist ebenso fraglich wie schwimmende Wellenbrecher oder ein Bogenriff an der Hörnum-Odde, das den Sand hier halten soll. Während verbesserte Sandvorspülungen für den größten Teil der Sylter Westküste eine recht gute Lösung sein können, muß an der Südspitze etwas Einschneidendes passieren – hier reichen die Vorspülungen allein nicht mehr aus, die Landverluste auszugleichen. Teilweise gingen binnen weniger Monate 100 Meter verloren! Wenn diese Entwicklung nicht gestoppt wird, droht der Ortschaft Hörnum schon bald die Überflutung. Verschärft wird die Situation durch die leeren Kassen der öffentlichen Hand. Ein kleiner Silberstreif ist allerdings am Horizont zu sehen. Es wird im Jahr 1994 zum ersten Mal seit 11 Jahren keine Sandvorspülungen geben; das eingesparte Geld könnte den Grundstock für Versuchsbauten im Bereich der Südspitze bilden. Ein Überlaufdamm zwischen Sylt und Föhr, die die Strömung des Wattstroms an der Hörnum-Odde verlangsamen soll, wäre technisch machbar, aber sehr teuer. Der Erfolg steht in den Sternen. Am ehesten machbar erscheint ein Vorschlag der Söl'ring Foriining, die Verstärkung des vorgelagerten Riffs mit Hilfe von Geotextilien. Es bleibt zu hoffen, daß endlich ein Weg gefunden wird, die Abbrüche an den Inselenden zu stoppen! Noch am 28. Januar 1994 riß die Nordsee wieder 20 Meter von der Südspitze weg. Möglicherweise rächt sich das Auslassen der Sandvorspülungen 1994 – die Wasserbauer hatten gehofft, daß der blanke Hans die Insel in diesem Winter verschonen würde ...

Ein Vorschlag zur Sicherung der Hörnum-Odde: ein Überlaufdamm zwischen Sylt und Föhr.

Aus dem Sturmflutschadensbericht des Landschaftszweckverbandes Sylt, aus dem eindeutig die Substanzverluste hervorgehen: Von der Süd- bis zur Nordspitze räumte der „blanke Hans" den Strand aus, sorgte für verkleinerte Randdünen, in Rantum-Nord für eine fast 400 Meter lange und drei Meter hohe Steilküste.

Nach Ende des Winters sind die ursprünglichen Planungen schon wieder Makulatur, vor allem durch die Flut am 28. Januar 1994. Zwar taten die vorgespülten Sandpolster an den meisten Stellen ihren Dienst, Abbrüche an der Dünensubstanz blieben die Ausnahme. Aber die Verschleißmasse ist arg geschrumpft, so daß auch der Ruf auf der Insel nach einer kurzfristigen Sandvorspülung laut wird. Nach den Planungen des ALW soll erst 1996 wieder vorgespült werden, und zwar vor Westerland. Ob das gerade für den immer schmaler werdenden Ellenbogen nicht zu spät ist – diese Frage stellen sich nicht nur die Sylter.

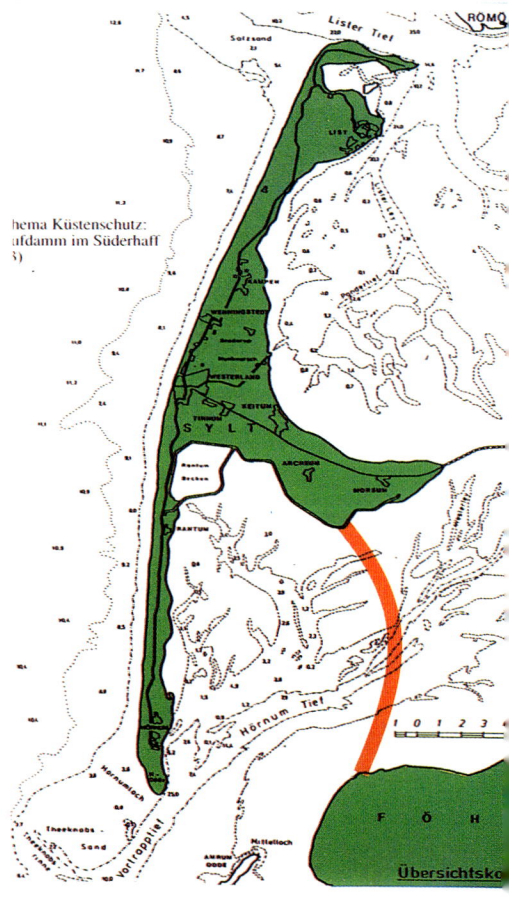

Klima
und
Meeresspiegel

Im Herbst 1993 lief im Fernsehen die vierteilige Serie „Das Sahara-Projekt", in der der Untergang Sylts als Folge der weltweiten Klimakatastrophe dargestellt wurde. In der Tat, in den letzten Jahren liefen die Fluten immer höher und häufiger auf, der Meeresspiegel steigt. Wird Sylt tatsächlich bald in den Fluten der Nordsee versinken? Als man vor einigen Jahre erkannte, welche Gefahren durch die Klimaerwärmung drohen, machten wahre Horrormeldungen die Runde. Die kühnsten Schätzungen sprachen von einem bis zu 100 Meter höheren Meeresspiegel am Ende des 21. Jahrhunderts! Mittlerweile werden deutlich niedrigere Zahlen genannt, aber bereits ein Anstieg um etwa 1,5 Meter hätte für Schleswig-Holstein verheerende Folgen: Die Inseln und Marschen würden untergehen, ebenso Städte wie Heide, Brunsbüttel, Itzehoe oder Elmshorn. Rendsburg wäre Hafenstadt an der See! Von Hamburg blieben nur die nördlichen Stadtteile übrig, und im östlichen Niedersachsen würden das Alte Land, das Land Kehdingen und das Land Hadeln versinken.

Die Bewegungen des Meeresspiegels

In der aktuellen Diskussion um den Anstieg des Meeresspiegels wird häufig übersehen, daß er seit Jahrmillionen in Bewegung ist. Klimaveränderungen gehören zur Erdgeschichte, wenngleich die Forschung noch nicht klären konnte, warum sie geschehen. Auch unsere Küstenlandschaft entstand durch natürliche Bewegungen des Meeresspiegels. Die ältesten Ablagerungen an der Nordseeküste stammen aus der Zeit des Tertiär und haben ein Alter von bis zu 10 Millionen Jahren wie der schwarz-graue Glimmerton. Diese Erdschicht ist eine Ablagerung aus der Ur-Nordsee, die damals einen großen Teil des heutigen Schleswig-Holstein bedeckte. Langsam wich das Wasser zurück, bis nur noch ein schmaler See im Nordosten des heutigen Nordseegebietes übrigblieb.

Dem tropischen Klima des Tertiär folgte vor etwa einer Million Jahren das von vier Eiszeiten bestimmte Quartär. Die direkte Vorgeschichte des schleswig-holsteinischen Wattenmeeres begann mit dem Ende der letzten dieser Eiszeiten, die nach der Weichsel benannt wurde. Auf ihrem Höhepunkt vor 25000 Jahren lag der Meeresspiegel in der Nordsee um rund 100 Meter niedriger als heute. Diese Differenz wurde so berechnet: anhand der Flächengröße der Vereisung während der Weichseleiszeit schätzt man das Volumen des Inlandeises auf etwa 70 Millionen Kubikmeter. Heute bestehen die Gletscher und Polkappen aus 30 Millionen Kubikmetern Eis. Die Differenz von 40 Millionen m³ bindet 36 Millionen m³ Wasser. Bei einer Gesamtfläche der Ozeane von 360 Millionen m³ erhöht diese Menge Wasser nach dem Abschmelzen den Meeresspiegel um 100 Meter.

Vor 25000 Jahren begann sich das Klima langsam zu erwärmen, die Gletscher und Polkappen schmolzen ab und ließen den Meeresspiegel steigen. Das Gebiet südlich der Linie Skagen (Nordspitze Dänemarks) und Nordschottlands war eisfrei. Noch vor 10000 Jahren, der Meeresspiegel lag bei ungefähr 50 Metern unter NN, bildete die Doggerbank die südliche Begrenzung der Nordsee. Aufgrund von Funden wissen wir, daß dieses Gebiet von Menschen bewohnt war. Von Sylt konnten die Menschen der Altsteinzeit trockenen Fußes die 600 Kilometer bis zur englischen Küste zurücklegen.

Zunächst stiegen die Meere sehr schnell, um ein bis zwei Meter pro Jahrhundert. Vor etwa 8000 Jahren flachte die Kurve ab, heute rechnet man mit durchschnittlich etwa 25 Zentimetern pro Jahrhundert. Dabei darf man sich diese Entwicklung nicht wie eine gerade Linie vorstellen, teilweise starke Schwankungen gehörten dazu.

Die Entwicklung der Küstenlinie in den letzten 12000 Jahren (nach Stadelmann).

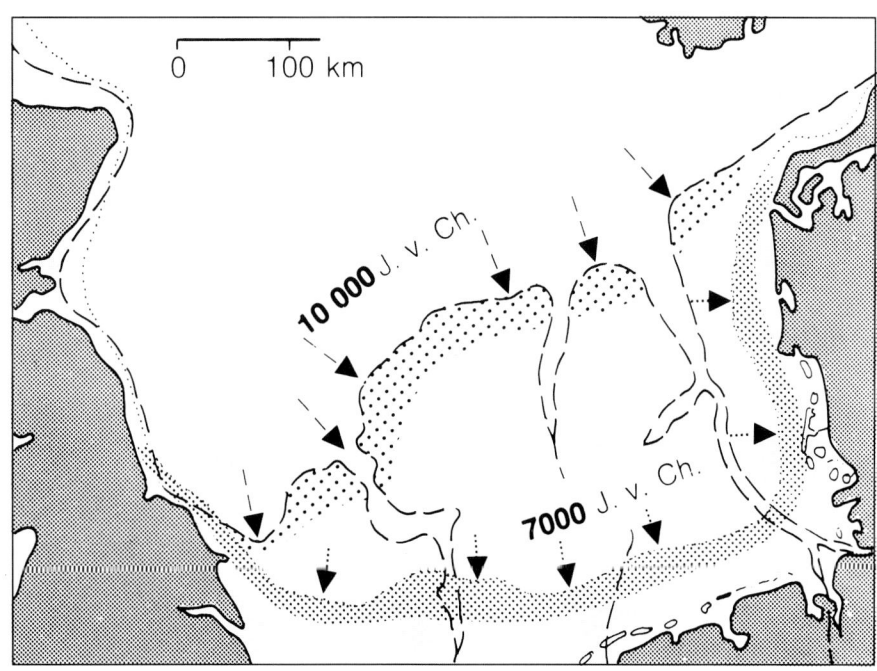

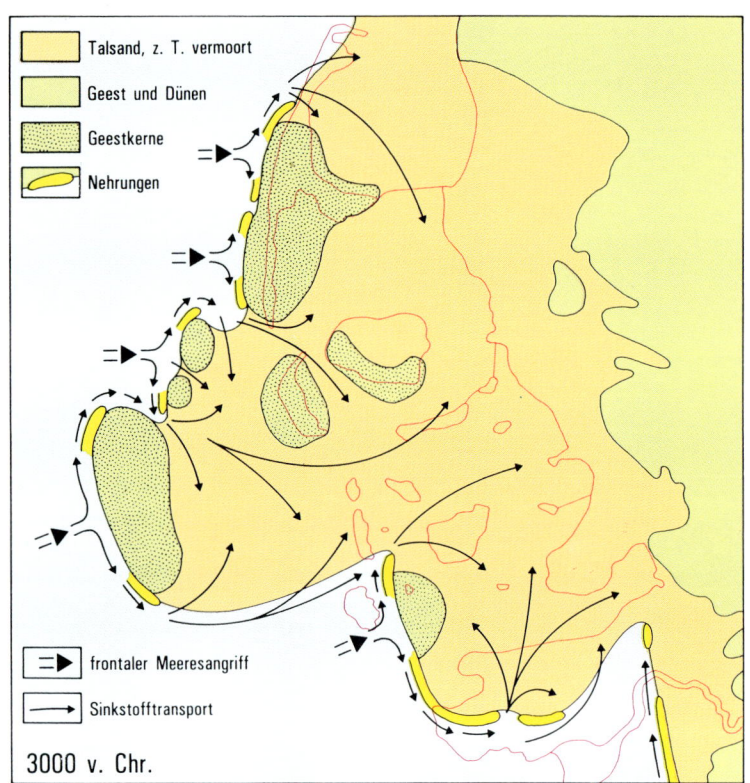

3000 v. Chr.

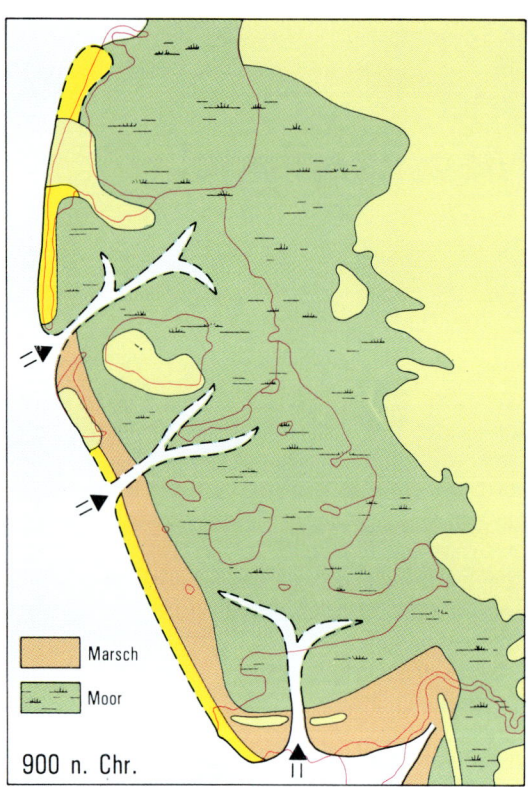

900 n. Chr.

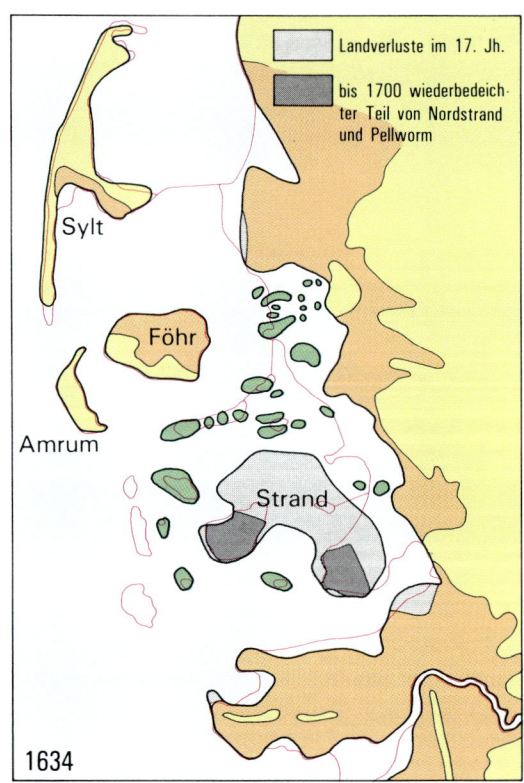

Sylt

Föhr

Amrum

Strand

1634

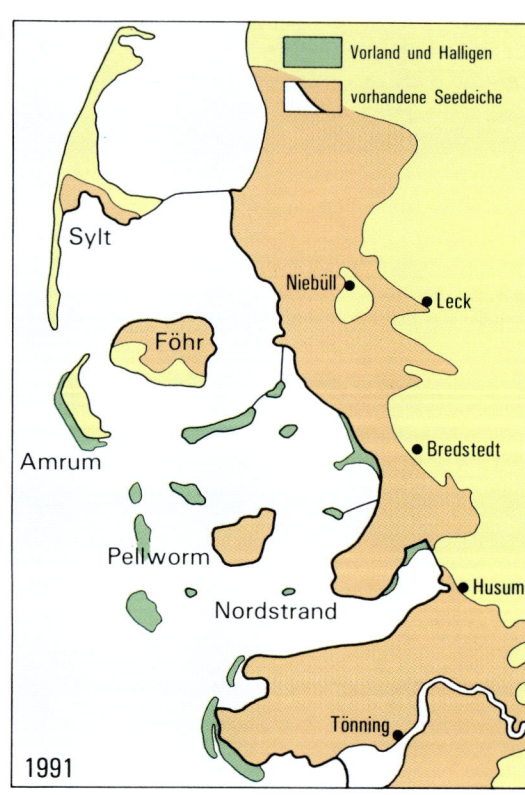

Sylt

Niebüll

Leck

Föhr

Amrum

Bredstedt

Pellworm

Husum

Nordstrand

Tönning

1991

Entwicklung der nordfriesischen Küste in
den letzten 5000 Jahren.

80

So fiel der Meeresspiegel um das Jahr 1100 nach einem Höhepunkt leicht ab, seit dem 15. Jahrhundert ist wieder ein Anstieg zu verzeichnen, der bis heute anhält.

Vor etwa 5000 Jahren erreichte die See die nordfriesische Küste. Das Wattenmeer mit seinen Inseln, wie wir sie heute kennen, entstand seit dieser Zeit. Damals gab es noch weit der heutigen Küstenlinie vorgelagerte Geestkerne, die durch das Meer abgetragen wurden. Weiter östlich überschwemmte die Nordsee die teilweise vermoorten Sandflächen und baute so die Marschen auf. Es entstand eine moorige, von zahlreichen Flüssen und Prielen durchzogene Landmasse. Die Friesen besiedelten seit dem achten Jahrhundert die Landschaft. Sie entwässerten und kultivierten die Moore. Gefährlich wurde es erst, als sie das nach Überschwemmungen im Torf abgelagerte Salz abstachen. Das Land sackte zusammen, und nach einem erneuten Ansteigen des Meeresspiegels konnten die Sturmfluten so verheerende Folgen haben. Die wenigen und viel zu schwachen Deiche konnten die See nicht stoppen. Schrecklicher Höhepunkt dieser Entwicklung war die erste große Manndrenke von 1362, die den Startschuß für einen verstärkten Küstenschutz gab. War die Flut bisher immer weiter vorgedrungen, sicherten die Menschen ihr Land jetzt durch bessere Deiche. An vielen Stellen konnten durch den Küstenschutz große Flächen wiedergewonnen werden, die bei Sturmfluten untergegangen waren. Nach und nach erhielt die Küste ihr heutiges Gesicht. Auch ohne Treibhaus-Effekt würde der Meeresspiegel weiter steigen, die Küstenschutzmaßnahmen des Menschen sind ein Versuch, die Natur zu beherrschen. Noch kann niemand absehen, ob es auf lange Sicht möglich sein wird.

Gibt es die Klima-Katastrophe?

Nach den neuesten Schätzungen wird der Meeresspiegel im nächsten Jahrhundert um etwa 50 Zentimeter steigen. Was die Entwicklung für die Küsten besonders gefährlich macht: auch schwere Stürme werden immer häufiger und immer stärker, die Bedrohung für die Bewohner hinter den Deichen wird zunehmen. Genaue Daten kann aber derzeit noch niemand liefern. Selbst die modernsten Großrechner sind nicht in der Lage, alle Daten so zu verarbeiten, daß verläßliche Prognosen für eine vergleichsweise kleine Region wie die deutsche Küste möglich wären. Trotz aller Anstrengungen ist immer noch viel zu wenig über die Entstehung des Klimas bekannt. In den letzten 100 Jahren stieg die Temperatur in der Erdatmosphäre um 0,5 Grad an. Das klingt nach nicht viel, hat aber schon heute schlimme Auswirkungen. Die Meere dehnen sich aus, die Gletscher und die Ränder der Polkappen beginnen zu schmelzen. In reichen Industrieländern wie Deutschland oder den Niederlanden hat man das Problem bislang noch unter Kontrolle. Zuerst wird es die Dritte Welt treffen, schon jetzt kommen beispielsweise bei jeder Überschwemmung im tiefliegenden Bangladesh Tausende von Menschen um.

Ein grundsätzliches Problem sind die fehlenden Meßwerte. Für eine längerfristige Prognose bräuchte man genaue Angaben über die Entwicklung der Wasserstände in den letzten Jahrhunderten, vielleicht sogar Jahrtausenden. Brauchbare, miteinander vergleichbare Angaben gibt es aber erst seit dem letzten Jahrhundert – zu wenig für die Wissenschaftler. Schließlich handelt die Natur nicht nach Plan, Schwankungen gehören dazu. Betrachtet man das gesamte 20. Jahrhundert, liegt der Meeresspiegel-Anstieg im normalen Bereich um 25 Zentimeter. Greift man sich aber die Jahre 1905–1925 heraus, käme man auf 99 Zentimeter in 100 Jahren – eine unzulässige Rechnung, denn der Zeitraum ist zu kurz für brauchbare Vorhersagen. So gibt es zur Zeit zwei gegensätzliche Modelle über die weitere Entwicklung. Am weitesten verbreitet ist die Theorie, daß sich die Meere wegen der Erwärmung weiter ausdehnen, Festlandgletscher schmelzen und das Eis an den Polen zurück-

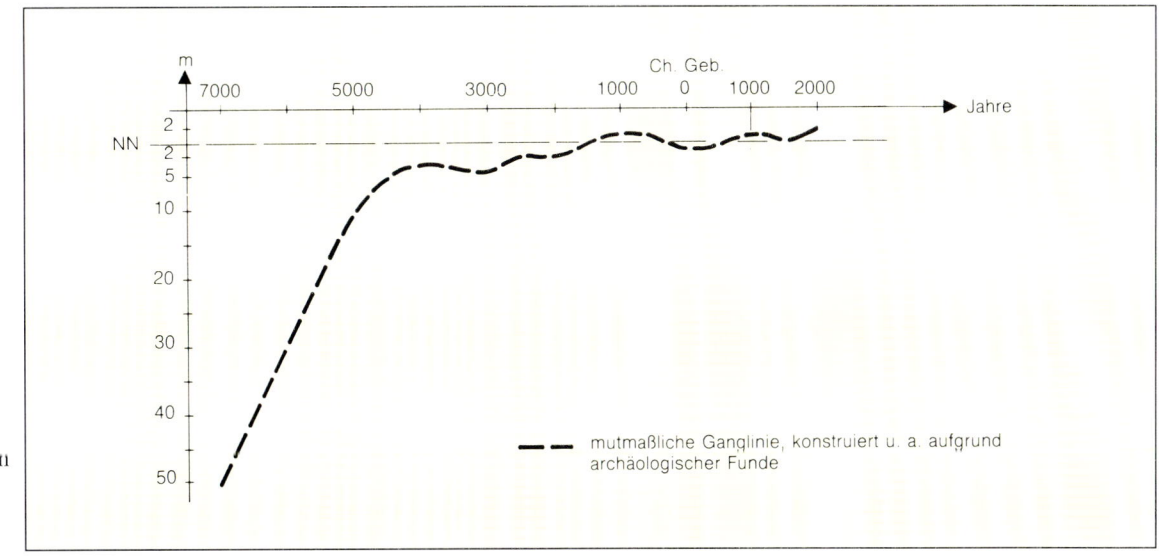

Die Bewegungen des Meeresspiegels seit 9000 Jahren.

geht. Nun gibt es aber auch Wissenschaftler, die mit dem Gegenteil rechnen. Die Polkappen könnten eher noch wachsen, da es hier so kalt ist (im Durchschnitt etwa –40 Grad), daß auch eine Erwärmung der Erdatmosphäre um einige Grade keine wesentliche Änderung brächte. Die Niederschläge nehmen bei einer Erwärmung zu, so daß sich mehr Eis an den Polen sammelt. Auch weiß man nie, wie sich die Natur verhalten wird. Nach den Erdzeitaltern wäre bald eine neue Eiszeit möglich, die wir vielleicht nur deshalb noch nicht bemerken, weil wir durch das Verbrennen fossiler Brennstoffe für eine Erwärmung sorgen.

Trotz dieser Unsicherheiten ist in naher Zukunft mit einer weiteren Erwärmung und deshalb wohl auch mit einem Ansteigen des Meeresspiegels zu rechnen. Alle Gebiete, die weniger als 2,50 Meter über dem Meeresspiegel liegen, gelten als überflutungsgefährdet. Weltweit sind deshalb über 60% der Menschen von Überschwemmungen bedroht. An der deutschen Nordseeküste liegen alle Köge sehr tief, durch die flache Landschaft in der Umgebung von Erfde wäre sogar auch Rendsburg in Gefahr.

Doch die deutschen Deiche sind nach Vollendung der Bauprogramme seit der 1962er Flut bis ins nächste Jahrtausend weitestgehend sicher. Sollte der Meeresspiegel weiter und besonders schnell steigen, wird es für die Menschen an der Küste gefährlich. Die Seedeiche wird man nicht viel weiter erhöhen können. Der Untergrund ist in der Regel weich, schon jetzt sind Deichverstärkungen auf acht Meter und höher schwierig und kosten viel Geld. Es muß nach anderen Lösungen gesucht werden. Wichtigste Maßnahme ist die Schaffung zweiter Deichlinien möglichst an der gesamten Nordseeküste. Wenn die Seedeiche brechen, strömt das Wasser zwar in das Land dahinter, kommt aber an der zweiten Linie zum Stehen. Mehrere Vordeichungen der letzten Jahre dienten auch dazu, den alten Deich ins zweite Glied zu rücken, so zum Beispiel in der Nordstrander oder in der Meldorfer Bucht. Dennoch – was helfen zweite Deichlinien denen,

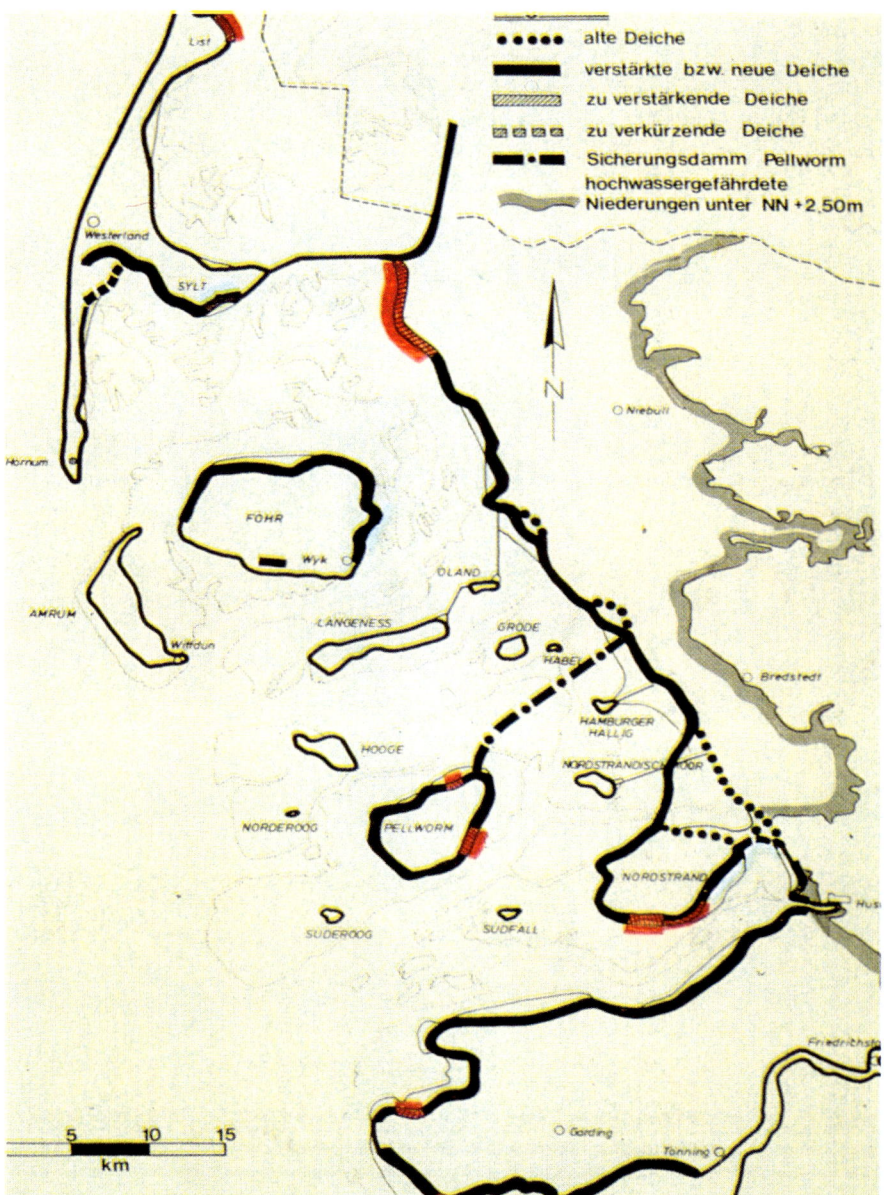

die direkt an der See wohnen? Oft wurde zu nah am Wasser gebaut, und Vordeichungen kann man nicht überall vornehmen. Siedlungen gleich hinter den Deichen machen es besonders an der Westküste unmöglich, Küstenschutzbauten zurückzunehmen, um Überflutungsräume zu schaffen. Nebenbei, wer gibt Land der Nordsee preis, das für teures Geld und nicht selten unter großen Opfern dem Meer entrissen wurde?

Die verantwortlichen Stellen denken heute bereits darüber nach, die Halligen als Vorbild für das Festland zu nehmen: in besonders gefährdeten

Diese Karte zeigt die noch aufzubauenden Deichlinien in Nordfriesland. Erst wenn diese Strecken auf das nötige Maß gebracht worden sind, können die Küsten- und Inselbewohner beruhigt in das nächste Jahrhundert sehen.

Gebieten könnten die Häuser auf Warften gebaut werden. Dazu könnten Hügel angelegt werden, auf die sich die Bewohner der Marschen bei sehr hohen Fluten zurückziehen. Immer wichtiger wird in Zukunft die Vorlandgewinnung werden. So schafft man vor den Deichen Gebiete, die überschwemmt werden, bevor der Deich bedroht wird.

Ausblick

In Zeiten leerer Kassen müssen selbst wichtige Küstenschutzaufgaben zurückstecken. Im Jahre 1993 kürzte die Bundesregierung die schleswig-holsteinischen Mittel für die Gemeinschaftsaufgabe Küstenschutz um 7,3 Millionen Mark. Zwar gelang es noch, durch EG-Zuschüsse dieses Loch wieder zu stopfen, aber der Kampf um die knappen Gelder wird in nächster Zeit noch härter werden. Insgesamt standen dem Land Schleswig-Holstein 1993 83,5 Millionen Mark für den Küstenschutz zur Verfügung.

Für das Jahr 1994 will das Kieler Landwirtschaftsministerium, das auch für den Küstenschutz zuständig ist, an der Westküste vier wichtige Deichverstärkungen in Angriff nehmen: 1,9 Kilometer vor Büsum (Kosten: 9,5 Millionen Mark), 5,2 Kilometer vor dem Pohnshalligkoog auf Nordstrand (18 Millionen), 2,8 Kilometer vor dem Ütermarker Koog/Pellworm sowie 2,8 Kilometer vor dem Tümlauer Koog auf Eiderstedt (jeweils 10 Millionen). Nach den Zerstörungen während der Sturmflut 1962 wurde der Deich im Tümlauer Koog erst einmal ausgebessert. Jetzt soll er auf das nötige Maß gebracht werden. Achteinhalb Hektar Salzwiesen werden überbaut. Zum Ausgleich werden 34 Hektar Land in Eiderstedt aufgekauft und landschaftspflegerisch entwickelt werden.

Zum ersten Mal nach elf Jahren sind keine Sandvorspülungen auf Sylt geplant. Dafür ist vorgesehen, an der Südspitze der Insel, der Hörnum-Odde, einen Versuch mit Geotextilien durchzuführen. Doch schon schnell können diese Planungen hinfällig werden. Die Menschen hinter den Deichen hoffen jeden Herbst, vom „blanken Hans" verschont zu werden. Doch keiner weiß, was die nächste Flut bringen wird. Katastrophenfluten kamen meistens überraschend, besonders dann, wenn sich die Menschen an der Küste zu sicher fühlten. Auch wenn in den vergangenen Jahren eine Menge für den Küstenschutz geleistet wurde, man darf sich nie in Sicherheit wiegen und die Deiche vernachlässigen. Es ist erst 32 Jahre her, daß in Hamburg 315 Menschen ertranken...

Jeder einzelne von uns muß dazu beitragen, daß der Anstieg des Meeresspiegels nicht noch weiter verschlimmert wird. Auch wenn noch keine exakten Daten über die weitere Entwicklung vorliegen – so wie es jetzt ist, kann es nicht weitergehen. Wir produzieren zuviel Kohlendioxid (CO_2), das zum Treibhaus-Effekt beiträgt: 22 Milliarden Tonnen jährlich! Hinzu kommen die Abholzung der Wälder, die CO_2 binden, und klimaschädliche Gase wie FCKW. Diese Gase dürfen nicht mehr produziert werden. Der Methan-Ausstoß (durch die Landwirtschaft) muß verringert werden.

Die Klimakiller

FCKW – Die Fluorchlorkohlenwasserstoffe (FCKW) wurden 1928 in den USA entdeckt und traten schon bald ihren Siegeszug auf der Welt an. Sie werden als Treibmittel in Spraydosen, als Kühlmittel, als Lösungsmittel und als Aufschäummittel verwendet. Lange galten die farb- und geruchsneutralen FCKW als harmlos, da sie kaum mit anderen Stoffen reagieren. Gefährlich sind sie deshalb, weil sie die lebenswichtige Ozonschicht in der Stratosphäre (in 20 bis 50 Kilometern Höhe) zerstören. Das Ozon in dieser Höhe hält ultraviolette Strahlung ab, die beim Menschen Krebs verursacht und die Erdoberfläche erwärmt. Die FCKW, die in diese Höhe steigen, werden durch die starke UV-Strahlung aufgebrochen. Dabei entsteht über eine Zwischenstufe Chlor, das das Ozon vernichtet. Das Tückische an den FCKW: sie steigen nur sehr langsam auf. Selbst wenn wir heute ihre Produktion einstellten, würde das Gas noch 10 bis 20 Jahre weiter in die Atmosphäre gelangen.

CO_2 – Kohlendioxid (CO_2) kommt in der Natur häufig vor, es entsteht bei jedem Verbrennungsvorgang. Alle Pflanzen und Tiere produzieren es, wenn sie Nahrung in Energie umwandeln. In der Natur besteht ein Gleichgewicht – am Tage nehmen die Pflanzen CO_2 auf und wandeln es mit Hilfe von Wasser in Sauerstoff um. Der Mensch greift in dieses Gleichgewicht ein: durch das massenhafte Verbrennen von fossilen Stoffen wie Öl, Gas oder Holz nimmt der CO_2-Anteil in der Luft zu. Gefahr droht vom eigentlich ungefährlichen CO_2, weil es die kurzwellige Sonnenstrahlung passieren läßt, die langwellige Wärme-Rückstrahlung aber in der Erdatmosphäre aufhält. Die Wärme kann nicht mehr ins All entweichen, und auf der Erde steigt die Temperatur wie in einem Treibhaus.

ANDERE GASE – FCKW und CO_2 (zu 65%) sind mit Abstand die schlimmsten Klimakiller. Hinzu kommen noch einige andere Spurengase wie Dickstickstoff oder Methan. Dieser übelriechende Stoff entweicht aus Erdgas, Gruben oder Sümpfen. Der Ausstoß von Methan hat besonders durch die Landwirtschaft zugenommen, da es bei Gärungsprozessen entsteht. Deshalb steigt es auch von Müllkippen und Reisfeldern auf. Starke Methan-Produzenten sind Rinder. Durch seine Verdauung sorgt ein Rindvieh für 120 Liter täglich. Bei einem Bestand von etwa 1,2 Milliarden Rindern auf der Welt kann sich jeder die Mengen selbst ausrechnen.

Die Welt steht vor der größten Herausforderung, die es jemals gab. Wenn wir jetzt nicht handeln, werden Abertausende von Menschen durch das Meer ertrinken. Man kann noch einen Schritt weitergehen: unsere Erde könnte schon bald unbewohnbar werden. Es muß etwas geschehen, und jeder einzelne ist aufgerufen, sein eigenes Verhalten zu überprüfen. Muß es immer das Auto sein, tut es nicht oft auch das Fahrrad? Läßt sich nicht an vielen Stellen noch mehr Energie sparen? Ist der Gasdruck-Spray wirklich unersetzlich, oder wäre nicht auch auf Luftdruck-Sprays auszuweichen? Fragen, die im kleinen mitentscheidend dafür sind, ob die Küsten untergehen. Aber auch die politischen Stellen sind gefordert, die notwendigen Mittel bereitzustellen, die dringend an der Küste gebraucht werden. Es gilt der alte Satz: Wer nicht deichen will, muß weichen! Der Schutz der Küstenbewohner ist das höchste Gut!

Küstenschutz

Am Anfang: flache Erdwälle

Die Geschichte des Küstenschutzes an der Nordseeküste hat mit der Geschichte der Sturmfluten gemeinsam, daß wir über die Zeit vor den friesischen Landnahmen bis ins 8. Jahrhundert nichts wissen, wobei zu vermuten ist, daß es wegen der fehlenden Besiedelung der Norseemarschen auch keine entsprechenden Aktivitäten gab. Bis ins 10. Jahrhundert lag der Meeresspiegel an der Küste noch so niedrig, daß keine Deiche errichtet zu werden brauchten. Die Menschen wohnten in Flachsiedlungen ohne besonderen Schutz gegen die Fluten. Erst im 11. Jahrhundert begann sich das Bild zu wandeln: langsam, aber auf längere Sicht spürbar stieg der Meeresspiegel an, so daß die Bewohner gezwungen wurden, ihre Häuser auf Erdhügeln (Warften bzw. Wurten) zu errichten und ihre Wirtschaftsflächen durch Deiche zu sichern. Die ersten Erdwälle, in Ostfriesland meist in Ringform, finden sich demnach abseits der Häuser, Deichsicherung für Menschen setzt erst im Spätmittelalter ein. In der älteren Literatur über den frühen Deichbau an der Westküste findet sich immer wieder die Behauptung, die alten Deiche seien wegen ihres steilen Profils gebrochen. Archäologische Untersuchungen haben ergeben, daß das Profil der mittelalterlichen Deiche etwa ähnlich dem der heutigen Küstenschutzwerke war. Was fehlte, waren das Wissen über die Veränderungen des Meeresspiegels und aus-

Links: Queller, die Pioniere der Landgewinnung

reichende technische Mittel – die Deiche waren schlicht zu niedrig. Forschungen in Sillens (Wesermarsch) lassen eine Höhe von höchstens 1,50 Meter über dem Umland erwarten.

Bis heute wird darüber gerätselt, wer die Kunst des Deichbaus nach Nordfriesland brachte. Oft heißt es, die ausgewanderten Friesen hätten das entsprechende Wissen aus ihrer niederländischen Heimat mitgebracht. Da erst 300 Jahre nach der letzten Einwanderungswelle der Deichbau einsetzte, ist dies wenig wahrscheinlich. In diesem Punkt sollte man die hier lebenden Menschen nicht unterschätzen. Durch den direkten Kontakt mit dem Meer werden sie selber Strategien entwickelt haben, um den „blanken Hans" zu zügeln. Erst im Zusammenhang mit dem hochmittelalterlichen Landesausbau wird eine Zuwanderung aus dem Süden angenommen. So könnte dann auch deichbautechnisches Wissen nach Nordfriesland gelangt sein.

Wie auch beim Thema Sturmfluten leidet die wissenschaftliche Beschäftigung unter dem Mangel an Quellen. Auch Ausgrabungsfunde lassen nur begrenzte Schlüsse auf die Anfänge des Küstenschutzes zu. Deiche in Ostfriesland müssen mindestens seit dem späten 11. Jahrhundert existiert haben: in dieser Zeit entstanden die „Siebzehn Küren", eine Rechtssatzung der Friesen, in der Deiche genannt werden. Vorläufer wie Dämme zur Ableitung von Wasser dürften bereits im 8./9. Jahrhundert existiert haben. Die nordfriesischen Deiche werden zum ersten Mal in der Geschichte Dänemarks des Saxo Grammaticus (etwa 1140–1208) erwähnt. Den damaligen Schutzbauten traute der Historiograph nicht sonderlich viel zu: „Oft durchbricht ein starker Sturm die Deiche, mit denen man dort die Fluten des Meeres abfängt, und dann bricht ein solcher Regenschwall über das flache Land herein, daß es bisweilen nicht allein das bebaute Land, sondern auch die Häuser mit den Menschen überflutet." Die Erdwälle hatten anfangs eine Höhe von 1,60 bis zwei Metern über NN, die Häuser standen auf 2,50 bis drei Meter hohen Warften.

Die Höhe stieg in den folgenden Jahren langsam an, doch einen wirksamen Schutz gegen eine schwere Sturmflut wie etwa 1362 konnten sie nicht bieten. Erschwerend kam hinzu, daß es im Mittelalter noch keinen organisierten Küstenschutz gab – er blieb der privaten Initiative überlassen. Wenn es Krisen wie beispielsweise die Pest oder einen Krieg gab, mußte die Sicherung gegen das Meer vernachlässigt werden. Diese Tatsache und fehlende Kenntnisse kosteten vielen tausend Menschen das Leben.

Landesherren koordinieren den Küstenschutz

Da es im Mittelalter lange Zeit Privatsache der an den Deichen lebenden Bevölkerung war, für ihren Schutz gegen das Meer zu sorgen, kann es nicht erstaunen, daß die Fluten damals so furchtbar viele Opfer forderten. Die Menschen erkannten, daß sie zusammenarbeiten mußten, um besseren Schutz zu erzielen. So schlossen sich die Landbesitzer zusammen, um ihre Aktionen zu koordinieren, schließlich mußten Deiche nicht nur sorgfältig geplant und dann gebaut, sondern auch ständig überwacht und gegebenenfalls ausgebessert oder erhöht werden. Bereits im 10. Jahrhundert existierten diese Gemeinschaften (sogenannte „Harden"), deren Mitglieder sich mündlich zu bestimmten Aufgaben verpflichtet hatten. Erst viel später schrieb man die einzelnen Aufgaben nieder. Es entstanden beispielsweise die Siebenhardenbeliebung der Nordfriesen und die Eiderstedter „Krone der rechten Wahrheit" im Jahre 1426. Die schweren Verheerungen durch die Sturmflut 1362 sollen gleichsam der Startschuß für den massiven Kampf der Menschen gegen die vorrückende Flut gewesen sein. Sicher kann man diese Entwicklung nicht an einem Jahr festmachen, jedoch sind seit dem 14. Jahrhundert massive Eindeichungsmaßnahmen zu bemerken. Wann genau die Landesherren begannen, sich für den Deichschutz zu interessieren, kann heute nicht mehr genau gesagt werden. Mit Sicherheit kann man ihren Einfluß für Nordfriesland ab dem 16. Jahrhundert belegen: das auf herzögliche Anordnung verfaßte „Spadelandrecht" aus dem Jahre 1556/7 ist ein wichtiger Beleg für ein organisiertes Deichrecht. Dies war unentbehrlich für einen effektiven Küstenschutz, nur so konnten die Maßnahmen gebündelt und die Zuständigkeiten klar verteilt werden. Der Begriff „Spaderecht" rührt daher, daß Deichpflichtige, wenn sie ihren Aufgaben nicht mehr nachkommen wollten oder konnten, ihren Spaten in ihren Deichabschnitt steckten und damit alle Rechte und Pflichten abtraten. Ein anderer konnte den Spaten wieder herausziehen und übernahm damit deren Aufgaben und deren Land.

Die Wilstermarsch erhielt bereits 1438 einen „Spaderechtsbrief" von Herzog Adolf, Hamburg erließ 1639 die „Bill-werder Land- und Deichordnung". Das Herzogtum Bremen wurde von der schwedischen Regierung mit einer „Teichordnung" ausgestattet. Die Eindeichungen zwischen Tondern und Dithmarschen zwischen 1460 und 1480 dürften auf herzögliche Anregung hin unternommen worden sein. Es gibt Anzeichen dafür, daß bereits um 1200 der König Einfluß auf den Schutz der Küsten nahm, so im Falle der Eiderstedter Bedeichungen. Leider kann wegen fehlender Quellen kein Datum mehr genannt werden. Der oft wiederholte Satz „Wer nicht will dieken, mutt wieken" („Wer nicht deichen will, muß weichen") findet sich im Spadelandrecht, zum ersten Mal tauchte er bereits im 1230 verfaßten „Sachsenspiegel" auf, der bekannten Gesetzessammlung für Sachsen.

Im 17. Jahrhundert bauten die schleswig-holsteinischen Landesherren ihre Kontrolle über das Deichwesen weiter aus. Der Herzog von Schleswig setzte im Jahre 1608 Johan Rollwagen, einen aus Holland stammenden Deichbauer, als Generaldeichgrafen ein. Wenig später übernahm er auch die Ernennung der bisher von den Deichkommunen selbst gewählten Deichgrafen.

Titelseite des „Allgemeinen Deich-Reglements" aus dem Jahre 1803, das den Küstenschutz grundlegend reformierte.

Die Deichaufsicht war bald vollständig in seiner Hand. Dies hatte auch wirtschaftliche Gründe: jetzt konnte der Küstenschutz zentral gefördert werden, beispielsweise durch Steuererleichterungen oder Materiallieferungen. Die Vergabe der Rechte auf Eindeichungen durch die Herzöge lockte fremde Unternehmer und damit auswärtiges Kapital ins Land, etwa nach der verheerenden Sturmflut von 1634. Die betroffene Bevölkerung hatte schwere Schäden erlitten und konnte die notwendigen Mittel für die Wiederherstellung der Deiche nicht aufbringen. Der Landesherr schloß Verträge mit den ob ihrer Wasserbaukunst gerühmten Holländern, die vor allem nach Nordstrand kamen und die Wiederbedeichung vornahmen.

Ende des 18. Jahrhunderts, beschleunigt durch die schweren Zerstörungen in den Jahren 1791–1794, wollte der dänische König das Deichwesen weiter vereinheitlichen. Christian VII. erließ am 29. Januar 1800 das „Patent, betr. die einzuführende Aufsicht über die Deiche der sämtlichen Marsch-Communen, adlige Marschgüter und octroyierten Köge in den Herzogthümern Schleswig und Holstein". Es räumte den Küstenländern zahlreiche Vorrechte ein und sah drei staatliche

Deichinspektoren für die Marschdeiche vor. Abgeschlossen wurde die weitreichende Reform des Küstenschutzes durch das Allgemeine Deich-Reglement vom 6. April 1803.

Es enthält Pläne zur Sicherung der Deiche durch Wattverteidigung und Vorlandgewinnung, zum Uferschutz durch Steindeckwerke, zum veränderten Deichquerschnitt und zur Errichtung neuer Deiche. Deichbände wurden für den Katastrophenfall eingerichtet und Vorschriften für Notfälle im Gefolge von Sturmfluten erlassen. Das Deich-Reglement von 1803 wurde zur Grundlage der staatlich betreuten Küstensicherung und Katastrophenhilfe und besitzt einen besonderen Stellenwert in der Geschichte des Küstenschutzes.

Zur Bedeichungsgeschichte Nordfrieslands

Am Beispiel Nordfrieslands läßt sich die Geschichte des Deichbaus mit ihren zahlreichen Rückschlägen sehr gut nachzeichnen. Auf Landgewinne folgten immer wieder Verluste durch Sturmfluten. Erst nach einer knapp tausendjährigen, wechselvollen Geschichte erhielt die nordfriesische Küste ihr heutiges Aussehen.

Für die Anfänge der nordfriesischen Deichbaugeschichte muß man sich zunächst die Verhältnisse in den damaligen Marschen vor Augen halten. Im durch Priele geteilten Land wohnten die Menschen auf Warften, die niedrigeren Gebiete wurden landwirtschaftlich genutzt. Um das Jahr 1000, als der Wasserspiegel anstieg und die Sturmfluten zunahmen, wurden sie als erstes mit flachen Wällen eingedeicht. Erst über die Jahrhunderte bildete sich durch Sturmfluten und Eindeichungen die heutige Küstenlinie aus. Zahlreiche Gebiete wie beispielsweise die Wiedingharde oder das Gebiet um Dagebüll waren zunächst Inseln oder Halligen und wurden erst durch Küstenschutzmaßnahmen ins heutige

Festland eingegliedert. Andere Köge versanken in den Fluten, weil ihre Deiche keinen ausreichenden Schutz gegen die Nordsee boten. Da die Bewohner noch nicht genug über die Geologie ihres Landes wußten, brachten sie sich selbst in Gefahr: sie bauten den Torf ab und entwässerten die Marschen. Das Land sackte ab und mußte um so dringender durch Deiche geschützt werden. Wenn die schwachen Bollwerke einmal brachen, konnte das Wasser rasend schnell in die Niederungen strömen – daher die horrenden Verluste an Menschenleben bei den Fluten des Mittelalters.

Eine erste große Bedeichungswelle setzte im 11./12. Jahrhundert ein. Die entstehenden Köge waren oft nur sehr klein, was vor allem an den be-

grenzten technischen Möglichkeiten und an der fehlenden staatlichen Koordinierung lag. Der älteste auf Eiderstedt ist der Tetenbüller Kirchenkoog aus dem Jahre 995. Bis 1300 folgten noch 20 weitere auf der Halbinsel. Die frühen Deichbauer hatten vor allem zum Ziel, Utholm im Westen (das Gebiet um St. Peter-Ording und Tating) mit Everschop/Eiderstedt im Osten zu verbinden. Auf Sylt baute man als erstes den Stinum-Deich an der Südostecke der Nösse-Halbinsel. Er entstand um 1200 und wurde spätestens in der Katastrophenflut des Jahres 1362 zerstört. Die Insel Strand, die 1634 zerschlagen wurde, besaß Mitte des 13. Jahrhunderts einen zusammenhängenden Deich, der allerdings nicht sonderlich wehrhaft war. Bei hohen Fluten flüchteten die Bewohner

auf das hochgelegene „Wüste Moor" in der Mitte der Insel – dort befindet sich heute die Hallig Nordstrandisch Moor, auch „Lüttmoor" genannt. Die Deiche waren sehr flach, man hat später Höhen von etwa 1,5 bis zwei Metern errechnet. Die vermoorten Gebiete der heutigen Festlandsmarschen waren nur dünn besiedelt und nicht bedeicht.

Diese Karte des Amtes Tondern aus der Mitte des 17. Jahrhunderts verdanken wir ebenfalls dem Husumer Kartographen Mejer. Sie belegt die Erfolge bei der Landgewinnung im nördlichen Nordfriesland. Zahlreiche Ortschaften, die heute fester Bestandteil des Festlandes sind, waren damals noch Inseln, so zum Beispiel Dagebüll.

Die Wiedingharde wurde im 13. Jahrhundert zur Insel, das Meer war im Osten eingebrochen. Die ersten Deiche schützten hier kleine Köge, gingen aber in der 1362er Flut wieder unter. Auch die Halligen in der Dagebüller Bucht wurden im 13./14. Jahrhundert bedeicht.

Die schweren Sturmfluten des 14. Jahrhunderts, allen voran die Katastrophe des Jahres 1362, veränderten die nordfriesische Landschaft grundlegend. Es gab enorme Landverluste, fast alle vorhandenen Deiche wurden zerschlagen, und kleine Priele wuchsen zu tiefen Rinnen. Die Nordsee drang am weitesten nach Osten vor und machte Teile des alten Festlandes zu Halligen. Allgemein faßt man diese Zeit als Startschuß für die großen Eindeichungen der folgenden Jahrhunderte auf. Die Landesherren beschäftigten sich jetzt mit dem Küstenschutz, und die vorher mündlich festgehaltenen Pflichten der Küstenbewohner wurden schriftlich fixiert. Die Insel Strand erhielt einen Ringdeich und ihre typische Hufeisenform, nachdem die Rungholt-Bucht in den Fluten versunken war. Teilweise konnten überflutete Vorländer durch Eindeichung wiedergewonnen werden. In der Folgezeit gab es immer wieder Landgewinne und schwere Landverluste durch Sturmfluten. So brachen 1483 Nordstrand und Pellworm auseinander und wurden erst durch den Deichbau wieder verbunden. Auch auf den Inseln Sylt und Föhr errichtete man einige Deiche, die heute nicht mehr existieren. Die Buchten von Dagebüll, Bredstedt und Arlau wurden durch Dämme und Eindeichung stärker an das Festland gebunden.

Südlich der heutigen Grenze zu Dänemark war neben der Eindeichung des Wiedingharder Alten Kooges im Jahre 1436 die Landfestmachung des Gotteskooges die herausragende Leistung der Deichbauer. Der größte Koog Deutschlands mit einer Fläche von 10400 Hektar wurde in den Jahren 1562–1566 gewonnen.

Bei diesem Projekt ging es nicht nur um den Landgewinn, sondern auch um eine Verkürzung der Deichlinie:

immer wieder wurde bei Sturmfluten das Wasser in die Enge zwischen der Insel Wiedingharde und dem Festland getrieben und verursachte Schäden an den vorhandenen Deichen. Nach einigen mißglückten Versuchen – Sturmfluten vernichteten schnell wieder die errichteten Dämme – konnte das ehrgeizige Projekt 1566 vollendet werden. Obwohl es in den folgenden Jahrhunderten immer wieder Schäden durch Sturmfluten gab, blieb der Koog beim Festland. Bis zur Mitte des 16. Jahrhunderts verschob sich südlich des Gotteskooges die Küstenlinie vom Geestrand ein großes Stück nach Westen. Besonders westlich und südlich von Leck und südlich von Bredstedt wurden durch Eindeichungen die Gebiete zurückgewonnen, die sich die Nordsee im 14. Jahrhundert geholt hatte. Auf Eiderstedt wurden große Erfolge bei der Verbindung der einzelnen Landesteile errungen. Nach und nach bildete sich ein fester Landblock, der zunehmend die heutige Form der Halbinsel erreichte.

Die „Zweite Manndrenke" am 11. Oktober 1634 brachte der nordfriesischen Küstensicherung einen schweren Rückschlag. Am schlimmsten wurde die Insel Strand getroffen: der Norderhever brach mitten durch die Insel, fast alle Deiche wurden vernichtet. Erst 20 Jahre später begannen die Bewohner mit Hilfe der Holländer die Nordsee wieder zurückzudrängen. Bis 1691 konnten der Friedrichskoog, der Elisabeth-Sophien-Koog, der Trendermarschkoog und der Neue Koog eingedeicht werden. Auf Pellworm ging die Wiedergewinnung des untergegangenen Landes schneller. Allgemein vertieften sich viele Wattpriele in dieser Zeit. Auf Sylt mußte der Eidum-Deich aufgegeben werden, die Sylter Marschen blieben von da an bis ins Jahr 1938 ohne Deichschutz. Landverluste traten auch auf den anderen Inseln und den Halligen auf. Den Küstenschutzanlagen auf dem Festland erging es nicht besser: sie wurden überflutet oder brachen. Doch schon bald wurden die Deiche wiederhergestellt und der Landgewinn forciert. Die Gegend südlich von Dagebüll wurde endgültig landfest gemacht, eine Vordeichung schloß die damalige

Insel Fahretoft an das Festland an. Auf Eiderstedt gab es bei der 1634er Flut über 2000 Tote, die Deiche hatten auch hier der anstürmenden Nordsee nicht standhalten können. Auf Jahrzehnte war an den Landgewinn nicht zu denken, erst mußten die Schäden beseitigt werden. Die ersten Neubedeichungen erfolgen am Ende des 17. Jahrhunderts: der Grothusenkoog (1693), dessen Deich am 3. Januar 1976 fast gebrochen wäre, der Norderfriedrichskoog (1696) und der Neu-Augusten-Koog (1699).

Die schweren Sturmfluten der folgenden Zeit, besonders die des Jahres 1717, verursachten vor allem auf den Inseln große Schäden. Die Halligen verloren etwa ein Viertel ihrer Fläche und hatten 46 Todesopfer zu beklagen. Auf Pellworm, das auch 1756 schwer angeschlagen wurde, konnten die Bewohner die immens hohen Kosten für die Reparatur der Deiche kaum aufbringen, so daß die Küstenlinie um 200–250 Meter zurückgenommen werden mußte. Aber auch das Festland war betroffen, so waren alle Marscheninseln und Eiderstedt überflutet. Doch der Küstenschutz verbesserte sich immer weiter, nicht zuletzt durch das Allgemeine Deich-Reglement des Jahres 1803, das die Lastenverteilung festschrieb und eine straffe Deichaufsicht schuf. Im sturmflutreichen 18. Jahrhundert konnten nur wenige Neueindeichungen erfolgen, dennoch wurde Dagebüll durch den Gewinn des Kleiseer Kooges jetzt landfest.

Die letzte große Katastrophenflut mit insgesamt 800 Toten traf die Nordseeküste am 3./4. Februar 1825. Trotz großer Schäden blieben Deichbrüche auf dem Festland aus. Dafür erwischte es die Inseln und Halligen um so schlimmer, so daß man diesem Ereignis auch den Beinamen „Halligflut" gab. 74 Menschen und 2603 Stück Vieh fanden den Tod, 88 Häuser wurden zerstört. Viele der Überlebenden wanderten ab, weil ihre Existenz vernichtet worden war. Die Gesamtzahl der Halligbewohner nahm von 986 (1820) auf 506 (1900) ab. Heute leben 353 Menschen auf den nordfriesischen Halligen. Trotz der hohen Verluste

Eine Stöpe am Eingang zum Tümlauer Koog/ Eiderstedt. Alte Deiche haben, auch wenn sie nicht mehr direkt an der See stehen, weiterhin eine wichtige Funktion: bricht der Außendeich, dann bilden sie im Hinterland Schutz. Stöpen, durch die in der Regel Straßen laufen, können in solch einem Fall geschlossen werden.

wollen die verantwortlichen Stellen die Halligen erhalten: sie dienen als Wellenbrecher für das Festland. Daher wurde in der Folgezeit der Halligschutz großgeschrieben, wenn auch weitere starke Landverluste nicht verhindert werden konnten – Habel beispielsweise besitzt heute nur noch 10% seiner ursprünglichen Größe. Nordmarsch, Langeneß und Butwehl wuchsen durch Dammbauten bis 1869 zusammen, Gröde und Appeland ebenfalls in dieser Zeit. Nach Langeneß, Oland, Nordstrandischmoor wurden Dämme gebaut. Auf allen Halligen errichtete man Steindeckwerke oder Deiche, besonders in den dreißiger Jahren dieses Jahrhunderts. Auf Nordstrand wurden die letzten Stackdeiche durch sanft ansteigende Bauwerke ersetzt, als letzter vollständig in Handarbeit gewonnener Koog entstand 1866 der Morsumkoog im Osten der Insel. Das letzte große Vorhaben war dann der 1924 gewonnene Pohnshalligkoog östlich des Morsumkooges. Der erste Damm zum Festland entstand 1906/07, der heutige Damm wurde in den Jahren 1933/35 errichtet. Die

Pellwormer Deiche wurden verstärkt, als letzter Koog kam 1938 der Bupheverkoog zur Insel.

Auf dem Festland lag das Schwergewicht auf einer Verbesserung der Binnenentwässerung durch Siele. Im Dagebüller Raum wurden der Galmsbüller und der Osewoldter Koog eingedeicht. Westlich von Bredstedt kamen nach 1900 der Cecilienkoog (1904) und der Sönke-Nissen-Koog (1926) hinzu. Auf Eiderstedt gelang die Eindeichung des Simonsberger Kooges (1861), des Heverkooges (1897) und des Sophien-Sommerkooges (1907). Zwischen 1935 und 1937 folgen der Tümlauer, der Uelvesbüller, Finkhaushallig- und der Norderheverkoog.

Stackdeiche

Gesondert anzusprechen sind die sogenannten „Stackdeiche", da sie in der umfangreichen Literatur zur Deich-

baugeschichte vielfach überbetont werden.

Sie entstanden nicht im Mittelalter, sondern sind eine Schöpfung der frühen Neuzeit. Zum ersten Mal werden sie in einer Kotzenbüller Urkunde des Jahres 1561 erwähnt, bekannt wurden sie dann besonders durch die Beschreibung der alten Insel Strand des Odenbüller Pastors Johannes Petreus vom Ende des 16. Jahrhunderts. Ihr Ruf ist bis heute sehr schlecht, was vor allem daran liegt, daß die von ihnen gesicherten Teile Alt-Nordstrand in der Flut von 1634 untergingen. In der Tat sind diese Bauwerke mit einer steilen Holzwand zur See hin kein probates Mittel gegen den Meeresangriff, da sie die volle Wucht der Wellen aufhalten müssen und daher sehr viel leichter brechen. Auch droht Unterspülung durch Lee-Erosion: das abprallende Wasser reißt mit großer Wucht den Grund am Fuße des Deiches weg. Nicht umsonst baut man heute flach ansteigende Deiche, damit sich die Gewalt des Wassers ausläuft. Stackdeiche waren im 17. Jahrhundert

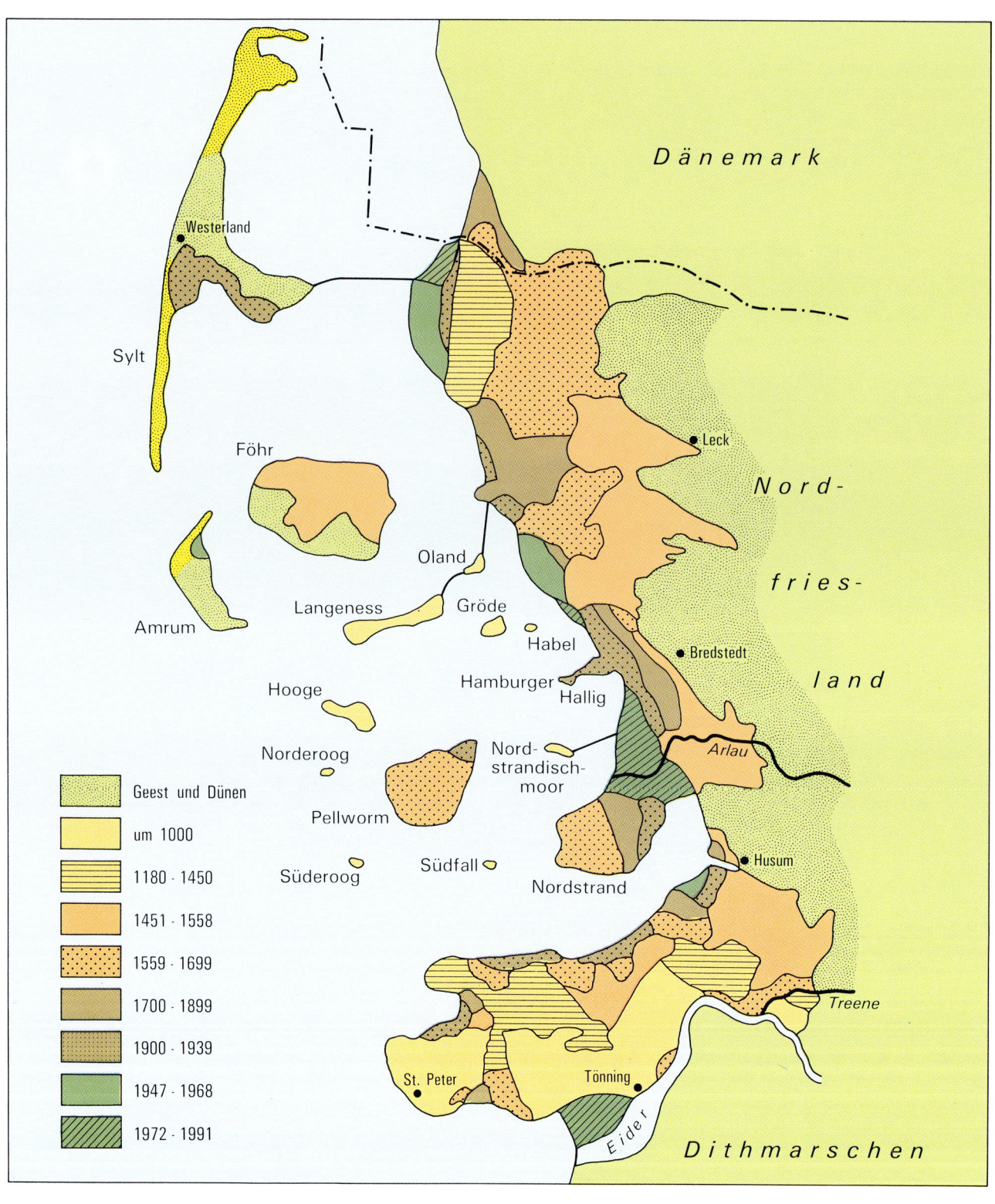

Diese Karte verdeutlicht, wie die Küstenbewohner nach dem weitesten Vordringen der Nordsee im 14. Jahrhundert nach und nach untergegangenes Land zurückgewannen. Zwar gab es immer wieder Rückschläge, doch konnte im Laufe der Jahrhunderte die Küstenlinie vom Geestrand deutlich nach Westen vorgeschoben werden.

eher die Ausnahme, Petreus beschrieb nur ein Viertel der Nordstrander Küstenschutzwerke so. Schon damals erkannte man die Nachteile dieses Typs. In der Regel wurden sie nur an Stellen errichtet, wo wegen des fehlenden Vorlandes ein flacherer

Deich nicht möglich war oder die Meeresströmung den Deichfuß gefährdete.

Nicht zu verwechseln sind die Stackdeiche mit Deichen, die an ihrem Fuß ein niedriges Deckwerk aus Holz

Schema von der Entwicklung der Deichprofile aus dem Heft „Küstensicherung in
Schleswig-Holstein" des MELFF (1992)
Dieses Schema zeigt die Entwicklung der
Deichprofile an der schleswig-holsteinischen Westküste. Über die ältesten Deiche
besitzen wir heute keine Zeugnisse mehr,
aber archäologische Forschungen haben
ergeben, daß sie von der Form her ähnlich
den heutigen Deichen aussahen. Nur waren sie viel zu niedrig und zu steil – man
kann sie sich als einfache Wälle vorstellen.
Der Stackdeich von der Insel Nordstrand,
der auf dieser Abbildung an erster Stelle
steht, zeigt eher eine Ausnahme: diese Deiche mit einer steilen Holzwand an der Seeseite wurden nur dort errichtet, wo das Vorland für einen flach abfallenden Deich
fehlte.

haben, sogenannte „gestackte" Deiche. Sie waren noch im 18. Jahrhundert weit verbreitet und wurden erst
nach und nach durch steinbewehrte
Bauten abgelöst.

Im Laufe der Zeit wuchsen die Kenntnisse über Sturmfluten und verbesserten sich die technischen Mittel, so daß
die Deiche immer sanfter ansteigend
gebaut wurden und an Höhe gewan-
nen. Um 1850 erreichte man 5,50 Meter über NN. Im Schnitt erhöhte man
die Deiche um etwa 40 Zentimeter pro
Jahrhundert – ein eindrucksvoller Beleg für das Ansteigen des Meeresspiegels seit dem 11./12. Jahrhundert.

Sicherheit durch größere Höhe und sanftes Ansteigen

Neben der fehlenden Höhe hatten die
Deiche in früheren Jahrhunderten vor
allem einen Nachteil: sie waren an der
See- wie an der Landseite zu steil. Im
Laufe der Deichbaugeschichte erhöhte man die Deiche nicht nur, man
flachte sie auch an den Seiten ab.

In der Folge wurden die Deiche im-
mer breiter und erhielten eine größere
Querschnittsfläche. Der Deich des
Desmercieres-Kooges (westlich von

Bredstedt) aus dem Jahre 1767 beispielsweise war gut fünf Meter hoch,
knapp 33 Meter breit und hatte eine
Querschnittsfläche von 105 Quadrat-
metern. Der 1979 fertiggestellte
Dickehörn-Deich (Nordstrand) dagegen ist 8,50 Meter hoch und 100 Meter
breit, die Querschnittsfläche beträgt
381 Quadratmeter. Die anprallenden
Wellen verlieren an der sanften Stei-
gung ihre Energie, wodurch der Deich
sehr viel haltbarer wird. Dieses Phänomen beschreibt Theodor Storm
auch in seinem „Schimmelreiter". Er
läßt den Deichgrafen Hauke Haien sagen: „Der neue Deich aber soll hun-

Schardeich; Querschnittsschema

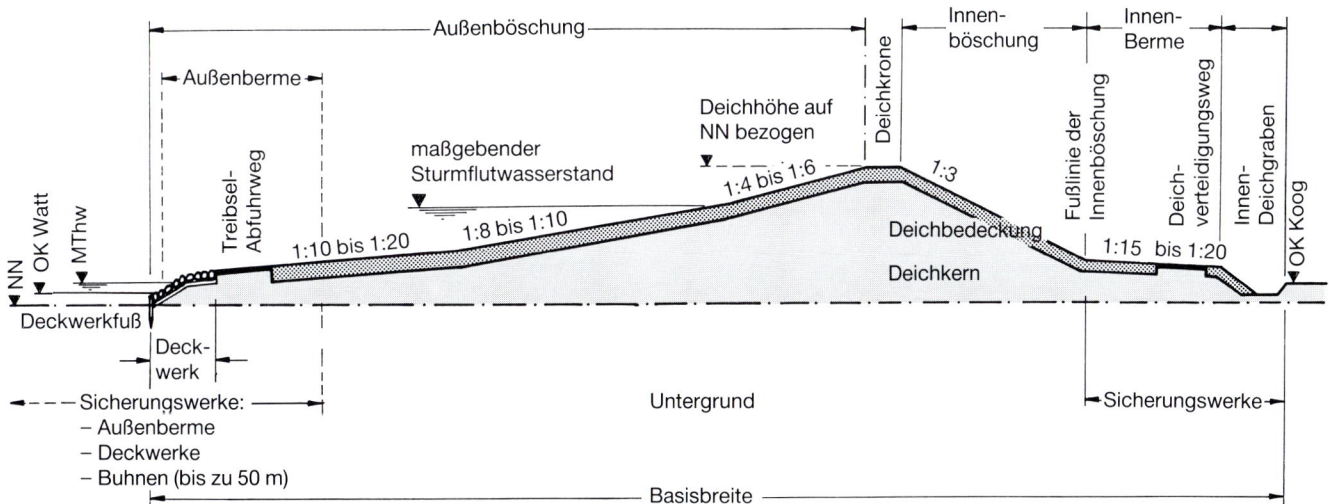

dert und aberhundert Jahre stehen; denn er wird nicht durchbrochen werden, weil der milde Abfall nach der Seeseite den Wellen keinen Angriffspunkt entgegenstellt, und so werdet ihr für euch und eure Kinder ein sicheres Land gewinnen." Nomen est omen: der Deich vor dem nach Hauke Haien benannten Koog westlich von Fahretoft hielt der schweren Flut von 1962 stand.

Aber auch eine Abflachung an der Landseite der Deiche tut not: bei den Sturmfluten brachen die Deiche vielfach nicht an der Seeseite, sondern durch Lee-Erosion. Die Flut schwappte über die Deichkrone und riß an der Innenseite die Grasnarbe auf. Immer mehr Wasser strömte den wunden Deich hinunter und trug das schützende Erdreich ab, oft kam es zum Deichbruch. Beispiele sind der Deich vor dem Tümlauer Koog (1962) und besonders jener vor dem Grothusenkoog (Eiderstedt), dessen Innenböschung in der 1976er Flut auf breiter Front abgetragen wurde und der nur durch großes Glück hielt.

Die notwendige Höhe wird heute auf Basis der Daten aus den letzten Jahrzehnten genau errechnet. Dabei verarbeitet man die durchschnittliche Höhe des Tidehochwassers, die zu erwartenden Sturmfluthöhen und einen Sicherheitsaufschlag zwischen 1,90 und 3,40 Metern (Nordfriesland). Dieser Aufschlag trägt der unterschiedlichen Wellenhöhe Rechnung und soll bereits beim Bau den erwarteten Anstieg des Meeresspiegels abfangen.

Deiche aus Sand und Klei

Nicht nur die Form eines Deiches ist enorm wichtig für einen wirksamen Schutz des Küstenlandes, auch seine Beschaffenheit hat eine zentrale Bedeutung. Wie bei der Frage nach dem Deichquerschnitt müssen Kosten und Nutzen betrachtet werden, so ist ein breites, sanft ansteigendes Bauwerk natürlich teurer als ein schmaler Erdwall. Der Schutz der Menschen hinter den Deichen genießt allerdings höchste Priorität. Die verantwortlichen Stellen versuchen, möglichst sparsam und auch umweltverträglich vorzugehen. In der Regel haben die Schutzdeiche eine Grasdecke („grüne" Deiche), nur in Ausnahmefällen und am äußerst bedrohten Deichfuß ist es nötig, Beton oder Asphalt aufzutragen. Ein Beispiel ist der „schwarze" Deich vor Nieblum auf Föhr, der mit einer Asphaltdecke besonders haltbar gemacht wurde.

Bis in unser Jahrhundert hinein baute man Deiche nur aus Klei, dem fetten und sehr widerstandsfähigen Marschboden. Er wurde im Binnenland oder vor der Küstenlinie gewonnen und mit Schubkarren mühselig herangekarrt. Oft wurden auch zurückliegende alte Deiche abgetragen und als Baumaterial für neue wiederverwendet. Mit Spaten wurde das Erdreich verteilt und durch Fuder von Stroh gebunden.

Heute sieht es auf einer Deichbaustelle ganz anders aus. Moderne Baumaschinen prägen das Bild, in Sachen Deichbau ist der enorme technische

Der Deich des Tümlauer Kooges nach der Sturmflut vom 16./17. Februar 1962. Sehr gut kann man erkennen, wie die Flut die Außenseite fast vollständig abtrug. Er wurde im Jahre 1934 gebaut und ist viel zu steil und zu niedrig. Das Meer konnte ihn angreifen und fast völlig aufrollen. Auf 70 Kilometern in Schleswig-Holstein sah es in diesen Tagen nicht besser aus!

Fortschritt deutlich. Mächtige Bagger, Raupen, Kräne und Lastwagen sind im Einsatz. Wegen des vergrößerten Deichquerschnitts braucht man Unmengen an Material, so daß man keine reinen Kleideiche mehr baut – der schwere Boden ist nicht in jeder Menge verfügbar. Sand drängt sich als Baustoff förmlich auf: er liegt in großen Mengen vor der Küste und kann mit Hilfe der modernen Technik schnell und in riesigen Mengen herangebracht werden. Da man aber auf die besonderen Eigenschaften des strapazierfähigen Kleis nicht verzichten kann, wird ein Sandkern gebildet, der schließlich mit einer dicken Kleidecke überzogen wird (Außenseite: 1 bis 2 Meter, Innenseite 0,5 bis 1,5 Meter). Der benötigte Sand stammt nur zum kleinen Teil aus dem Binnenland.

Mit Beginn des Frühjahrs liegen mächtige Saugbagger vor der Küste und wühlen mit einer Schneidekopf-Vorrichtung den Meeresboden auf. Das entstehende Gemisch aus Wasser und Sand (Verhältnis zwischen 6:1 und 10:1) wird aufgenommen und über manchmal kilometerlange Rohrleitungen auf ein Spülfeld an den Strand gepumpt. Dort fließt das Wasser ab, und der Sand wird zurückgehalten. Ist er ausreichend getrocknet, wird er mit Baggern und Planierraupen zum künftigen Deichkern geformt. Dann wird die Kleidecke aufgetragen und der Deichfuß mit Deckwerken befestigt. Am Schluß werden Grassoden aufgebracht bzw. Gras gesät. Alle diese Arbeiten müssen zügig vorangehen, damit der Deich zum kommenden Herbst fertig ist – schon dann kann seine erste Bewährungsprobe kommen! Gelingt es nicht, den neuen Deich bis zum Herbst fertigzustellen bzw. bei größeren Eindeichungen den Deichschluß herzustellen, kann ein Herbst- oder Wintersturm das halbfertige Bauwerk beschädigen oder sogar die Menschen im Hinterland gefährden.

Sand wird aber nicht nur zum Deichbau aus dem Watt gewonnen, sondern auch als Polster vor dem Strand vorgespült, um den durch den Sturm weggerissenen Sand an Dünenküsten auszugleichen. Darüber mehr im Sylt-Kapitel.

Ein Meter Deich kostet heute 4700 Mark. Da mittlerweile große Maschinen viele Menschen ersetzen und der Spülpreis für Sand in der letzten Zeit nahezu stabil blieb, hat sich diese Summe kaum verändert. Bei der Vordeichung in der Nordstrander Bucht (1982–1987) wurde etwa ein Drittel des Geldes für die Sandspülung ausgegeben, 21% machten die Deckwerke sowie 11% die Kosten für die Errichtung und Räumung der Deichbaustelle aus. Auf Kleiarbeiten, Deichverteidigungswege, Böschungsarbeiten und sonstige Aufgaben entfielen ca. 35%.

Das obere Bild stammt aus dem Jahre 1935. Damals mußte der Klei mühsam mit Schubkarren an den Bauabschnitt gebracht und mit Schaufeln verarbeitet werden. Heute bestimmen große Maschinen das Bild.

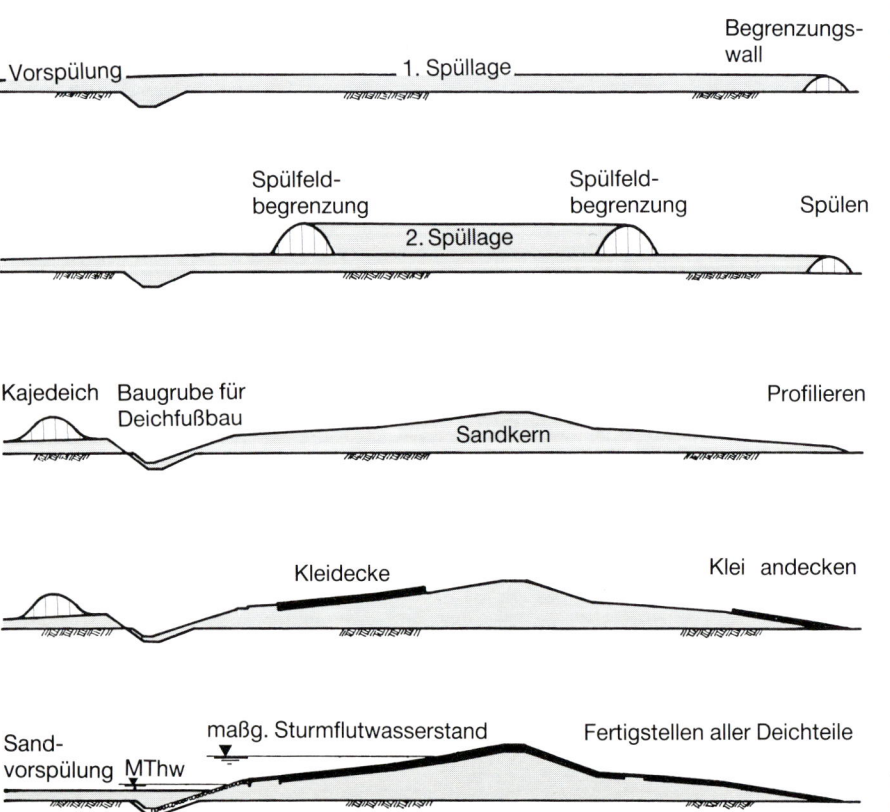

Arbeiten am Deich in der Nordstrander Bucht: Aus dem vorgespülten Sand wird ein Deichkern profiliert, der mit einer Kleidecke überzogen wird. Vor dem Neubau wird ein Kajedeich angelegt, der das neue Schutzwerk bis zur Fertigstellung schützt.

Vorspülung — 1. Spüllage — Begrenzungs-wall

Spülfeld-begrenzung — Spülfeld-begrenzung — Spülen — 2. Spüllage

Kajedeich — Baugrube für Deichfußbau — Profilieren — Sandkern

Kleidecke — Klei andecken

Sand-vorspülung — MThw — maßg. Sturmflutwasserstand — Fertigstellen aller Deichteile

Neubau Sanddeich mit Kleiabdeckung, Bauablauf.

94

Die Entwicklung nach dem Zweiten Weltkrieg

Friedrich-Wilhelm-Lübke-Koog: Land für Flüchtlinge und Heimatvertriebene

Das erste große Eindeichungsprojekt in Schleswig-Holstein nach dem Zweiten Weltkrieg galt zum letzten Mal der „echten" Neulandgewinnung. Alle späteren Maßnahmen standen ganz im Zeichen des Küstenschutzes. Die Einwohnerzahl des nördlichsten Bundeslandes war durch Flüchtlinge und Vertriebene enorm angestiegen: von 1,59 Millionen (1945) auf 2,68 Millionen (1947), also um fast 70%. Im Rahmen der Wirtschaftsförderung durch das Anfang der fünfziger Jahre aufgelegte „Programm Nord", das die wirtschaftlich schwache Westküste voran-

bringen sollte, wurden südlich des Hindenburgdammes mit einem 8,7 Kilometer langen Deich 1300 Hektar Bauernland gewonnen. Nach dem Deichschluß am 21. Oktober 1954, der durch zwei Sturmfluten verzögert worden war, enstand der 86. Koog seit 1362. Er wurde nach dem Ministerpräsidenten des Landes, Friedrich-Wilhelm Lübke, benannt, der selbst den Deichschluß leider nicht mehr miterleben konnte: er war fünf Tage vorher verstorben. Dessen Nachfolger Kai-Uwe von Hassel übergab den Koog am 31. August 1956 seiner Bestimmung. In der Folge konnten 41 Bauernstellen durch Siedler in Besitz genommen werden. Zwanzig Höfe wurden mit Einheimischen besetzt, 21 gingen an Heimatvertriebene aus dem deutschen Osten. Weiter fanden 15 Deicharbeiterfamilien ein neues Heim, abgerundet wurde das Bild durch eine Gastwirtschaft und eine Schlosserei. Natürlich durfte eine Schule auch nicht fehlen.

Die Eindeichung des Lübke-Kooges wurde von zahlreichen Rückschlägen

begleitet. Es begann damit, daß der ursprüngliche Baubeginn (15. Februar 1954) wegen des harten Winters um einen Monat verschoben werden mußte. 1200 Arbeiter arbeiteten rund um die Uhr, um die Verzögerung wieder aufzuholen. Dabei wurden ihnen fast übermenschliche Anstrengungen abgefordert. Nicht selten versanken die Fahrzeuge im grundlosen Watt, die Deichbauer versackten bis zu den Hüften. 60000 Pfähle und 30000 Kubikmeter Buschwerk zur Sicherung des Deiches und der Transportdämme mußten durch den Schlick gezogen werden. Alle Pfähle wurden per Hand in den Boden gerammt, keine Maschine war dafür im Einsatz. Einen herben Rückschlag brachte die schwerste Sommersturmflut seit 50 Jahren am 29. Juni, die die Arbeiten eines Monats zunichte machte.

Im grundlosen Watt helfen an einem bestimmten Punkt auch moderne Maschinen nicht mehr weiter. Beim Bau des Lübke-Kooges mußten die Arbeiter 30000 Kubikmeter Buschwerk per Hand durch das Watt ziehen – es wurden ihnen fast übermenschliche Anstrengungen abverlangt!

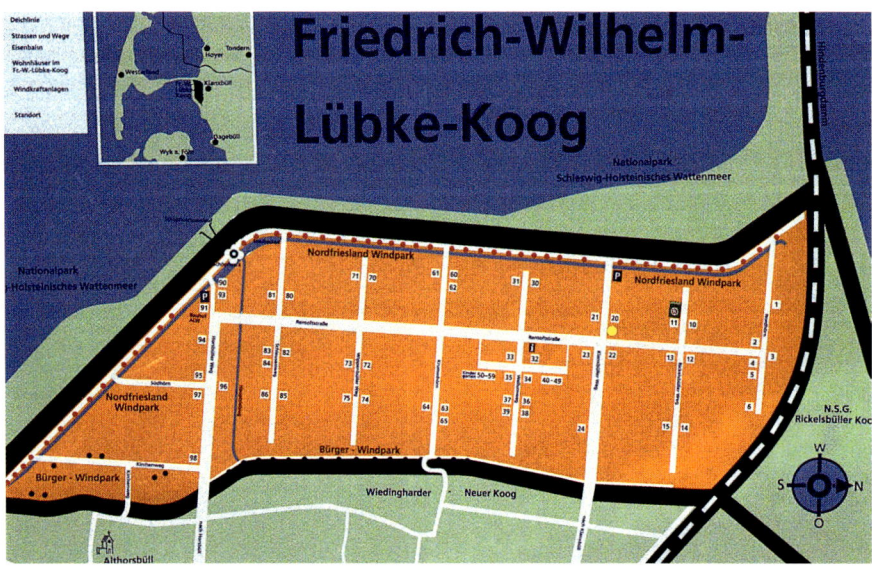

Oben: Der Deich des Lübke-Kooges aus der Vogelperspektive. Sehr gut kann man die Vorlandgewinnung erkennen: vor dem Deich helfen Lahnungen, einen Streifen Land aufzubauen, der den Deich entlastet.

Unten: Ein Schema vom Aufbau des Lübke-Kooges. Sofort fällt die rechteckige Anordnung der Straßen ins Auge.

Die Arbeiter auf der Baustelle mußten wieder fast von vorne beginnen, doch mit großem Einsatz wurde auch diese Verzögerung wettgemacht, als am 16./17. September eine erneute Sturmflut einen Strich durch den veränderten Zeitplan machte. Verzweifelt kämpften die Männer um ihr Werk, doch sie konnten nicht verhindern, daß am Anschluß an den Hindenburgdamm ein 320 Meter breites Loch in den noch schwachen Deich gerissen wurde. Frei lief das Wasser in den Koog hinein. Baumaschinen, Spülbagger und Spülrohre wurden vom Orkan zerfetzt und wie Spielbälle herumgeschleudert. Am nächsten Tag bot die Baustelle einen Anblick der Vernichtung. Der Deichbau sollte eingestellt werden, doch der Leiter des Projekts, Baurat Snuis, kämpfte verbissen um eine Fortführung und hatte Erfolg. Mittel des Vertriebenenministeriums ermöglichten den Weiterbau. Mittlerweile waren 1400 Arbeiter und Ingenieure fieberhaft damit beschäftigt, noch vor dem Winter das scheinbar aussichtslose Vorhaben doch noch zum Erfolg zu bringen. Und tatsächlich: am 21. Oktober 1954, zwei Monate später als geplant, wurde der Deich geschlossen. Es paßt ins Bild, daß der gerade fertiggestellte Deich bereits am 23. Dezember 1954 von einer schweren Sturmflut hart auf die Probe gestellt wurde. Besonders südlich des Hindenburgdammes entstanden schwere Schäden, die jedoch rasch wieder behoben werden konnten.

Vierzig Jahre nach dem Deichschluß ist der Lübke-Koog wieder in den Schlagzeilen. Damals schienen 7,20 Meter Deichhöhe auszureichen. Nach den Erfahrungen der letzten schweren Sturmfluten wissen wir heute, daß dies nicht genug ist. Eine Verstärkung ist unbedingt nötig, doch bisher tat sich nichts. Es bleibt zu hoffen, daß dieser Deich möglichst bald auf das notwendige Maß gebracht wird.

Der Hauke-Haien-Koog: Eindeichung für ein Speicherbecken

Der 1959 eingedeichte Hauke-Haien-Koog südlich von Dagebüll galt der Gewinnung eines Speicherbeckens

zur Entlastung der Binnenentwässerung durch die Lecker und die Soholmer Au. Dieses Becken hat die Größe von 700 Hektar, daneben wurden 500 Hektar Nutzfläche gewonnen, die durch Landgewinnungsmaßnahmen bereits zu hoch lagen. Hier entstanden 21 Bauernhöfe mit 20–25 Hektar Größe sowie vier Deicharbeitersiedlungen. Das Speicherbecken dient der Hochwasserentlastung des Bongsiel-Gebietes, dessen Einzugsgebiet bis Flensburg reicht. Es hat eine Fläche von 72000 Hektar. Bei normalen Wasserständen ist es kein Problem, das Binnenwasser in die Nordsee zu leiten. Doch wenn die Siele wegen einer Sturmflut über längere Zeit geschlossen bleiben müssen, drohen Überschwemmungen. Da die Speicherräume für diesen Bereich nicht ausreichten, entschloß man sich zur Schaffung eines tideunabhängigen Speicherbeckens im Watt vor Bongsiel: bis zu sieben Millionen Kubikmeter Wasser können hier aufgefangen werden. Abgeführt wird das Wasser

durch das Schlüttsiel, wo sich auch ein Fähranleger befindet. Das Bauwerk erhielt vier Öffnungen von je 6,50 Metern Breite und 4,95 Metern Höhe – eine der größten Sielanlagen an der schleswig-holsteinischen Küste. Die Verbindung zur alten Bongsieler Schleuse stellt ein 32 Meter breiter Zuflußkanal her.

Zunächst erhielt der sieben Kilometer lange Deich eine Höhe von 7,50 Metern über NN. Baubeginn war am 25. Juli 1957, am 22. September 1959 konnte der Deich geschlossen werden. Auch bei diesem Projekt gab es Rückschläge, so durch eine Sturmflut am 14. Juli 1958 und durch den harten Winter 1957/58. Unter Einsatz von fünf Spülbaggern, 950 Arbeitern und 17 Ingenieuren konnte das Werk trotz

Deichschluß Hauke-Haien-Koog, 1959. Eine Vielzahl von Einzelfeldern werden mit Bretterwänden gleichzeitig dicht gemacht (= Schiebermethode).

weiterer Behinderungen (Sandverluste durch die Tiden, kleinere Sturmflut am 12. Januar 1959) fast termingerecht vollendet werden. Eine weitere Sturmflut am 27. Oktober 1959 bedrohte den noch ungeschützten Deich aufs Neue, doch die Deichbauer hatten Glück: der Sturm drehte rechtzeitig ab, so daß es bei einer Rutschung im Deichschlußbereich blieb, die mit Sandsäcken „geflickt" wurde. Die letzten Arbeiten erfolgten im Frühjahr 1960, nun war das 36 Millionen Mark teure Bauwerk endgültig flutsicher. Auf dem 8. Friesenkongreß am 10. Juni 1961 verkündete Ministerpräsident von Hassel den Namen des neuen Kooges: Hauke-Haien-Koog. Der Namenspate, die bekannte Figur aus dem „Schimmelreiter" von Theodor Storm, sollte die Leistungen der ehrenamtlichen Deichgrafen für den Küstenschutz würdigen und zugleich Mahnung sein, den „blanken Hans" nie zu unterschätzen und wachsam zu bleiben.

Nach der Flutkatastrophe am 16./17. Februar 1962 wurde das Deichprofil noch weiter abgeflacht und die Höhe auf acht Meter gesteigert. Die Sturmfluten der letzten 30 Jahre haben bewiesen, wie richtig diese Maßnahme war, es kam zu keinen nennenswerten Schäden. Und auch der Umweltschutz kam nicht zu kurz: das Speicherbecken ist heute ein Eldorado für Vögel und lockt zahlreiche Besucher an.

Deichverstärkung und Deichverkürzung: der Generalplan Küstenschutz

Nach dem Zweiten Weltkrieg, als große Teile Deutschlands in Trümmern lagen und es in Schleswig-Holstein tausendfaches Flüchtlingselend zu lindern gab, rückte der Küstenschutz in den Hintergrund. Die tödliche Bedrohung, die hinter den Deichen lauerte, wurde den Menschen aber schon bald auf schreckliche Weise in Erinnerung gerufen. Am 1. Februar 1953 traf es die Holländer, 1836

Menschen ertranken, 47000 Stück Vieh kamen um, 193 000 Hektar Land wurden überflutet. Man schätzt, daß ein Schaden von 50 Milliarden Gulden entstand. In der Folge errichteten unsere Nachbarn ein Sperrwerksystem gegen die Nordsee, das auf der Welt seinesgleichen sucht. Das Schelde-Sperrwerk ist 3,2 Kilometer lang und kostete umgerechnet 7,2 Milliarden Mark.

Doch auch in Deutschland war man nicht untätig. Die Abmessungen der Deiche wurden überprüft, und zwischen 1953 und 1961 erhöhte und verstärkte man in Schleswig-Holstein 280 Kilometer Seedeiche, wobei man die schwächsten Strecken bevorzugt behandelte. Diese Maßnahmen waren ein Hauptgrund dafür, daß es bei der Februarflut 1962 im nördlichsten Bundesland keine Todesopfer gab.

Wesentlichen Einfluß auf die Küstenschutzaktivitäten der letzten 30 Jahre hatte die schwere Sturmflut am 16./17. Februar 1962. Der Sturm „Vincinette" brachte an der ganzen Nordseeküste und besonders in Hamburg Tod und Vernichtung. Kaum jemand hatte vorher damit gerechnet, daß es noch einmal zu einer solchen Katastrophe kommen könnte – aber man lebte nur hinter scheinbar sicheren Deichen!

Die nebenstehende Abbildung zeigt, an welchen Stellen an der Nordseeküste bis Dithmarschen Deichbrüche drohten oder stattfanden. Am schlimmsten erwischte es die Insel Amrum, den Dockkoog vor Husum, den Norden Eiderstedts und die Meldorfer Bucht. Die Konsequenz war klar: kilometerlang mußten die Deiche wiederhergestellt oder erhöht werden. Erst nachdem es 340 Tote gegeben hatte, davon 315 in Hamburg, erkannten die verantwortlichen Stellen, wie wenig die Küstenschutzwerke auf die Bedrohung durch die Nordsee vorbereitet waren. Insgesamt brachen die Deiche in dieser Nacht an 128 Stellen in Norddeutschland. Ein Viertel der Hauptdeichlinie wurde zerstört oder schwer angeschlagen. 720 Quadratmeter Land wurden überflutet. Und nicht zu vergessen: auch 7000 Stück Vieh fanden den Tod.

War die Holland-Sturmflut des Jahres 1953 bereits eine ernste Warnung, so wurde nach dieser Flut schnell gehandelt. Schon bald wurde im schleswig-holsteinischen Ministerium für Ernährung, Landwirtschaft und Forsten (MELF), das für den Küstenschutz verantwortlich ist, an einem Konzept gearbeitet, das dauerhaften Schutz an der Küste bringen sollte. Am 11. März 1963 wurde das Ministerium in einer Kabinettssitzung offiziell mit der Aufstellung eines Generalplans Küstenschutz beauftragt, der dann schließlich am 20. Dezember 1963 aufgestellt sowie am 25. Januar 1964, also gut zwei Jahre nach der Katastrophenflut, beschlossen und der Öffentlichkeit vorgestellt wurde.

Trotz des großen Zeitdrucks, unter dem dieser Plan erstellt werden mußte, bot er eine solide Grundlage für die Küstenschutzmaßnahmen in den folgenden Jahren. Sein besonderer Stellenwert wird nicht zuletzt dadurch deutlich, daß er, samt der Fortschreibungen 1977 und 1986, bis heute Gültigkeit hat und noch immer nicht vollständig abgearbeitet ist. Das gesamte Schutzsystem wurde überprüft und ein umfassendes Konzept für eine neue, sichere Küstenlinie aufgestellt. Im folgenden sollen die wichtigsten Maßnahmen kurz vorgestellt werden, dabei steht die Westküste im Vordergrund. Auch an der Ostseeküste wurden neue Deiche gebaut und alte auf das richtige Maß gebracht.

Bis in die Zeit nach dem Zweiten Weltkrieg dienten Eindeichungen vor allem dem Landgewinn. Ende der fünfziger Jahre änderte sich die Zielrichtung: man erkannte den herausragenden ökologischen Wert des Wattenmeeres, so daß in Zukunft nur noch dann eingedeicht wurde, wenn dies für die Sicherheit der Küsten- und Inselbewohner unbedingt notwendig war. Der Generalplan Küstenschutz von 1963 stellte dementsprechend auch Deichverstärkung und Deichverkürzung in den Vordergrund.

Sechs Ziele wurden festgeschrieben:
1. Verkürzung der Landesschutzdeiche zwischen der dänischen Grenze und Hamburg von rund 560 auf 290

98

Zeichenerklärung:

- sehr schwere Schäden
- schwere Schäden
- leichte Schäden
- Deichbruch
- Gefahr eines Deichbruchs
- schwere Deichrutschungen
- leichte Deichrutschungen
- überschwemmungen
- Strecken ohne Mitteldeichsicherung
- hochwassergefährdete Niederungen unter NN +2,50 m

Die Schäden nach der Flut vom Februar 1962 in Nordfriesland und im nördlichen Dithmarschen. Fast die gesamte Deichlinie wurde in Mitleidenschaft gezogen. Eine grundlegende Überarbeitung der Küsten- schutzwerke war nötig geworden, aus die- sem Grunde erfolgte wenig später die Auf- stellung des Generalplanes Küstenschutz der Landesregierung.

Kilometer, also um 42%. Dies sollte vor allem durch die Abdämmung der Flußmündungen von Eider, Stör, Krückau und Pinnau sowie die Eindeichungen der Nordstrander und der Meldorfer Bucht erreicht werden. Die alten Deiche rückten so in die zweite Linie, was den Schutz des dahinter liegenden Lan- des zusätzlich erhöht.

2. Verstärkung der vorhandenen Dei- che auf dem Festland wie auf den Inseln.
3. Ausbau der Deichverteidigungswe- ge.
4. Ausbau der Küstenschutzanlagen im Deichvorland und Bau eines Si- cherungsdammes von der Insel Pellworm zum Festland.
5. Schutzmaßnahmen an Küstenab- schnitten, die nicht durch Deiche geschützt werden können, beson- ders auf Sylt und auf den Halligen.
6. Lösung von Entwässerungsproble- men bei Sturmfluten, besonders durch Sperrwerke und Speicher- becken.

Diese Ziele blieben bis heute für den Küstenschutz bestimmend. Aufgrund neuer Erkenntnisse, beispielsweise über die Häufigkeit und die Höhe von Sturmfluten und wegen der steigen- den Kosten für die notwendigen Bau- maßnahmen wurde der Plan 1977 und 1986 fortgeschrieben. Mit seiner Er- füllung rechnen die Behörden im Jahr 2000. Es fehlen heute insgesamt noch 40 Kilometer Deichstrecken in Schles- wig-Holstein, die für ca. 130 Millionen Mark auf den notwendigen Standard gebracht werden müssen.

Auch in Hamburg wurden die Küsten- schutzanlagen nach der 1962er Flut grundlegend überarbeitet. Neben um- fangreichen Deichverstärkungen an der Elbe wurden im Hafen und in der Innenstadt Sturmflutschutzmauern errichtet und alle Fleete durch Sperr- werke von der Elbe abgesperrt. Die al- te Süderelbe wurde ebenso abge- dämmt wie die Flüsse Lühe und Este. In Niedersachsen faßte man den Be- schluß, Sperrwerke an der Oste, der Schwinge und der Ilmenau zu errich- ten sowie Vordeichungen in Nordkeh- dingen, Krautsand und Hahnöfersand durchzuführen. Allein in den zwölf

99

Jahren zwischen 1962 und 1973 wurden insgesamt 2,4 Milliarden Mark für den Küstenschutz aufgewendet. In Schleswig-Holstein waren es zwischen 1962 und 1993 insgesamt 2,36 Milliarden Mark, an der gesamten Nordseeküste bis heute etwa 7 Milliarden Mark.

Ein wichtiges Augenmerk bei den Küstenschutzarbeiten der letzten Jahre galt der zweiten Deichlinie. Teilweise existierte sie bereits durch alte, im Hinterland liegende Deiche, in einigen Fällen wurde sie durch Vordeichungen geschaffen.

Die wichtigsten Maßnahmen in der Folge des Generalplanes Schleswig-Holstein

Abdämmung der vier großen Tideflüsse Eider, Stör, Pinnau und Krückau

Zwischen 1965 und 1969 wurden in einer gemeinsamen Maßnahme die Pinnau und die Krückau abgedämmt. Die Sperrwerke sind Teil eines 10 Kilometer langen Deiches zwischen Kollmar und Kreuzdeich. Besonders Elmshorn und Uetersen profitieren vom verbesserten Schutz, die Deichlinie verkürzte sich um 32 Kilometer, da die Küstenschutzwerke an den Flüssen nun nicht mehr dem direkten Angriff der See ausgesetzt sind. Für den breiten Deichkörper wurden fast sechs Millionen Kubikmeter Sand aus der Elbe entnommen. Der Vergleich der Deichhöhen macht deutlich, wie dringend diese Abdämmung war: das neue Bollwerk besitzt eine Höhe von acht Metern über NN, es ersetzt steile Erdwälle, die nur 6,86 Meter hoch waren. Die Sperrwerke an beiden Flußmündungen erlauben durch zwei Seitenöffnungen den Ein- und Ausfluß des Tidewassers. Dazu kommt ein mittlerer Durchlaß mit 20 Metern Breite für die Schiffahrt. Die Tideöffnungen bleiben stets offen, nur bei Sturmfluten werden die schweren Hubschütze geschlossen. Bei einer länger andauernden Sturmflut kann es so zu Problemen bei der Binnenentwässerung kommen, da im Unterschied zu den anderen Sperrwerken der Stauraum begrenzt ist. Für diesen Fall wurden Pumpen eingebaut, die Überschwemmungen verhindern.

Aus dem mißglückten ersten Versuch einer Abdämmung der Eider bei Nordfeld hatte man gelernt. In den Jahren 1967–1973 entstand der neue Eiderdamm auf der Linie Vollerwiek (Eiderstedt)–Hundeknöll (Dithmarschen). Er enthält ein 200 Meter breites Sperrwerk, durch dessen fünf Öffnungen das Tidewasser (100000 Kubikmeter pro Tag!) nahezu ungehindert ein- und ausfließen kann. Die Sieltore sind jeweils 40 Meter breit und wiegen 250 Tonnen. Das gewaltige Gebilde kostete 170 Millionen Mark und ist Bestandteil des neuen Eiderdammes mit insgesamt 4,8 Kilo-

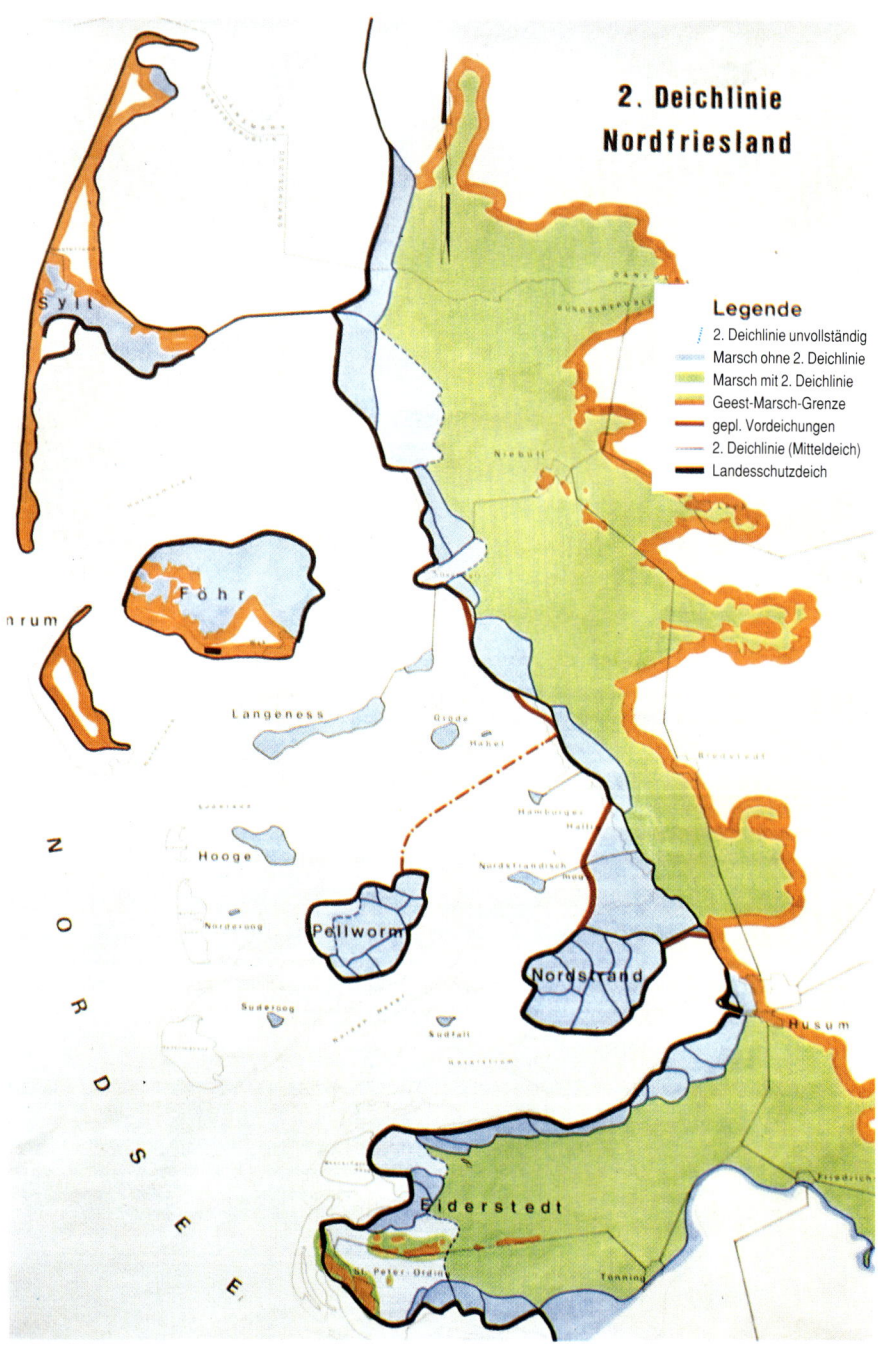

2. Deichlinie Nordfriesland

Legende
2. Deichlinie unvollständig
Marsch ohne 2. Deichlinie
Marsch mit 2. Deichlinie
Geest-Marsch-Grenze
gepl. Vordeichungen
2. Deichlinie (Mitteldeich)
Landesschutzdeich

metern Länge. Zu seinem Bau mußte eigens eine Insel aufgeschüttet werden. Für den Küstenschutz entscheidend ist die Verkürzung der Seedeichlinie von 59,1 auf 4,5 Kilometer. Die Eiderschiffahrt konnte beibehalten werden: im Sperrwerk ist eine 75 Meter lange und 14 Meter breite Schleuse eingebaut. In früheren Jahrhunderten war Schleswig-Holsteins längster Fluß ein wichtiger Verkehrsweg. Anfang des 19. Jahrhunderts liefen jährlich 600–700 Schiffe den Tönninger Hafen an, zwischen 1874 und 1880 wurden jährlich etwa 50000 Stück Vieh von Tönning verschifft. Seit dem Bau des Nord-Ostsee-Kanals im Jahre 1895 ist die Eider als Verkehrsweg nahezu bedeutungslos und nur noch Revier für Krabbenkutter und Freizeit-Schiffer: 1992 passierten gerade noch fünf Frachtschiffe die Schleuse (1973: 40). Dazu kamen 1800 Sportboote (500) und 2500 Fischereifahrzeuge (5100). Die abgedichtete Tideeider südwestlich von Tönning dient jetzt als Speicherbecken, so daß auch bei längerem Verschluß des Sperrwerkes großflä-

chige Überschwemmungen an den Ufern des Flusses der Vergangenheit angehören. Heute klingt es fast schon unglaublich, daß vor 60 Jahren dem Rendsburger Paradeplatz bei jeder Sturmflut eine Überflutung drohte.

Für den Küstenschutz hat sich das „Jahrhundertbauwerk" bewährt. Seit 1973 wurden die Sieltore 53mal wegen Fluten von mehr als 2,30 Metern geschlossen. Im Januar 1976 wurde mit 3,50 Metern über MThw der bisher höchste Wasserstand am Sperrwerk gemessen – der künstliche Fels in der Nordsee-Brandung überstand diese Probe problemlos. Viel öfter senkten sich die schweren Metalltore aber wegen des Hochwasserschutzes: bisher etwa 1300 Male. Durch die Abbremsung des Flutstromes gelangt nun deutlich weniger Sand in die Eider, so daß Entwässerung und Schiffahrt gut funktionieren. Einzige Sorge bleibt das Erosions-Problem. Wie bei allen Bauwerken in fließenden Gewässern nagen die gewaltigen Wassermassen, die das Sperrwerk täglich passieren,

Das 1973 fertiggestellte Eidersperrwerk aus der Luft. Zwischen den mächtigen Sieltoren fließt der Verkehr durch einen 236 Meter langen Tunnel.

an den Fundamenten. Erst im Sommer 1993 mußten für 30 Millionen Mark Steine und Sandsäcke zur Sicherung angebracht werden.

Als letzter Westküstenfluß wurde zwischen 1971 und 1975 die Stör durch einen 4 Kilometer langen Damm von Totenstöpe bei Hollerwettern bis Ivenfleth geschlossen. Durch diese Maßnahme rückten 81 Kilometer Flußdeiche ins zweite Glied. Das südlich und nördlich an die Elbdeiche anschließende Störsperrwerk verfügt über zwei Schiffsöffnungen (Breite: je 22 Meter) und zwei je 43 Meter breite Seitenöffnungen, durch die das Tidewasser fließt. Alle vier Durchlässe haben zur Sicherheit je zwei schwere Stahltore, die nur bei Sturmfluten geschlossen werden: die mittleren Stemmtore sind 13,5 Meter hoch und wiegen 55 Tonnen. Die Seitenschütze bringen es gar auf 250 Tonnen! Das Störsperrwerk bietet den Störniederungen und den tieferliegenden Stadtteilen Itzehoes Schutz vor dem Angriff des „blanken Hans". Die alten Deiche sind dadurch jedoch nicht überflüssig geworden: wenn die Tore geschlossen sind, bilden sie ein Speicherbecken, in dem sich das Binnenwasser sammelt, bis das Sperrwerk wieder geöffnet werden kann. Von weitem kann man bereits die Autobrücke sehen, die das Sperrwerk an der Oberseite abschließt. Sie ist 158 Meter lang und kann in der Mitte geöffnet werden. Auf ihr läuft die Bundesstraße 431 zwischen Glückstadt und Brunsbüttel.

Nach Abschluß der Maßnahmen war die Seedeichlinie an der Elbe von 170 Kilometern auf 60 verkürzt. Bereits während der Sturmfluten im Januar 1976 bewährten sich die neuen Sperrwerke, es kam zu keinen Überschwemmungen. Es gibt sie überall an der deutschen Nordseeküste, so auch linksseitig der Elbe. Neben kleineren Vordeichungen sind vor allem die Abdämmungen der Lühe (fertiggestellt 1967), der Oste (1968), der Schwinge

(1971) und der Wischhafener Süderelbe (1978) zu nennen. Prominente „Verwandte" der deutschen Sperrwerke sind die Abriegelung der Themse, die in der gleichen Zeit wie das Eidersperrwerk entstand und den Großraum London schützt, sowie das „Achte Weltwunder" an der Schelde in Holland.

Vordeichung Wedel-Haseldorf und Glückstadt

Der stark gewundene Deich vor der Haseldorfer Marsch war vor den Baumaßnahmen viel zu niedrig und zu steil. Dies wurde durch die Sturmflut am 3. Januar 1976 dramatisch deutlich, als der Deich brach. Schon im Generalplan von 1963 war eine Vordeichung auf der Linie Schollenfleth–Wedel vorgesehen, die am 8. April 1975 endlich in Angriff genommen werden konnte. Zu diesem Zeitpunkt konnte man noch nicht ahnen, daß sich nur ein Jahr später zeigen sollte, wie wichtig ein verbesserter Küstenschutz in diesem Gebiet war. Nach den

dramatischen Ereignissen im Januar 1976 forcierten die zuständigen Stellen das Tempo, so daß schon im November 1976 eine provisorische neue Deichlinie fertig war. Abgeschlossen wurden die Bauarbeiten dann im Herbst 1978. Das neue Bauwerk mit einer Höhe von acht Metern über NN hat eine Länge von 12,1 Kilometern und reicht von Wedel bis zum Elbdeich südlich von Hohenhorst. Der Sand für den Deichkörper stammt aus der Elbe: so konnte das bei einer Fahrwasservertiefung gewonnene Material gut eingesetzt werden. Der neue Vordeich verfügt über drei Siele (Schulau, Hetlinger Schanze, Haseldorf) und ein Sperrwerk für die Wedeler Au. Auch hier wurde der Umweltschutz großgeschrieben: nahrungsreiche Schlickwatten und das vorhandene Elberöhricht wurden geschützt und ein Feuchtgebiet innerhalb des eingedeichten Landes eingerichtet.

Bereits im August 1968 hatten die Arbeiten nördlich von Glückstadt begonnen, wo ein 2850 Meter langer Deich mit acht Metern Höhe errichtet wurde. Die Deichlinie verkürzte sich hier um 500 Meter, die neugewonnenen 75 Hektar Land erwarb die Stadt Glückstadt und verkaufte sie als Bauland.

Vordeichung Meldorfer Bucht

In der Meldorfer Bucht existierte vor der neuen Eindeichung eine stark gegliederte Deichlinie zwischen Warwerort bis zum Kaiserin-Auguste-Viktoria-Koog von 30,6 Kilometern Länge. Bei den schweren Sturmfluten der Jahre 1953, 1962 und 1976 gerieten die Deiche schwer unter Druck, am 16. Februar 1962 und am 3. Januar 1976 brach das Meer in den Christianskoog ein. An dieser „Achillesferse" mußte schnellstens etwas passieren. Zwischen 1970 und 1978 wurde

Das 1975 fertiggestellte Störsperrwerk.

die Vordeichung der Meldorfer Bucht in zwei Schritten durchgeführt und der Speicherkoog bzw. Helmsanderkoog geschaffen. Im Jahre 1973 war das Gebiet südlich des Dammes zur Hallig Helmsand eingedeicht (1600 Hektar), danach folgte der nördliche Teil bis Warwerort, wo 3800 Hektar Neuland gewonnen wurden. Kosten des Gesamtprojekts: 145 Millionen Mark.

Mit der Vordeichung der Meldorfer Bucht wurden mehrere Ziele verfolgt, am wichtigsten war allerdings der Küstenschutz-Aspekt. Die alte Deichlinie wurde auf 14,9 Kilometer verkürzt und ein ausreichend hoher Deich (8,80 Meter über NN) zum Schutz des Meldorfer Umlandes hergestellt. Die alten Schutzwerke rückten in die zweite Reihe und dienen als zurückliegende Sicherung, wenn der neue Seedeich doch einmal brechen sollte. Weiter wurde ein Speicherbecken mit 195 Hektar Fläche eingerichtet, damit es bei längerem Hochwasser nicht zu Entwässerungsproblemen kommt. Um dennoch die Wasserabführung in jedem Fall sicherzustellen, entstand das Helmsander Siel, das durch fünf Öffnungen Wasser ins Meer pumpen und auch Salzwasser hineinlassen

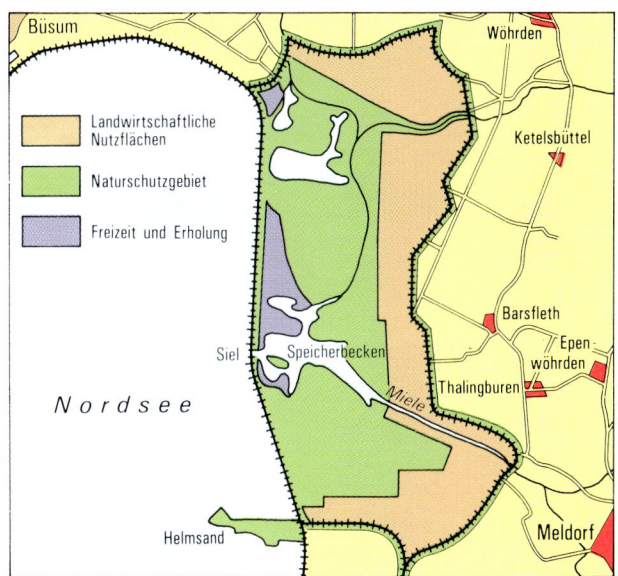

kann. Im entstandenen Speicherkoog wurden größere Flächen in ein Vogelschutzgebiet umgewandelt, dazu kommen Naherholungsgebiete und landwirtschaftliche Flächen, während an anderer Stelle die Bundeswehr Schießübungen abhält.

Der Helmsander Koog in der Meldorfer Bucht – ein Mehrzweckkoog mit Speicherbecken, Süßwasser- und Salzwasserbiotop, Flächen für Landwirtschaft und Bundeswehr.

Nutzung des Helmsander Kooges (Speicherkoog Dithmarschen) (nach Weigand)

Diese Karte zeigt die Küstenschutzwerke an der Westküste. Die Abschnitte, die noch ausgebaut werden müssen, sind rot eingefärbt.

Vordeichung Tonderner Marsch: deutsch-dänischer Gemeinschaftsdeich

(Der Einfachheit halber werden auch im folgenden für die dänischen Orte die deutschen Namen benutzt; Tondern = Tønder, Emmerleff = Emmerlev, Hoyer = Højer, Wiedau = Vidå).

Früher lag der Deich vor der Tonderner Marsch erheblich weiter westlich: allein zwischen 1500 und 1652 soll der Seedeich sieben- oder achtmal zwischen 75 und 300 Meter zurückverlegt worden sein. Im 12./13. Jahrhundert dürfte die Küstenlinie etwa 3 Kilometer vor der heutigen gelegen haben. Besonders nach der Katastrophe von 1362 mußten zahlreiche Ortschaften in dieser Gegend aufgegeben werden, so zum Beispiel Wippenbüll oder das Kirchspiel Andaefliit am Nordufer des Flusses Wiedau, der heute bei Hoyer-Schleuse in die Nordsee mündet. Die Bezeichnung „Wiedingharde" für das Gebiet um Neukirchen findet ihren Ursprung im 15. Jahrhundert, der kleine Fluß stand dabei als Namensgeber Pate.

Eine erste größere Eindeichung gab es an dieser Stelle im 15. Jahrhundert, vor allem betrieben von einigen Großgrundbesitzern und gefördert vom dänischen Staat, der durch eine sichere Landwirtschaft auf den fruchtbaren Marschenböden seine Steuereinkünfte steigern wollte. Erst Ende des 16. Jahrhunderts wurde die Horsbüll-Harde mit den noch heute existierenden Orten Neukirchen, Emmelsbüll, Rodenäs und Klanxbüll endgültig landfest. Mit dem 1566 gesicherten Gotteskoog hatte man im Raume Tondern insgesamt 14000 Hektar bedeicht – angesichts der damaligen technischen Möglichkeiten ein großer Erfolg!

In den folgenden Jahrhunderten gab es dann noch mehrere Eindeichungen in diesem Gebiet, im 20. Jahrhundert entstanden im Gefolge des Hindenburgdamm-Baus der Wiedingharder Neue Koog (1924/25) und der Dreieckskoog, ferner der Emmerleff-

Koog (1926/27) auf dänischer Seite sowie 1954 der Friedrich-Wilhelm-Lübke-Koog. Dennoch gab es keinen ausreichenden Schutz für das Gebiet, was sich besonders in der Sturmflut von 1976 zeigte, als die Stadt Tondern evakuiert werden mußte. Der 1982 fertiggestellte Gemeinschaftsdeich brachte endgültig Sicherheit für 30 000 Hektar Land und 22 000 Menschen.

Nach fast 30 Jahren Planung diesseits und jenseits der Grenze wurde am 17. März 1978 das Abkommen zwischen der Regierung des Königreiches Dänemark und der Regierung der Bundesrepublik Deutschland über den Bau eines Vordeiches von Emmerleff Kliff bis zum Hindenburgdamm geschlossen. Im Mai 1979 nahmen die Dänen die Arbeiten auf, die Deutschen folgten im März 1981, nachdem das vorgeschriebene Planfeststellungsverfahren abgeschlossen und drei Klagen gegen das Projekt vom Verwaltungsgericht Schleswig abgewiesen worden waren.

Die festliche Einweihung des Deiches im Mai 1982. Mit dabei: Königin Margarethe und Bundespräsident Carstens sowie die Ministerpräsidenten Jørgensen und Stoltenberg.

Der neue Deich ist 12,86 Kilometer lang (deutsche Seite: 4,23, dänische 8,63 Kilometer) und erhielt eine Höhe von 7,31 Metern über NN. Südlich der Grenze verkürzte sich die Deichlinie um 2,85 Kilometer bzw. 40%. Man verbaute bei einem Kostenaufwand von 24 Millionen Mark sowie 118,8 Millionen Kronen (ca. 37 Mio. Mark)

Die Fahnen Deutschlands und Dänemarks auf dem Gemeinschaftsdeich symbolisieren die fruchtbare Zusammenarbeit der beiden Staaten im Küstenschutz.

insgesamt 6,4 Millionen Kubikmeter Sand und Klei. Südlich der Grenze entstand so der Rickelsbüller Koog mit einer Fläche von 550 Hektar, auf dänischer Seite, benannt nach der amtierenden Königin, der Margarethe-Koog (1000 Hektar). Im Gebiet des Rickelsbüller Kooges lag das gleichnamige Kirchspiel, das 1609 noch 48 Familien beherbergte und nach der Sturmflut 1615 aufgegeben werden mußte. Etwa die Hälfte der ursprünglichen Einwohner war ertrunken. Auf dänischer Seite wurde ein Siel von 20 Metern Breite und 60 Metern Länge für den problemlosen Abfluß der Wiedau auch bei Sturm fertiggestellt. Seine erste Bewährungsprobe mußte der noch nicht vollkommen fertiggestellte Deich bereits am 24. November 1981 bestehen. Obwohl noch keine Grasnarbe bestand, gab es wegen der flachen Neigung des Bauwerks so gut wie keine Schäden. Bei Wasserständen von 4,83 Metern über NN (am dänischen Pegel Hoyer, der NN 2,40 Meter unter dem deutschen Wert bestimmt) wären die alten Deiche an dieser Stelle sicher gebrochen!

Für die Natur wurden große Ausgleichsflächen geschaffen. Der Rikkelsbüller Koog ist ein reines Naturschutzgebiet, das zahlreichen Vogelarten neuen Lebensraum gibt. Auf dänischer Seite ist nur eine begrenzte Nutzung erlaubt. Doch der Deichbau hat noch eine ganz andere Dimension. Man muß sich dabei vor Augen halten, daß sich Deutsche und Dänen besonders seit der Mitte des 19. Jahrhunderts feindlich gegenüberstanden. Es gab Krieg, Haß und gegenseitige Diskriminierung, das Feuer des Nationalismus loderte kräftig an der deutsch-dänischen Grenze. Da ist es fürwahr ein gutes Zeichen, daß die Feinde von einst heute Hand in Hand zusammenarbeiten. So ist der deutsch-dänische Gemeinschaftsdeich nur ein Symbol von vielen für das gute Verhältnis an der Grenze, das heute die Beziehungen kennzeichnet. Während an anderer Stelle in der Welt sich Nachbarn gegenseitig mit brutaler Gewalt begegnen, haben Deutsche und Dänen friedlich zueinander gefunden, auch im Kampf gegen den „blanken Hans".

Vordeichung Nordstrander Bucht: der Beltringharder Koog

Die Vordeichung in der Nordstrander Bucht ist das größte Eindeichungsprojekt in der Umgebung der alten Insel Strand, die in der verheerenden Flut des Jahres 1634 auseinanderbrach. Der Name „Beltringharder Koog" erinnert an die Beltringharde im Norden der Insel. Sie lag zwar weiter westlich als der nach ihr benannte Koog, dennoch wird so die Erinnerung an das untergegangene Land wachgehalten.

Allerdings ging es nicht um die Wiedergewinnung untergegangenen Landes, sondern um den Schutz der Insel- und Halligsockel, die durch die immer breiter werdenden Wattströme angegriffen werden. Besonders deutlich kann man das Problem am Norderhever erkennen. Er verläuft heute in einem breiten Bett zwischen den Inseln Nordstrand und Pellworm an einer

Stelle, die vor gut 350 Jahren noch festes Land war. Nach der Zerschlagung der Insel Strand fraß sich dieser anfangs unbedeutende Tidefluß immer tiefer in das Wattenmeer. Und die Heverströme sind weiter in Bewegung: seit 1634 vertiefte sich der Strom zwischen Pellworm und Südfall von zwei auf 25 Meter und verbreiterte sich von einigen hundert Metern auf über zwei Kilometer! Die Eindeichung in der Nordstrander Bucht soll diese Entwicklung stoppen. Die Wassermenge, die bei jeder Tide ein- und ausfließt und die Wattströme anschwellen läßt, wird durch den Bau verkleinert. Das Flutvolumen des Norderhever verringert sich um etwa 40 Millionen Kubikmeter pro Tide – das senkt die Strömungsgeschwindigkeit des Wattstroms. Weitere Gründe für den Deichbau waren die Verkürzung der Seedeichlinie von 16,7 auf 8,9 Kilometer und die Schaffung zweiter Deichlinien in der Hattstedter Marsch und auf Nordstrand, wo die vorhandenen Deiche sonst dringend hätten erhöht und abgeflacht werden müssen. Um die problemlose Entwässerung des Arlau-Gebietes auch bei Sturmfluten sicherzustellen, wurde ein 470 Hektar großes Speicherbecken geschaffen. Die Entwässerung erfolgt über das Lüttmoor- und das Holmer Siel.

Aus den Sturmfluten der letzten Jahrzehnte errechneten die Deichbauer eine notwendige Deichhöhe von acht Metern über NN, dazu kommen einige Dezimeter „Sackmaß", die mit der Zeit durch Versackung verlorengehen und von vornherein mit eingeplant werden. Nach zahlreichen Diskussionen über verschiedene Lösungen einigte man sich schließlich darauf, eine 3300 Hektar große Fläche von der Südspitze des Sönke-Nissen-Kooges bis zur Nordspitze des Elisabeth-Sophien-Kooges auf Nordstrand einzudeichen. Um für die Natur einen Ausgleich zu schaffen, steht der weitaus größte Teil des neugewonnenen Landes unter Naturschutz.

Die Vorarbeiten begannen 1982, und nachdem das Oberverwaltungsgericht Lüneburg am 7. Mai 1983 den Baustopp aufgrund einer Klage gegen die Eindeichung abgewiesen hatte, konnte es im Sommer 1983 am südlichen Ende losgehen. Im folgenden Jahr waren der Nordteil südlich des Sönke-Nissen-Kooges und ein Transportdamm an der Reihe, es folgte 1986 der Mittelteil, der dann 1987 mit dem Nord- und dem Südabschnitt verbunden wurde. Diese Deichschlüsse waren das schwierigste Kapitel des Bauwerks, da man hier die tiefsten Priele

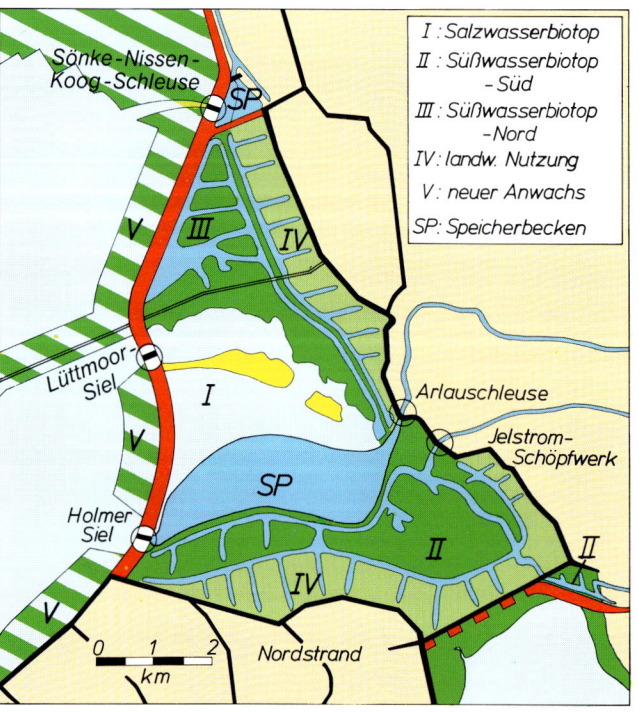

I : Salzwasserbiotop
II : Süßwasserbiotop -Süd
III : Süßwasserbiotop -Nord
IV : landw. Nutzung
V : neuer Anwachs
SP : Speicherbecken

Dieses Schema zeigt die Aufteilung des Beltringharder Kooges. Neben dem 470 Quadratmeter großen Speicherbecken (SP) ist er in vier Zonen unterteilt. In der Zone I (860 Hektar) wurde ein Salzwasserbiotop angelegt für salzwasserorientierte Lebewesen. In der II. Zone (755 Hektar) befindet sich ein Süßwasserbiotop, das aus der Binnenentwässerung gespeist wird. 350 Hektar groß sind die Grünflächen der Zone III, die Vögeln als Brut-, Rast- und Nahrungsplatz dienen. Die IV. Zone dient der landwirtschaftlichen Nutzung und hat eine Fläche von 910 Hektar. Außerhalb des Deiches soll mit Hilfe von Lahnungen neues Vorland gewonnen werden.

Kurz vor Deichschluß im Beltringharder Koog. Bald wird der Steindamm ganz geschlossen sein, auf seiner Grundlage entsteht der neue Deich.

Ein Luftbild des Beltringharder Kooges. Gut kann man die unterschiedlichen Zonen im neugewonnenen Land erkennen. Der jüngste Koog wird fast ausschließlich Naturschutzgebiet.

abdämmen mußte. Der nördliche Deichschluß am 8./9. April 1987 stellte das kleinere Problem dar, da die großen Vorlandflächen in seinem Bereich das Tidevolumen (ein- und ausströmendes Wasser bei jeder Tide) auf drei Millionen Kubikmeter begrenzten. Der Deichschluß Süd gestaltete sich da schon schwieriger: weniger Vorland und die Mündungen von Arlau und Jelstrom, die der Binnenentwässerung dienen, machten den Einsatz von 400000 Tonnen Steinen nötig. Einige Riesenbrocken wogen drei Tonnen! Am Abend des 26. Mai 1987 war es dann soweit: der neue Vordeich war geschlossen. Sand und Klei für den neuen Deich wurden im Watt und aus der neueingedeichten Fläche gewonnen. Auch bei diesem Vorhaben gab es kleinere Probleme durch Sturmfluten, so am 23. Juni 1984 und im Winter 1985/86. Zum Glück gab es in der zweiten Hälfte der achtziger Jahre keinen schweren Orkan mehr, so daß größere Schäden ausblieben.

Die Kosten für die Eindeichung wurden Ende 1981 mit 115 Millionen Mark veranschlagt. Am Ende kostete das Unternehmen nur etwa 111 Millionen – die Konkurrenz unter den Baufirmen drückte die Preise! Mit dem neuen Deich erhielten 8000 Menschen und 36000 Hektar Land den bestmöglichen Schutz.

Nicht zu trennen von der Eindeichung der Nordstrander Bucht ist, neben einer Deichverstärkung vor dem Sönke-Nissen-Koog, der geplante Dammbau vom Festland zur Insel Pellworm. Beide Maßnahmen wurden zusammen beschlossen, dennoch ist der 14,9 Kilometer lange Damm, der den Wasseraustausch zwischen dem Norderhever und der Süderaue unterbrechen soll, noch nicht gebaut. Dabei scheuen die verantwortlichen Stellen nicht nur die Kosten, sondern prüfen derzeit noch, welche Auswirkungen der Damm auf andere Teile des Wattenmeeres haben wird. Es drängt sich dem Beobachter der Eindruck auf, daß diese Frage eher ein politisches denn ein Küstenschutzproblem ist! Die Untersuchungen haben ergeben, daß der Damm nach Pellworm notwendig ist, um die

Vergrößerung der Wattströme zu unterbinden. Aber heute überlegt man sich es zweimal, ehe man massiv in die Natur eingreift. Küstenschutz und Naturschutz – in dieser Frage scheinen diese Standpunkte hart aufeinander zu treffen. Ein Ende ist nicht in Sicht. Es bleibt nur zu hoffen, daß die Sicherheit der Menschen im Küstengebiet bei den notwendigen Diskussionen an erster Stelle steht.

Sicherheit für Dagebüll und Fahretoft

Drei Abschnitte umfaßt eine Maßnahme südlich von Dagebüll, die mit der Deichverstärkung vor dem Dagebüller Koog 1991 ihren Abschluß fand. Sie betraf von der Krümmung bei der Dagebüller Jenswarft bis zum Anschluß an den Hauke-Haien-Koog am nördlichen Rand des Speicherbeckens insgesamt 5,8 Kilometer. Neben der Verstärkung vor dem Dagebüller (Länge: 1,7 Kilometer) und dem Osewoldter Koog (1,6 Kilometer) ist besonders die Deichbegradigung vor dem Fahretofter Koog hervorzuheben, die durch eine kleine Vordeichung von 2,5 Kilometern Länge erreicht wurde. Um die Kosten niedrig zu halten und um die Natur so wenig wie möglich zu belasten, blieb der Eingriff auf insgesamt 87 Hektar Wattfläche beschränkt. Die Oberste Landschaftspflegebehörde erhielt 1,68 Millionen Mark für Naturschutzmaßnahmen in den betroffenen Gebieten. Der alte Deich vor dem Fahretofter Koog war zu niedrig und steil – der neue Vordeich steigt sanft an und ist 7,80 Meter hoch. Durch die Deichbegradigung in den Jahren 1988/89 wurde gleichzeitig eine zweite Deichlinie geschaffen, so daß eine überflutungsgefährdete Fläche von 17800 Hektar mit 3100 Einwohnern nun optimal geschützt ist. Die Deichlinie ist nach der Vordeichung jetzt 250 Meter kürzer. Zum Teil verläuft das neue Bauwerk im Vorland, das mit Hilfe von Lahnungen gewonnen wurde. Kosten: 6,4 Millionen Mark, die das Land unter Beteiligung des Bundes aufbrachte.

Schon für diesen vergleichsweise kurzen Deich mußten große Mengen an Material bewegt werden: 900000 Kubikmeter Spülsand, 90000 m³ Klei, 15000 Quadratmeter Deckwerk und 10000 Tonnen Asphaltmaterial. Das eingedeichte Wattgebiet ist unbewohntes Naturschutzgebiet, in dem kleine Landzungen die Wasserbereiche unterbrechen.

Vor dem Osewoldter Koog wurde lediglich der Deich verstärkt. Da der Koog nur dünn besiedelt ist und im Mittel über dem Meeresspiegel liegt, mußte keine zweite Deichlinie geschaffen werden. Da ein gutes Wegenetz vorhanden ist, kann er bei einem drohenden Deichbruch schnell evakuiert werden.

Vor dem Dagebüller Koog, an dessen Westende die bei Einheimischen und Touristen bekannten Badebuden stehen, stand vor dem Ausbau ein alter, sehr steiler Deich von nur 5,97 bis 6,57 Metern – also bis zu 1,60 Metern unter

der im Generalplan geforderten Höhe! Besonders deutlich wurde die Schwäche des alten Deiches bei der Sturmflut im Januar 1990. Die Flut hatte bereits die Krone überspült, auf 800 Metern Länge war die Innenseite abgerutscht. Nur mit viel Glück und unter großen Anstrengungen der Einsatzkräfte konnte der „morsche" Bau gehalten werden. Der neue, in den Jahren 1990/91 errichtete Deich ist 7,60 Meter hoch und hat das bekannte flache Profil. Er kostete 4,6 Millionen Mark und schützt 400 Einwohner bzw. 910 Hektar Land.

Der südlich von Fahretoft gelegene Hauke-Haien-Koog wurde erst 1959 eingedeicht, so daß an dieser Stelle keine Erhöhung nötig war. Dann folgt der Ockholmer Koog, der im Jahre 1652 gewonnen worden war. Der alte Seedeich rückte ebenfalls im Rahmen eines Deichneubaus in die zweite

Dagebüll mit neuem Deich und der Mole im Hintergrund.

Zwei kleinere Vordeichungen südlich von Dagebüll: vor dem Fahretofter (oben) und dem Ockholmer Koog.

Reihe. Er war immerhin sieben Meter hoch, damit fehlte aber ein Meter zur geforderten Höhe von acht Metern. Ursprünglich sollte der neue Deich in 500 Metern Abstand zur alten Küstenlinie verlaufen, aber aus Gründen des Naturschutzes nahm man ihn auf 250–280 Meter zurück. Seine Gesamtlänge: 3,4 Kilometer, die Baukosten betrugen 8,5 Millionen Mark. Ausreichender Küstenschutz für 3100 Bewohner der dahinterliegenden Köge wurde so sichergestellt.

Bei diesen Vordeichungen und Deichverstärkungen wurden unterschiedliche Fußsicherungen gebaut: an den Stellen, wo die Bauwerke direkt dem Wattenmeer ausgesetzt sind, stabilisieren feste Steindeckwerke den Deichfuß, während bei vorhandenem Vorland ein besonders flaches Auslaufen der Außenseite ohne Fußsicherungen ausreicht.

Kleinere Maßnahmen

Neben den Großprojekten wurden auch an anderen Stellen in kleinerem Umfang Begradigungen der Deichlinie durchgeführt, so im Husumer Dockkoog, durch die Vordeichungen Finkhaushalligkoog, Uelvesbüller-Norderhever-Koog, Hillgroven-Heringsand und die Deichverkürzung Nordgroven nördlich von Büsum. Den Löwenanteil der durchgeführten Maßnahmen machten aber Verstärkungen und Abflachungen bestehender Deiche aus. Seit 1963 wurden insgesamt 314 Kilometer Deiche verstärkt bzw. nachverstärkt. Die Kosten betrugen etwa 1,5 Milliarden Mark.

Straßen am Deich

Während der 1962er Sturmflut wurden die Einsatzkräfte durch oftmals fehlende Deichverteidigungswege vor große Schwierigkeiten gestellt. Der Schutz bedrohter oder gebrochener Deiche wurde in vielen Fällen dadurch behindert, daß die Helfer kaum zu den gefährdeten Abschnitten vordringen konnten. Das schwere Gerät

blieb im Matsch stecken oder mußte sich über Felder zum Deich förmlich durchwühlen. Aus diesem Grunde wurden im Gefolge des Generalplans an der Westküste zwischen 1962 und 1985 229,2 Kilometer Deichverteidigungswege errichtet bzw. ausgebaut. Diese geteerten Wege hinter den Küstenschutzwerken verbessern die Chancen, bei einer Sturmflut bereits beschädigte Abschnitte schnell zu erreichen und gegen einen Deichbruch zu sichern. Sie haben in der Regel eine Breite von drei Metern und liegen rund zwei Meter über dem MThw.

Ebenfalls in das Kapitel „Straßen am Deich" gehören die sogenannten „Treibselabfuhrwege" an der Seeseite der Deiche. Sie erfüllen einen doppelten Zweck. Wie der Name schon sagt, können hier die Fahrzeuge des ALW entlangfahren und die vom Meer angespülten Treibsel aufnehmen. Weiter dienen sie als Wellenüberschlagsicherungen. Der Fuß eines Seedeiches wird in der Regel durch ein Betonoder Steindeckwerk verstärkt. Tägliches Spritzwasser würde die dahinterliegende Grasnarbe beschädigen, so daß hier Teerstreifen von etwa fünf Metern Breite angebracht werden, um Erosionsschäden zu vermeiden.

Ein besonderes Problem bilden die sandigen Küsten und Kliffs an der Westküste, so vor St. Peter und auf den Inseln Amrum (Westküste) und Föhr (Südstrand zwischen Utersum und Wyk). Ein kleiner Streifen bei Schobüll ist der einzige Abschnitt an der Westküste, der nicht durch einen Deich geschützt zu werden braucht. Der Löwenanteil findet sich aber auf Sylt. Insgesamt gibt es an der schleswig-holsteinischen Westküste 115 Kilometer sandige Küsten (davon allein 76 Kilometer auf Sylt), wovon 49 Kilometer Steilküsten sind. Hier versuchten die verantwortlichen Stellen, durch den Einsatz von Buhnen und Tetrapodenwerken den Sturmflutschutz zu verbessern – nicht immer mit dem erwünschten Erfolg. Seit 1972 wird auf Sylt Sand vorgespült.

Oben: Profil einer Wellenüberschlagsicherung an der Seeseite eines Deiches, auch Treibselabfuhrweg genannt.
Unten: Regelprofil eines Deichverteidigungsweges an der Deich-Rückseite.

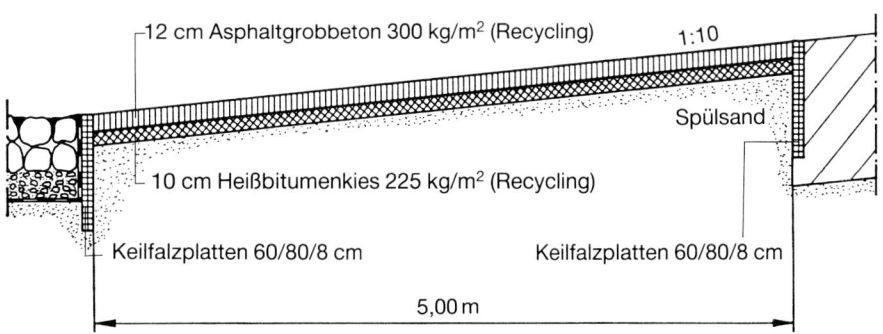

12 cm Asphaltgrobbeton 300 kg/m² (Recycling) 1:10
Spülsand
10 cm Heißbitumenkies 225 kg/m² (Recycling)
Keilfalzplatten 60/80/8 cm   Keilfalzplatten 60/80/8 cm
5,00 m

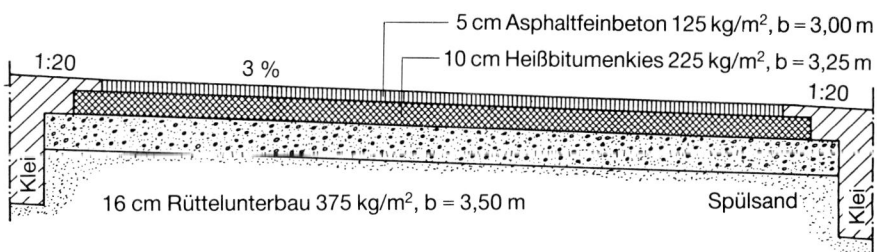

1:20   3 %   5 cm Asphaltfeinbeton 125 kg/m², b = 3,00 m
10 cm Heißbitumenkies 225 kg/m², b = 3,25 m
1:20
Klei   16 cm Rüttelunterbau 375 kg/m², b = 3,50 m   Spülsand   Klei

111

Bedrohte Halligsockel

Ein besonderes Augenmerk galt den Halligen. Sie sind am meisten den Schwankungen im nordfriesischen Wattenmeer ausgeliefert. Das Watt und die Halligen sind nicht stabil, sondern ständig in Bewegung. Wichtig für den Küstenschutz ist ihre Wirkung als natürliche Wellenbrecher. Den Menschen, die auf den Halligen leben, muß ihre Heimat erhalten werden, zudem pflegen sie das Land oder sind im Küstenschutz tätig. Um ihre Häuser sicherer zu machen, werden die Warften abgeflacht und erhöht. Durch den Einbau sturmflutsicherer Räume unter dem Dachboden schafft man den Bewohnern einen Zufluchtsort, wenn die Flut die Häuser bedroht. Diese Dachräume ruhen auf tief in den Boden vergrabenen, starken Pfeilern und bleiben selbst noch dann stehen, wenn der Rest des Hauses bei einer Sturmflut zerstört wird.

Das Wattenmeer setzt sich aus kleinen Landsockeln und Wattflächen zusammen, die von teilweise sehr breiten und tiefen Prielen umflossen werden. Bei jeder Tide transportieren sie große Mengen Material und wirken quasi wie Sandpapier an den Insel- und Halligrändern. Vor den Festlandsdeichen lagert sich dabei Material ab, die großen Wattflächen bleiben im wesentlichen stabil, während die großen Wattströme immer tiefer und breiter werden. So fließt heute der Norderhever zwischen den beiden Inseln Nordstrand und Pellworm hindurch – Anfang des 17. Jahrhunderts war dort noch festes Land! Dieser mächtige Prielstrom ist wesentlich für das Auseinanderbrechen der alten Insel Strand im Jahre 1634 verantwortlich. Ein weiteres Beispiel für die dramatischen Veränderungen ist der Verbindungspriel, der die Süderaue und den Norderhever westlich der Hamburger Hallig verbindet: innerhalb von nur 60 Jahren vertiefte er sich von zwei auf 12 Meter! Diesen Übergang soll der geplante Damm vom Festland zur Insel Pellworm schließen.

Diese mächtigen Ströme nagen bei jeder Tide an den Halligsockeln und stellen eine starke Bedrohung dar. Nicht nur bei Sturmfluten, bei jeder Tide werden die kleinen Inseln angegriffen. Mitte des 17. Jahrhunderts hatten die Halligen noch eine Fläche

Schematische Darstellung eines Fluchtraumes auf der Hallig. Selbst wenn bei einer Sturmflut der Rest des Hauses wegbricht, sind die Bewohner hier sicher.

von 10000 Hektar, heute bedecken sie noch 2200 Hektar. Allein die Hallig Südfall verkleinerte sich zwischen 1876 und 1979 von 119 auf 56 Hektar. Die Vordeichung der Nordstrander Bucht und der Damm nach Pellworm sollen diese Entwicklung stoppen und die Halligen sichern.

Doch nicht nur die Halligsockel sind bedroht, durch die immer höher auflaufenden Fluten geraten auch die Warften, auf denen die Hallighäuser stehen, in Gefahr. Sie sind nicht hoch genug und haben wie die alten Deiche den Nachteil, daß sie zu steil ansteigen. Deshalb werden sie seit 1973 erhöht und abgeflacht. Diese Arbeiten kommen, besonders wegen fehlender finanzieller Mittel, nur langsam voran. Insgesamt gibt es 39 Warften im Nord-

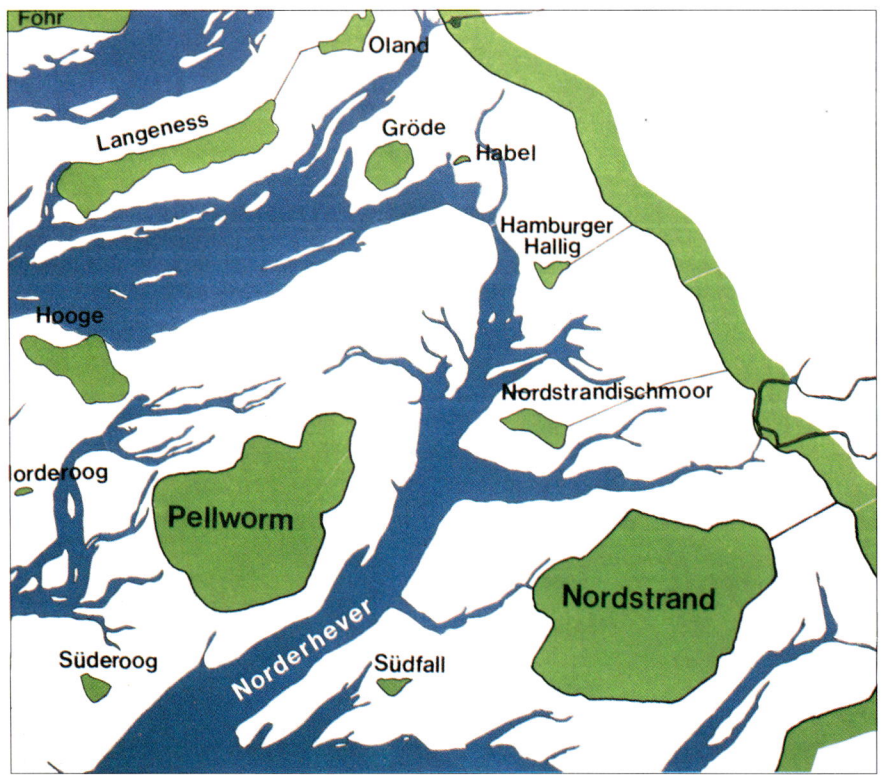

Die Wattströme im Bereich Pellworm/ Nordstrand.

Landunter auf Hallig Gröde am 4. Januar 1984.

friesischen Wattenmeer. Sie haben in der Regel eine Höhe von 4,65 Metern über NN. Im Zuge der Warftensicherung werden sie auf 5,20–5,60 Meter erhöht und auf eine Böschungsneigung von 1:6 bis 1:8 abgeflacht. Mit einem Aufwand von 17,1 Millionen Mark wurden bis zum 31. 12. 1993 18 Warften auf das rechte Maß gebracht. Es fehlen noch 21, dafür planen die Wasserbauer noch einmal 32 Millionen ein. Die Halligbewohner hoffen, daß die verantwortlichen Stellen hier etwas mehr aufs Tempo drücken – schließlich steht ihnen bei jeder Sturmflut das Wasser an der Türkante!

Das Vorland – wertvoller Partner beim Küstenschutz

Zusätzlich zur Deicherhöhung und -abflachung wird dem Deichvorland eine wichtige Rolle zugewiesen. Ein breites Vorland kann bereits den Seegang dämpfen und so die Schutzwerke entlasten. Ist ein mindestens 400 Meter breiter Vorlandstreifen vorhanden, so kann man den Deich – je nach den örtlichen Gegebenheiten – zwischen 40 Zentimetern und 1,2 Metern flacher errichten. Angesichts der wachsenden Größe der Deiche dient das Vorland auch zur Kleientnahme bei Verstärkungen oder Ausbesserungen, weiter schafft man Flächen für die „tierischen" Deichpfleger, die Schafe. Schließlich entstehen bei der Vorlandgewinnung wertvolle Biotope, in denen zahlreiche Vogelarten brüten, rasten oder Nahrung aufnehmen.

Wie wird das wichtige Deichvorland gewonnen? Der Landverlust (Erosion) an der einen und die Ablagerung von Material (Sedimentation) an der anderen Stelle sind natürliche Vorgänge – so entstand die Marschlandschaft an der Küste. Je nach den örtlichen Gegebenheiten gibt es Sedimentations- und Erosionsflächen, so daß das Wattenmeer ständig in Bewegung ist. Bei jeder Tide werden im schleswig-holsteinischen Wattenmeer 6 Milliarden Kubikmeter Wasser umgesetzt, bei Sturmfluten kann es die doppelte Menge werden. Das Tidewasser transportiert täglich etwa 200000 Tonnen an Schwebestoffen, die sich ablagern und im günstigen Fall neues Land aufbauen. Ein Beispiel ist die Sylter Westküste: das Material, das am Kliff und an den Dünen abbricht, lagert sich an den Inselenden und an den Nachbarinseln ab. Auf Amrum beispielsweise sind Sandvorspülungen deshalb nicht nötig, weil hier ständig Sand von Sylt angetrieben wird. Man könnte fast sagen, daß die dortigen Vorspü-

Das Vorland vor dem Tümlauer Koog/ Eiderstedt. Im Hintergrund ist der bekannte Leuchtturm Westerhever zu sehen.

lungen indirekt auch Vorspülungen für Amrum sind.

Zwischen jedem Wechsel von Flut zu Ebbe gibt es eine etwa einstündige Strömungsruhe. In dieser Zeit können sich die Schwebeteilchen in sogenannten Stillwasserzonen (Buchten, Rinnen oder Gräben) ablagern. Muscheln bilden kleinste Teilchen. Bei der Nahrungsaufnahme sieben sie das Wasser durch und scheiden die unverdaulichen Teilchen als Kotpillen wieder aus, die vergleichsweise schwer sind und auf den Boden sinken. Jährlich binden sie auf diese Weise die ungeheure Menge von mehreren Millionen Tonnen Sediment! Oft werden die

Ablagerungen bei der nächsten Flut wieder weggespült, doch unter bestimmten Bedingungen bleiben sie liegen und wachsen weiter an – dann spricht man von Aufschlickung bzw. Anlandung. Ist das Watt bis auf 50–30 Zentimeter unter MThw angewachsen, siedeln sich die ersten Pflanzen an, die das junge Land stabilisieren und weitere Ablagerungen fördern. Queller und Schlickgras gelten als „Pioniere" der Landgewinnung, sie treten zunächst vereinzelt auf und wachsen mehr und mehr zusammen.

Nun setzt die langsame Vorlandgewinnung ein. Der Anwachs ist je nach den natürlichen Gegebenheiten unterschiedlich: am Hindenburgdamm beispielsweise wächst das Vorland um bis zu 30 Zentimeter pro Jahr, an anderen Stellen bleibt es bei einem Zentimeter. Nach mehreren Jahren wird die Linie

des MThw überschritten. Der Salzgehalt sinkt, aus dem Watt wird Marschenboden, der von Salzwiesenpflanzen besiedelt wird. Bald können Schafe das neue Land bevölkern und die Grasnarbe kurzhalten.

Durch die Anlage von Lahnungsfeldern versucht der Mensch, Anlandungen gezielt zu fördern. Parallel zur Küstenlinie wird ein Netz aus Längs- und Querlahnungen errichtet, die die Strömung abbremsen. Das Wasser fließt langsamer in die Lahnungsfelder herein und wieder heraus, dadurch vermindert sich die Erosion, und die Ablagerung von Schwebeteilchen wird erleichtert. Die Entwässerung erfolgt über dafür angelegte Gräben, die von Zeit zu Zeit freigebaggert werden müssen. Das dabei geförderte Material wird neben den Gräben aufgehäuft, wodurch sich neue Hügel bilden, die immer höher und breiter werden. Auch bei den Lahnungsfeldern läßt sich kein Durchschnittswert für die erreichte Erhöhung des Vorlandes angeben, je nach Ort sind es nur Zentimeter oder auch einige Dezimeter pro Jahr.

Am häufigsten findet man Buschlahnungen vor den Deichen. Das Gerüst bilden Holzpfähle mit einer Länge von bis zu 2,50 Metern, die in Zweierreihen in den Wattboden gerammt werden. Der Raum zwischen den Reihen wird mit Stroh und Buschwerk ausgefüllt, verzinkter Eisendraht hält diese Pakete zusammen. Auch die Anlage dieser Landgewinnungsfelder trägt nur langsam Früchte, zudem müssen sie aufwendig unterhalten werden. Dafür bedeuten Lahnungsfelder nur einen geringen Eingriff in die Natur: ohne große Bauwerke können so die natürlichen Anlandungsprozesse im Watt ausgenutzt werden. Eine Zeitlang versuchte man es mit Plastiklahnungen aus PVC, die das Buschwerk ersetzen. Sie konnten sich wegen ihrer geringen Haltbarkeit aber nicht durchsetzen. In seltenen Fällen wurden Betonlahnungen errichtet, wenn die Erosionsvorgänge Buschlahnungen schnell wieder zerstört hätten. Man kann sie besonders an der ostfriesischen Küste finden. Sie bedeuten allerdings einen schwereren Eingriff in das Ökosystem Watt und werden daher höchst ungern verwendet.

Pflege der Deiche

Zum Schutze der Grasnarbe müssen die Deiche nach jeder höheren Flut von sogenannten Treibseln gereinigt werden. Das Meer spült Zweige, Tangreste, Plastikkanister und noch manch anderen Müll an, der sich auf der Deichböschung ablagert. Diese Anlandungen müssen weggeräumt werden, weil sonst die darunterliegende Grasnarbe erstickt – anbrandende Wellen und tierische Schädlinge (besonders Mäuse) haben dann leichtes Spiel. Schnell ist ein Deich weniger haltbar und bei der nächsten Flut besonders gefährdet. Wenn man am Fuße eines Deiches entlanggeht, scheint es sich nicht um große Mengen zu handeln – ein Irrtum! Allein im Bereich des ALW Husum fällt jährlich bis zu 40000 Kubikmeter „Müll der Nordsee" an, das sind rund 200 Kubikmeter pro Kilometer Landesschutzdeich; bei besonders hohen Fluten auch das Doppelte. Von dieser Menge sind 2000 Kubikmeter unverrottbare Kunststoffteile, die auf die Mülldeponie gebracht werden müssen. Der Rest wurde von den Mitarbeitern der ÄLW bisher vergraben. Aktuell ist ein Streit in Schleswig-Holstein zu diesem Thema. Das Umweltministerium will den organischen Abfall kompostieren lassen – die Treibselbeseitigung würde noch teurer werden, allein der Transport kostete 4 Millionen Mark. Dagegen ist das Landwirtschaftsministerium, das die bisherige Lösung für ausreichend hält. Es wäre wirklich an der Zeit, denen, die den Müll in die See werfen, einmal zu zeigen, was sie anrichten!

Einbau von Lahnungen mit Hilfe eines Baggers. Mit Hilfe von Lahnungen wird fast an der gesamten Westküste Vorland gewonnen.

Das Einsammeln der angetriebenen Treibsel ist ein mühsames und teures Unterfangen, das etwa 2500 Mark pro Jahr und Deichkilometer verschlingt – das sind zusammen 725 000 Mark für die gesamte schleswig-holsteinische Westküste, die Deponiekosten noch nicht einmal eingerechnet! Durch die Anlage der Treibselabfuhrwege am Deichfuß wird das Einsammeln erleichtert, die Grasnarbe bleibt durch die schweren Fahrzeuge verschont. Diese Stein- oder Asphaltwege stärken gleichzeitig die Seeseite des Deiches und wurden, wenn noch nicht vorhanden, an zahlreichen Deichabschnitten gebaut.

Neben den praktischen Maßnahmen wurden die Landesschutzdeiche durch eine Änderung des Landeswassergesetzes am 1. 1. 1971 vom Land übernommen. Sie wurden damit aus der Obhut der Wasser- und Bodenverbände entlassen, da die Lasten für die Unterhaltung nicht länger der Landwirtschaft zugemutet werden sollten. Spätestens durch diese rechtliche Änderung wird die nationale Bedeutung des Küstenschutzes deutlich.

Teichrose. Diese seltene Pflanze findet sich in den Naturschutzgebieten an der Nordsee.

Küstenschutz und Umweltschutz

In den Jahren nach dem Zweiten Weltkrieg wuchs das Bewußtsein, daß es Küstenschutz nicht mehr um jeden Preis geben konnte. Eingriffe in das Wattenmeer, ein äußerst sensibler Naturraum mit einem bemerkenswerten Artenspektrum, sollten vermieden werden, wenn es ging. Bei den notwendigen Küstenschutzmaßnahmen wurde auf dieses Problem Rücksicht genommen und unter sorgfältiger Abwägung die jeweiligen Interessen berücksichtigt. Beispiele dafür sind die Erhaltung und die Erweiterung des grünen Vorlandes, eine Beschränkung von Asphalt- und Steinwerken auf das nötigste sowie das Belassen der sandigen Küsten. Vordeichungen wurden nur dann durchgeführt, wenn sie für den Schutz des Landes und der Menschen notwendig waren, dabei wurden in mehreren Fällen Ausgleichszonen eingerichtet oder neue Biotope geschaffen. Man denke nur an das Speicherbecken des Hauke-Haien-Kooges: dieses Vogelschutzgebiet von etwa 540 Hektar Größe nutzen 150 verschiedene Vogelarten zum Brüten, Rasten und zur Nahrungsaufnahme. Seevögel wie Säbelschnäbler, Regenpfeifer und Seeschwalben können hier teilweise aus nächster Nähe beobachtet werden. Insgesamt halten sich im schleswig-holsteinischen Wat-

Austernfischer im Beltringharder Koog. Er hat sich einen neuen Futterplatz suchen müssen. Dafür wird seine Brut im neuen Salzwasserbiotop nicht mehr durch „Land unter" zerstört.

tenmeer während des Sommers etwa 1 bis 1,5 Millionen Seevögel auf, für einige Arten ist es eines der wichtigsten Brutgebiete an der Westküste.

Um den Schutz der einzigartigen Nordseewatten zu verbessern, wurde 1985 der „Nationalpark Schleswig-Holsteinisches Wattenmeer" gegründet, an den sich der Nationalpark an der niedersächsischen Küste anschließt. Mit einer Fläche von 285 000 Hektar ist er der größte der deutschen Nationalparks und neben den Hochalpen die einzige weitgehend naturbelassene Großlandschaft Europas. Das Nationalparkgesetz vom 22. Juli 1985 versucht, die gewerbliche Nutzung (besonders Fremdenverkehr, Fischerei und Landwirtschaft), den Küstenschutz und einen möglichst uneingeschränkten Naturschutz miteinander zu verbinden. Dafür wurde der Park in drei Zonen eingeteilt: am strengsten fallen die Regelungen für die Zone I aus. Sie umfaßt die Seehundbänke, bedrohte Vogel-Brutkolonien, Mauserplätze durchziehender Vögel und wichtige Nahrungsplätze. Hinzu kommen geologisch wertvolle Gebiete wie die großen Außensände westlich von Hooge und Pellworm sowie unberührte Priellandschaften bei St. Peter-Böhl und Föhr. Wattwanderer haben hier keinen Zutritt. Die II. Zone ist sozusagen ein Puffer für diese empfindlichsten Bereiche, in ihr ist eine naturverträgliche Nutzung gestattet. Alle übrigen Bereiche fallen in die Zone III, die uneingeschränkt betreten und von Schiffen befahren werden darf. Ein Zankapfel ist seit Jahren die Erdölförderung vor Trischen, die eigentlich in diesem sensiblen Naturbereich nichts zu suchen hat. Wegen bestehender Verträge ist sie aber weiterhin gestattet.

Küstenschutz und Versorgungsmaßnahmen bleiben weiter uneingeschränkt erlaubt. Die verantwortlichen Stellen versuchen aber, die Belastungen für die Natur so gering wie möglich zu halten. Vordeichungen wurden zurückgenommen, um Wattgebiete zu schützen, so z. B. in der Nordstrander Bucht. Die im Watt eingesetzten Spülbagger, die den Sand für den Deichbau liefern, werden heute mit umweltverträglichen Schmiermitteln und Hydraulikölen ausgerüstet – falls trotz aller Vorsicht doch etwas ins Watt läuft. Dennoch bleibt die Sicherheit der Küstenbewohner das höchste Gut, unbedingt notwendige Sicherungen müssen durchgeführt werden. Das letzte Großprojekt im Rahmen des

Generalplans, der Sicherungsdamm von Pellworm zum Festland, wird nicht zuletzt wegen der Naturschutz-Bedenken immer noch geprüft. Zweifelsohne hätte sein Bau Folgen für das Naturparadies Wattenmeer, dennoch wird er gebaut werden müssen, um die bedrohten Halligen zu erhalten.

Karte des Nationalparks Schleswig-Holsteinisches Wattenmeer. Er reicht von der dänischen Grenze bis zur Elbe und umfaßt drei Zonen mit unterschiedlichen Schutzbestimmungen. Das Nationalparkamt hat seinen Sitz in Tönning.

Ein asphaltierter Deich an der Elbe. Aus Gründen des Umweltschutzes werden Asphalt-Deiche nur in Ausnahmefällen gebaut.

Hochwasserschutz in Hamburg nach 1962

100 Kilometer lang ist der Mündungstrichter der Elbe, der in Hamburg beginnt. Bei Blankenese hat der Fluß eine Breite von 2,5 Kilometern, am Übergang in die Nordsee bei Cuxhaven sind es 15 Kilometer. Ausgerechnet Hamburg, die Millionenstadt fern der Nordsee, erwischte es bei der schweren Sturmflut am 16./17. Februar 1962 am schlimmsten. Nach der Hollandflut des Jahres 1953 waren die Deichstrecken zwar überprüft und auf einer Länge von rund 30 Kilometern auch verstärkt worden. Aber erst ab 1963 wollte man mit Investitionen von 15 Millionen Mark die Deiche auf 6,50 Meter Höhe bringen – 315 Hamburger mußten dieses Zögern mit dem Leben bezahlen! Das Wasser lief 32 Stunden lang um 46 Zentimeter höher als bei der letzten Katastrophenflut im Jahre 1825 auf – zuviel für die alten, völlig unzureichenden Küstenschutzanlagen! 220 Millionen Kubikmeter Wasser ergossen sich in die Stadt, ein Sechstel Hamburgs wurde überflutet.

Nach dem Schock von 1962 wurden die Schutzanlagen in Hamburg vollkommen überarbeitet. Als neue Deichhöhe wurden 7,20 Meter festgelegt, an besonders gefährdeten Abschnitten sogar bis zu 9 Meter, so an der Westabdämmung der Alten Süderelbe. Die neue Linie des Hochwasserschutzes ist 100 Kilometer lang, davon sind 65 Kilometer „grüne" Deiche, 9 Kilometer Deiche mit Asphaltdecke und 26 Kilometer Schutzwände. Herausragende Einzelbauwerke sind sechs Sperrwerke, sechs Schleusen, elf Schöpfwerke, 20 Deichsiele und zahlreiche Sperrtore. Insgesamt wurden in Hamburg zwischen 1962 und 1987 780 Millionen Mark für Hochwasserschutz und Entwässerung investiert, davon allein 90 Millionen für Grunderwerb und Entschädigungen.

Vier geschlossene Hauptdeichlinien stellen den Hochwasserschutz in Hamburg sicher: das Nordufer der Elbe, der Wilhelmsburger Ringdeich, der Veddeler Ringdeich und das Elbe-Südufer. Herausragendes Sperrwerk ist neben dem an der Alten Süderelbe die Abdämmung der Billwerder Bucht. Die Deichlinie wurde durch diese Maßnahme um 18 Kilometer verkürzt und die Deiche an der Bille in die zweite Linie gerückt.

Die erste Großmaßnahme direkt nach der 1962er Flut war aber die Abdämmung der Alten Süderelbe. Zwei Wochen danach begannen die Arbeiten, Dammschluß war am 15. April desselben Jahres. An dieser Stelle erhielt der Deich mit neun Metern die größte Höhe in ganz Hamburg, da am Ufer des Mühlenberger Loches besonders ungünstige Windbedingungen herrschen. Auch die bisher tideoffenen Alstermündungen des Nikolai- und des Herrengrabenfleets erhielten Sperrwerke. Das Alsterfleet, der wichtigste Schiffahrtsweg zwischen Alster und Elbe, wurde mit einer Schleuse gesichert und zusätzlich mit einem Schöpfwerk ausgestattet, womit Überschwemmungen der Innenstadt bei Alsterhochwasser vermieden werden. Das Schöpfwerk mit seinen drei Pumpen kann 12 Kubikmeter Wasser pro Sekunde umpumpen, wenn in der Innenstadt Überschwemmungen drohen. Die Schleuse verfügt über zwei Kammern mit 7,20 Meter Breite und 39 Metern Länge. Drehsegmenttore sichern die Durchgänge, sie werden bei Hochwasser verschlossen. Zur Sicherheit wurden auf der Elbseite noch Stemmtore eingebaut.

Die ein Stück nach Westen verlegte Mündung der Este ist heute ebenfalls durch ein Sperrwerk abgedämmt. Dessen zwei Stemmtorpaare werden bei hohen Sturmfluten geschlossen.

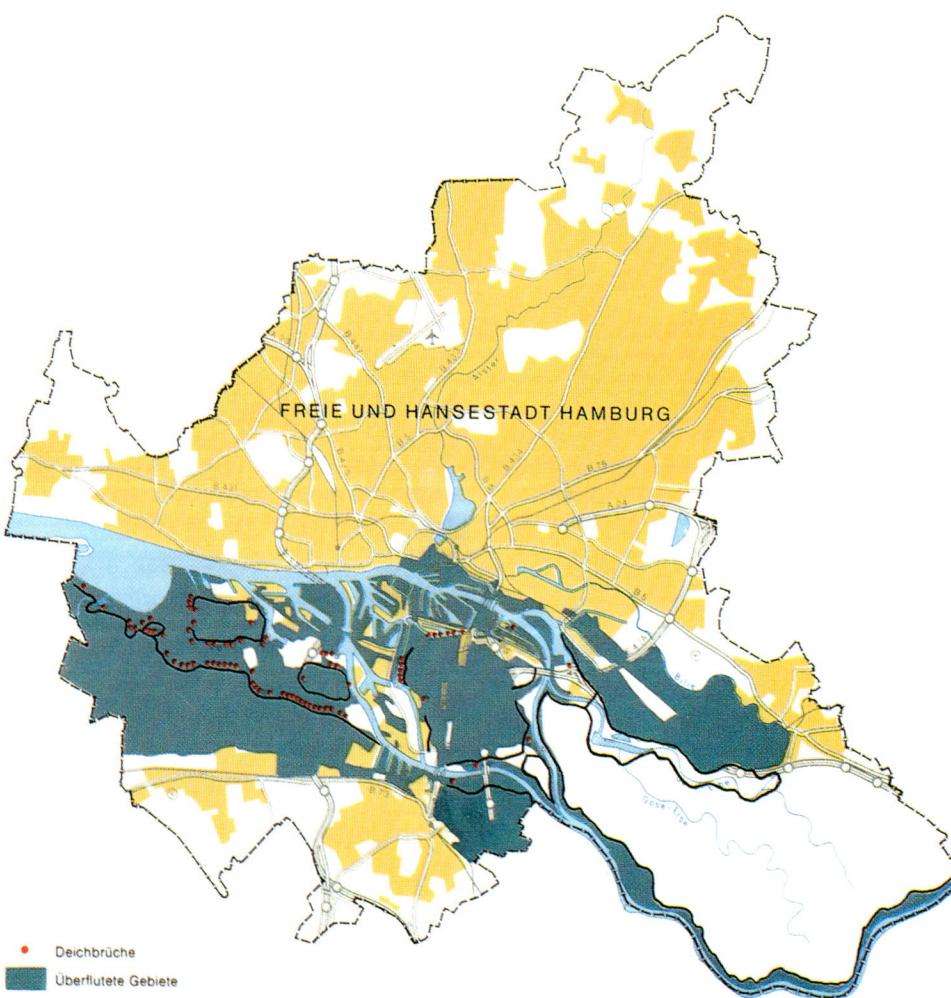

Überflutete Gebiete in Hamburg während der Sturmflut am 16./17. Februar 1962.

Deichbrüche

Überflutete Gebiete

Das Sperrwerk Bill-
werder Bucht, das im
Herbst 1966 in Be-
trieb genommen
wurde und 14 Millio-
nen Mark kostete. Es
hat zwei 34 Meter
breite Schiffsöffnun-
gen sowie zwei Sei-
tenöffnungen von je
30 Metern Breite.
Mit Hilfe großer
Klappverschlüsse
kann die Billeniede-
rung bei hohen Was-
serständen ver-
schlossen werden.

Mit dem kombinier-
ten Schleusen- und
Schöpfwerk an der
Schaartorbrücke
kann das Alsterfleet
bei Bedarf verriegelt
werden. Es wurde
1967 fertiggestellt.
Kosten: 12 Millionen
Mark.

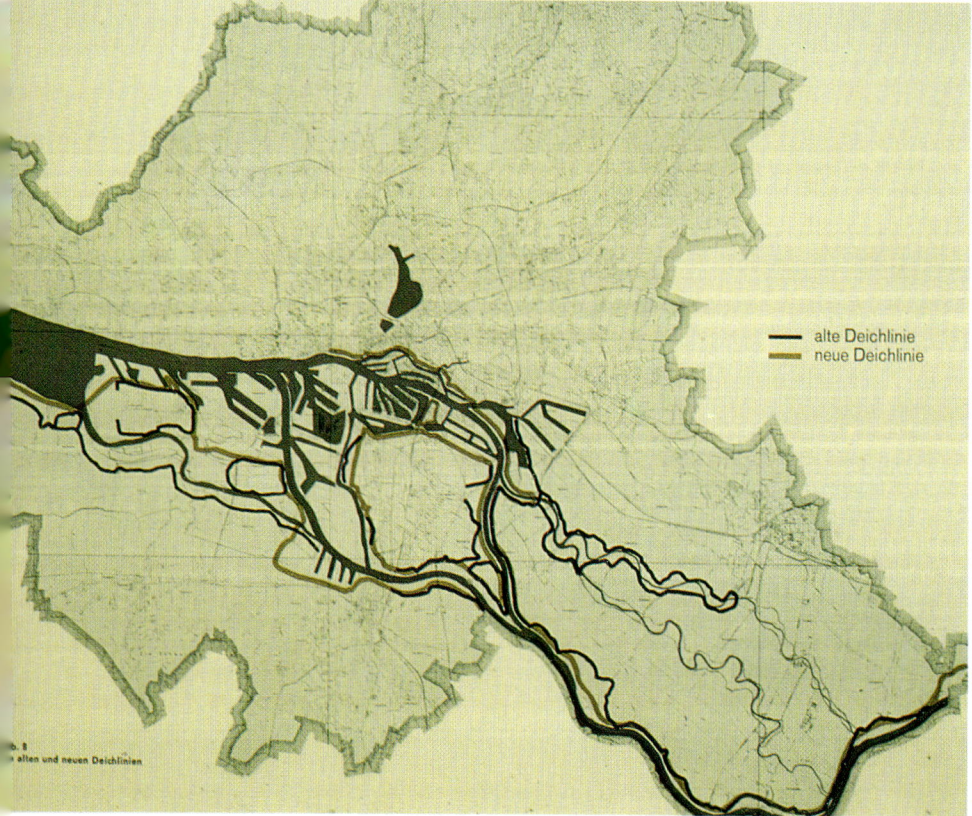

Die Elbdeiche Wilhelmsburg/Moorwerder
aus der Luft.

alte Deichlinie
neue Deichlinie

Veränderung der Deichlinie in Hamburg
nach der Februarflut 1962.

Baukosten mit Este-Verlegung: 12 Millionen Mark. In Hafennähe wurden die Ufermauern teilweise erhöht. An mehreren Stellen wurden sie zur Uferpromenade umgestaltet, so im Zuge der Begradigung der Uferlinie am Niederhafen, am Zollkanal und am St. Pauli-Fischmarkt.

In Wilhelmsburg waren bei der 1962er Flut die meisten Opfer zu beklagen. Heute wird dieser dichtbesiedelte Stadtteil mit seinen zahlreichen Industriebetrieben durch einen Ringdeich geschützt. Auch der Schutz der Verkehrsanlagen ist nicht zu vergessen: bei der Flutkatastrophe war Hamburg von der Außenwelt abgeschnitten und der Wilhelmsburger Bahnhof lahmgelegt. Das Seehafen-Industriegebiet erhielt erst 1976 einen privaten Hochwasserschutz.

Die meisten der 60 Deichbrüche in Hamburg passierten 1962 an der Alten Süderelbe zwischen Moorburg und Neuenfelde. Die völlig zerschlagenen Küstenschutzanlagen konnten nicht schnell wiederhergestellt werden, so daß man sich zur Verschiebung der Deichlinie entschloß. Altenwerder und Finkenwerder eingeschlossen verläuft diese Linie jetzt an der Unterelbe.

Wasserstände am Pegel St. Pauli
(über NN)

17. 2. 1962	5,70 Meter
3. 1. 1976	6,45 Meter
24. 11. 1981	5,81 Meter
28. 2. 1990	5,75 Meter
23. 1. 1993	5,75 Meter
28. 1. 1994	6,02 Meter

Neben den Maßnahmen der öffentlichen Hand leisten private Schutzbauten einen wichtigen Beitrag. Auch in den tideoffenen Hafengebieten sowie in den westlich von Altona liegenden Wohngebieten richteten die Sturmfluten 1962, 1973 und 1976 großen Sachschaden an. Die Hafenwirtschaft drängte auf einen ähnlich guten Hochwasserschutz wie in den anderen Gebieten, zumal Hamburgs Ruf als sicherer Hafen in Gefahr geriet. Der Senat der Hansestadt beschloß daraufhin am 1. Juni 1976 das „Rahmenkonzept für die Verbesserung des Sturmflut-

schutzes in Hamburg". Dieses Konzept sah Zuschüsse von 75% bei der privaten Errichtung von Hochwasserschutzbauten für Gewerbe- und Industriebetriebe und 50% bei Wohngrundstücken vor. Die Geländeaufhöhung, ähnlich der Warften auf den nordfriesischen Halligen, die Errichtung von Hochwasserschutzwänden um ein oder mehrere Gebäude (Polder) und Maßnahmen zur Vermeidung von Wasserschäden wurden von öffentlicher Seite unterstützt. Zwischen 1976 und 1983 entstanden so 60 Polder im Hafengebiet. Meist hatten sich mehrere Betriebe zusammengeschlossen, um den Hochwasserschutz gemeinsam sicherzustellen. Auch die Wohngebiete Neumühlen und Teufelsbrück sind inzwischen zu Poldern ausgebaut. Im Hafen kommen noch 100 Kilometer Schutzwände und Deiche, Warften sowie vier Sperrwerke hinzu: Müggenberger Durchfahrt, Marktkanal, Peutekanal und Müggenburger Schleuse sind ihre Standorte. Die Gesamtkosten der nach 1976 errichteten privaten Schutzanlagen liegen bei 850 Millionen Mark, an denen sich der Bund mit 170 Millionen beteiligte.

Doch nicht nur die Elbe und ihre Nebenflüsse müssen beachtet werden, auch eine funktionierende Be- und Entwässerung der Elbmarschen ist wichtig, um Überschwemmungen zu vermeiden. Daher wurden neben den zahlreichen Bauten zum Hochwasserschutz auch 20 Deichsiele, 11 Schöpfwerke und viele Kilometer Entwässerungsgräben eingerichtet. Allein in Wilhelmsburg gibt es drei größere Entwässerungsgebiete, die einzeln geregelt werden mußten. Ein Beispiel ist das Schöpfwerk Kuckuckshorn am Kükenbrack, das zusammen mit einer anderen Schleuse sowie zwei Sperrwerken den Westen des Stadtteils entwässert. Es wurde zwischen 1972 und 1977 errichtet und kostete 12 Millionen Mark. Im Süderelbegebiet (Moorburg, Hohenwisch, Francop) wurde für den Obstanbau das Entwässerungssystem in den Jahren 1966–68 grundlegend umgestellt. Im Zentrum steht das Schöpfwerk Hohenwisch am Schleusenfleet, erbaut 1962–64. Es

Flutschutzmauer im Hamburger Hafen. Heute gibt es 60 Polder im Hafen, die durch solche Mauern geschützt werden.

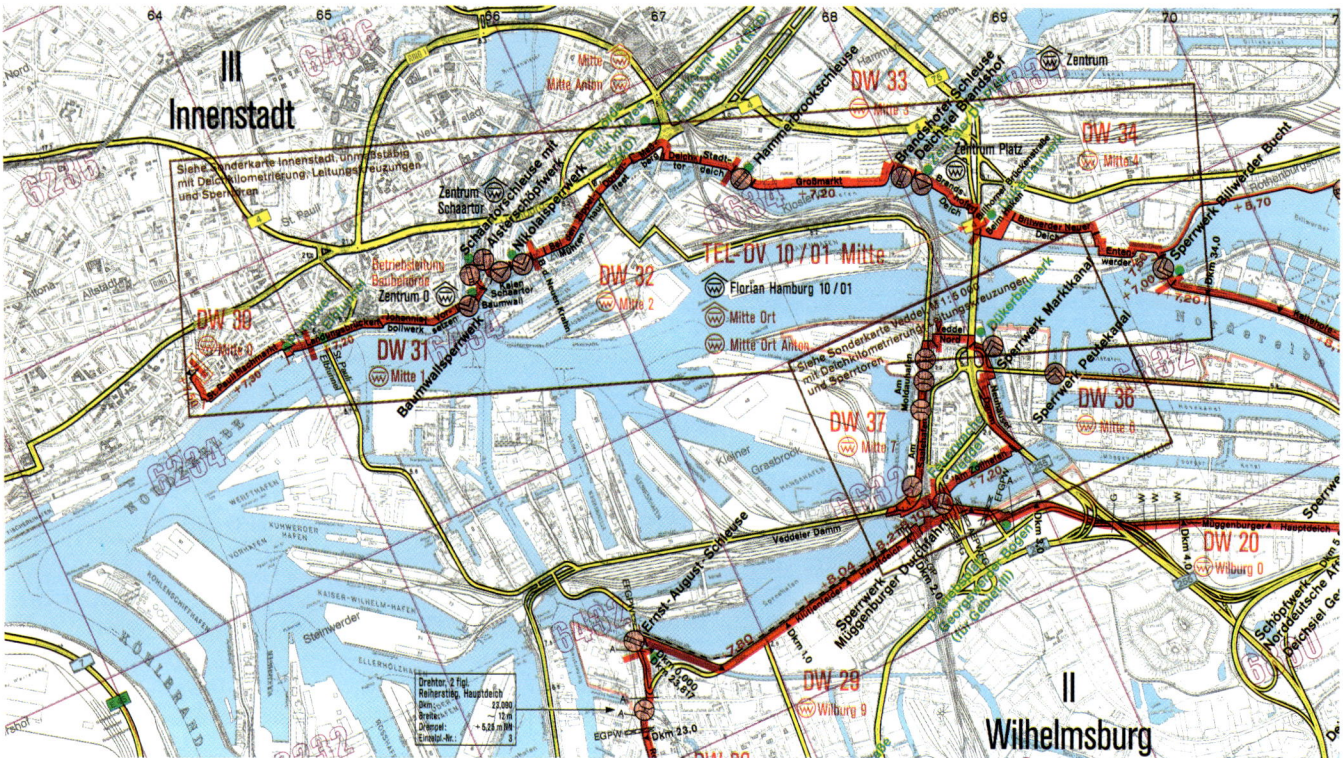

Ein Ausschnitt aus der Karte mit den Hochwasserschutzanlagen in Hamburg.

enthält zwei Pumpen mit einer Leistung von jeweils fünf Kubikmetern pro Sekunde. Eine weitere Laufpumpe schafft 1,6 Kubikmeter. Baukosten: 3,2 Millionen Mark.

Wie die Schutzanlagen an der schleswig-holsteinischen Westküste müssen auch jene in Hamburg ständig überwacht und unterhalten werden. In der Hansestadt sind dafür neben der Bau- und der Wirtschaftsbehörde (Hafen) die Bezirksämter Harburg und Bergedorf (für die Vier- und Marschenlande) verantwortlich. Hinzu kommen zwei Deich- sowie neun Wasser- und Bodenverbände. Die Unterhaltungskosten für die Hamburger Deiche liegen bei etwa drei Millionen Mark pro Jahr.

Oft wird übersehen, wie wertvoll die Biotope entlang der Elbe sind. Durch Flußregulierungen, Hafenausbau und Küstenschutzmaßnahmen gingen alleine seit 1962 etwa 1000 Hektar einzigartige Vorländer verloren. Über 70% der Pflanzenarten, die früher einmal in den Tidebereichen des Flusses angesiedelt waren, fielen den menschlichen Eingriffen zum Opfer oder sind vom Aussterben bedroht. Die großen Auenwälder, breiten Röhrichtstreifen

und das weitverzweigte Priel- und Nebenarm-Netz findet man heute nur noch an wenigen Stellen. Mittlerweile hat zum Glück ein Umdenken eingesetzt, der Naturschutz ist eine wichtige Größe bei den Planungen neuer Projekte für den Hochwasserschutz. Schonendes Vorgehen lautet die Devise: Eingriffe nur dann, wenn sie unbedingt nötig sind. Werden geschützte Flächen durch Baumaßnahmen zerstört, muß an anderer Stelle ein Ausgleich geschaffen werden. Die zuständigen Stellen in der Baubehörde überlegen, Natur- und Küstenschutz ideal miteinander zu verbinden.

Durch Rücknahme der Deichlinie könnte Vorland am Fluß gewonnen werden, das in zweierlei Hinsicht wertvoll ist. So entstehen Überflutungsflächen, die bei hohen Fluten den Wasserstand der Elbe senken würden und die Küstenschutzwerke entlasten. Zusätzlich würden auf diese Weise Biotope gewonnen, die frühere Eingriffe ausgleichen. Ein weiteres Beispiel dafür, daß sich Natur- und Küstenschutz an vielen Stellen hervorragend ergänzen können.

Neben den baulichen Veränderungen wurde auch die Deichverteidigungs-

organisation umgestaltet. Neben dem Bundesamt für Seeschiffahrt und Hydrographie, der wichtigsten Adresse in Sachen Sturmflut-Warnungen, ist beim Amt Strom- und Hafenbau ein Warndienst (WADI) eingerichtet. Dieser Warndienst beginnt etwa neun Stunden vor Eintreten einer Flut mit der Vorhersage von den zu erwartenden Wasserständen, dabei verbessert er seine Prognosen laufend. Für den Fall einer Katastrophe gibt es jetzt eine „Sturmflutrichtlinie" und einen „Deichverteidigungsplan". Beobachtung und Reparatur gefährdeter Deiche, Warnung und eventuelle Evakuierung der Bevölkerung sowie der Materialeinsatz sind darin festgehalten, um für eine neue Rekordflut gewappnet zu sein. Ab einer zu erwartenden Wasserhöhe von fünf Metern wird die gewaltige Deichverteidigungsorganisation in Gang gesetzt. Steigt das Wasser auf 6,50 Meter, beginnen die Verantwortlichen mit Evakuierungen. Die Sicherheit der Hamburger Bevölkerung steht an erster Stelle, dafür verfügt die Hansestadt über ein vorbildliches Programm.

Der Jahrtausendwert – Grundlage für den zukünftigen Küstenschutz?

Die Deichbaumaßnahmen an der Elbe nach 1962 blieben nicht wirkungslos. Nicht nur die Sicherheit der Bewohner hinter den Deichen erhöhte sich, sondern auch die Wasserstände in der Elbe. Die Vordeichungen verringerten die Breite des Flusses und nahmen ihm Überflutungsflächen – am Pegel St. Pauli steigt das Wasser jetzt 45 Zentimeter höher an. Hinzu kommen 15 Zentimeter Anstieg durch die Vertiefung der Fahrrinne im Fluß. Daraufhin stellte der Senat der Hansestadt Anfang der achtziger Jahre ein Programm zur Verbesserung der Hochwassersicherheit auf, das eine Erhöhung der Deiche und die Entfernung von Häusern aus besonders gefährdeten Uferbereichen vorsah. 1987 begann ein Bauprogramm mit einem Umfang von 180 Millionen Mark, um die vorhandenen Anlagen auf das notwendige Maß zu bringen. Eine gemeinsame Arbeitsgruppe mit Vertretern aus Hamburg, Schleswig-Holstein und Niedersachsen legte 1986 den Bemessungswasserstand, nach dem sich die Höhe der Schutzwerke richtet, auf 7,30 Meter am St. Pauli-Pegel fest.

Wegen der deutlich veränderten Wasserstände an der Elbe setzte der Senat 1985 eine Unabhängige Kommission ein, die die Gefährdung der Stadt weiter untersuchen und Vorschläge für einen optimalen Schutz erarbeiten sollte. Diese Kommisssion aus Fachbeamten sowie Vertretern der Parteien in der Bürgerschaft und des Hafens überarbeitete das seit 1987 laufende Deichbauprogramm, das ursprünglich 1996/7 beendet sein sollte. Die besonders gefährdeten Erddeiche werden auf einer Länge von 55 Kilometern um 50–80 Zentimeter erhöht, während die Hochwasser-Schutzmauern und die Hafenpolder ihre bisherige Höhe

behalten. Da der Meeresspiegel offensichtlich schneller steigt, hielten die Mitglieder der Kommission den Bemessungswasserstand von 7,30 Metern für zu niedrig. Damit Hamburgs Bürger und Sachwerte mit einem Wert von etwa 16 Milliarden Mark langfristig optimal geschützt sind, sollen die Anlagen zum Hochwasserschutz jetzt 8,50 Meter Höhe haben. Damit könnten sie eine Jahrtausendflut überstehen!

Diese 8,50 Meter bereiten den Verantwortlichen Kopfzerbrechen. Es ist fast unmöglich, alle Deiche und Schutzwände auf diese Höhe zu bringen. Wegen der vielen Einzelmaßnahmen wäre dieses Verfahren nur langwierig durchsetzbar. Eine weitere Erhöhung zu einem späteren Zeitpunkt wäre nahezu ausgeschlossen, außerdem würde das Stadtbild am Elbufer stark beeinträchtigt. Auch die Einrichtung von fünf großen Ent-

Flutschutzmauer am Zollkanal.

123

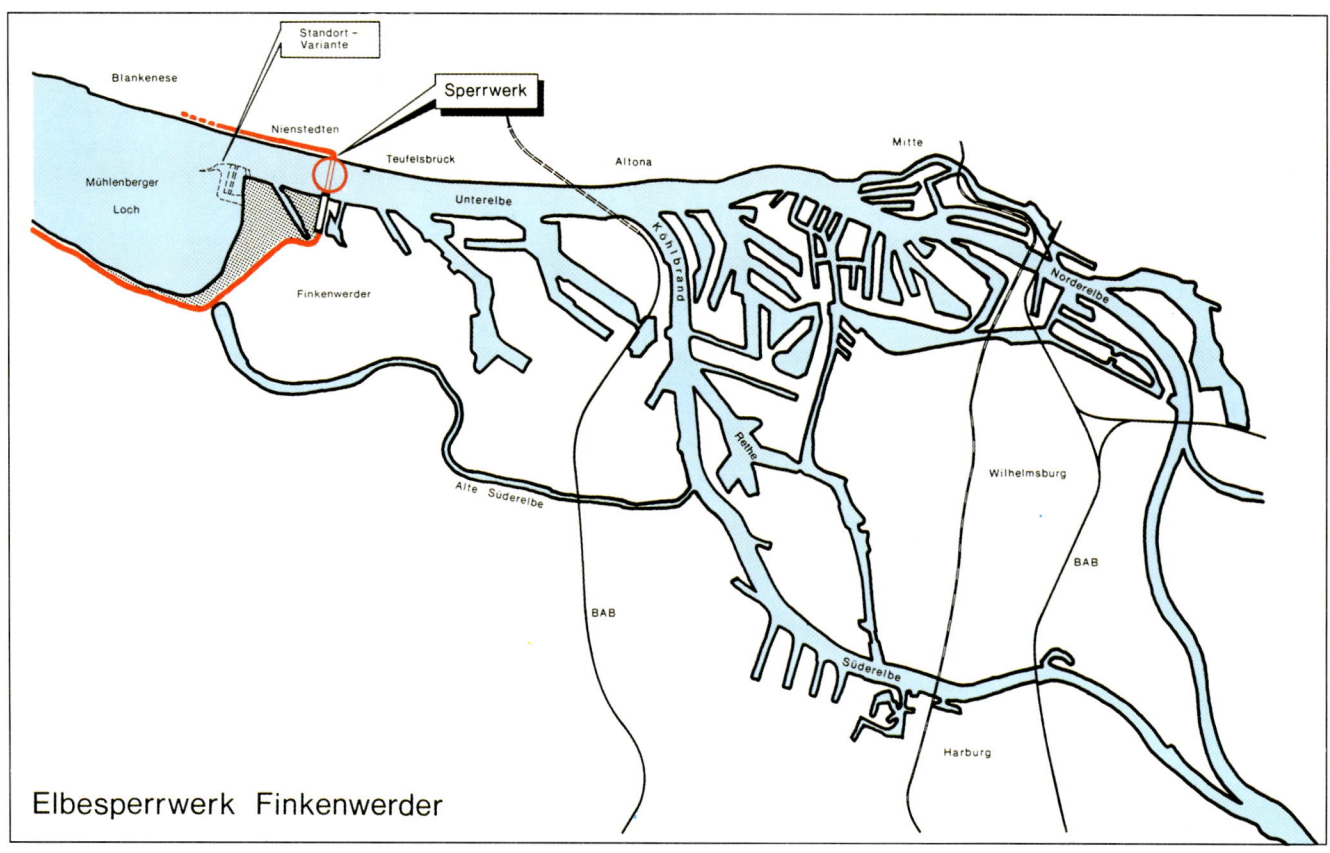

Elbesperrwerk Finkenwerder

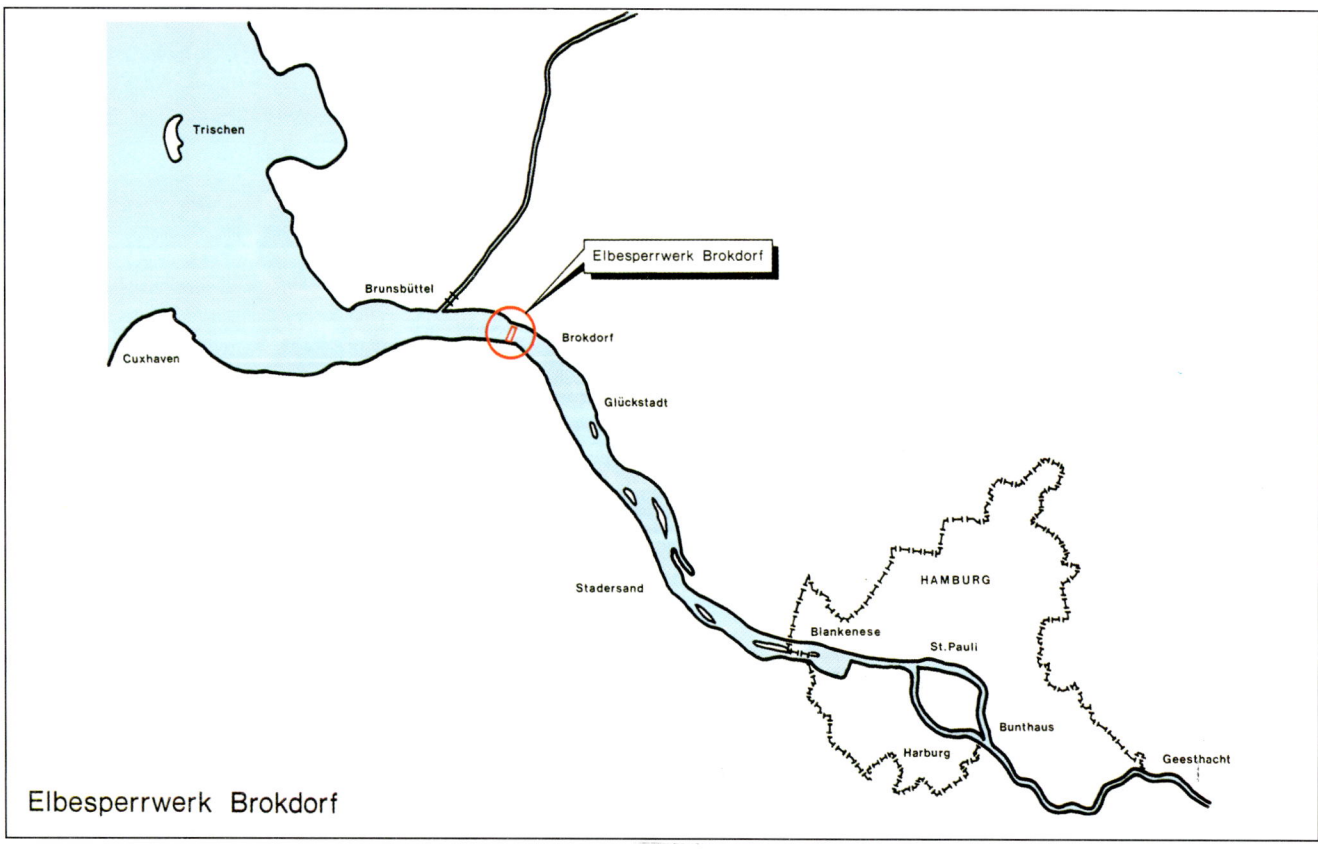

Elbesperrwerk Brokdorf

Sollte ein Sperrwerk zum Schutze Hamburgs gebaut werden, dann wären zwei Varianten für seinen Standort am wahrscheinlichsten: zwischen Finkenwerder und Nienstedten (oben) oder bei Brokdorf (unten).

lastungspoldern an der Elbe wäre kaum durchsetzbar und kann langfristig nicht helfen. Diese Überschwemmungsgebiete (Teile von Nordkehdingen, Krautsand, Seestermüher Marsch, Haseldorfer Marsch und Ilmenau) wären nur mit großen Schwierigkeiten einzurichten und sehr teuer. Hinzu kommt, daß sie den Wasserstand der Elbe bestenfalls um einen halben Meter senken könnten – zuwenig bei einer Jahrtausendflut! Auch darf man die ungeheure Kraft nicht vergessen, mit der das Wasser bei einer schweren Sturmflut in die Elbe drückt. Etwa 25 000 Kubikmeter Wasser pro Sekunde müßten gebändigt werden – zum Vergleich: der Amazonas, der den halben Kontinent Südamerika entwässert, transportiert 100 000 Kubikmeter pro Sekunde! Es bestände die Gefahr, daß die Begrenzungen der Polder dieser Urgewalt nicht standhalten können – dann käme es in den Marschen an der Elbe zur Katastrophe!

Aus dem Kommissionsbericht folgt, daß nur der Bau eines Elbsperrwerks Hamburg auf lange Sicht schützen kann. Nachdem man in einer ersten Baustufe die Deiche auf ein Maß bringt, das eine ähnlich hohe Sicherheit wie die Schutzanlagen Schleswig-Holsteins und Niedersachsens an der Elbe schafft, müßte im nächsten Jahrtausend dieses Sperrwerk in Angriff genommen werden. Zum möglichen Standort gibt es mehrere Vorschläge: je weiter man es in Richtung Nordsee baut, um so größer wäre die geschützte Fläche. Zwei Möglichkeiten sind am überzeugendsten: bei Brokdorf oder zwischen Finkenwerder und Nienstedten.

Kommt das Elbsperrwerk?

Einen Plan aufzustellen, der ein Konzept für eine fast 100%ige Sicherheit gegen Fluten vorsieht, ist eine Sache. Ihn technisch und finanziell in die Tat umzusetzen, ist eine andere. Über den Vorschlag der Unabhängigen Kommission, schnellstens die Deiche auf mindestens 7,30 Meter zu erhöhen, gibt es keine zwei Meinungen. Gegenüber Schleswig-Holstein und Niedersachsen hat Hamburg einen Nachholbedarf, deshalb läuft seit 1987 das schon erwähnte „Bauprogramm Hochwasserschutz", das die Empfehlungen der Kommission aufgreift. Zu den vorgeschlagenen 7,30 Metern (Pegel St. Pauli) kommt noch ein Zuschlag für den Wellenauflauf, der je nach örtlichen Gegebenheiten unterschiedlich ist. Die Kosten für den Aufbau von rund 55 Kilometern Deichen bis ins Jahr 2007 werden auf 930 Millionen Mark veranschlagt. Der Stand der Bauarbeiten Ende 1993:

Abschnitt	Betr. Deichlänge	davon bereits erhöht
Vier- und Marschlande	34 km	27 km
Wilhelmsburg/ Veddel	17 km	7,2 km
Südliches Elbufer	9 km	–

In Sachen Elbsperrwerk zögern die politisch Verantwortlichen allerdings. Der wichtigste Grund dafür: der von der Kommission angegebene Wert von 8,50 Metern. Hier besteht ein großes Problem darin, daß wir über die Veränderung des Meeresspiegels in der nächsten Zeit noch keine genauen Angaben besitzen. Schließlich würde ein Sperrwerk zwischen 2,3 und drei Milliarden Mark kosten – bevor man so viel Geld aus den leeren Kassen locker macht, muß eindeutig klar sein, daß ein Sperrwerk unbedingt gebraucht wird. Nebenbei ist es fraglich, ob so ein Riesenprojekt technisch überhaupt durchführbar ist. Einerseits muß es ständig verschließbar sein, andererseits darf der Hafenbetrieb nicht gestört werden – schwere wirtschaftliche Einbußen wären die Folge. Ein letzter Einwand: was passiert, wenn die Jahrhundertflut kommt und das Sperrwerk fällt wegen technischer Mängel oder menschlichen Versagens aus? Die Deiche sind immer da... Tot ist das Sperrwerks-Projekt auf keinen Fall, aber in absehbarer Zeit wird es nicht gebaut werden.

Deshalb bleibt es vorerst beim laufenden Bauprogramm, bis über die Entwicklung des Flutauflaufs genauere Daten vorliegen. Auch soll die Zusammenarbeit mit Schleswig-Holstein und Niedersachsen verbessert werden – in Sachen Küstenschutz wird bis heute zu wenig zusammengearbeitet!

Gerade was den Schutz Hamburgs angeht, ist die Zusammenarbeit der Elbanrainer dringender denn je. Nur dann kann Hamburg dauerhaft gesichert werden. Aber nicht nur Behörden und Politiker sind gefragt, wenn es um die Sicherung der Küsten geht. Nur wenn wir um die Gefahren der Nordsee wissen, können wir den Wert des Küstenschutzes einschätzen. Gerade das bisweilen schwierige Verhältnis von Küsten- und Naturschutz ist nicht mit einem Satz abzuhaken. Die Forschung in Sachen Klima und Meeresspiegelanstieg muß verstärkt werden, damit verläßliche Planungen für die Zukunft möglich werden. Weder Panikmache noch leichtfertige Beschwichtigung sind angebracht, dafür ist dieses Thema einfach zu wichtig.

Am drängendsten bleibt die Frage nach einer Lösung für die Sylter Westküste. Großprojekte sind eingehend zu prüfen, von den Schwierigkeiten mit festen Bauwerken im Meer war ja öfters die Rede. Was aber auf jeden Fall sichergestellt sein muß, das sind ausreichende Sandvorspülungen. Dafür muß Geld da sein, allein schon wenn man bedenkt, was die Insel an Steuern auf das Festland abführt. Aber es ist schon beinahe zynisch, von Geld zu reden, wenn es um den Untergang einer so beliebten wie schönen Insel geht.

Die Autoren hoffen, einen kleinen Beitrag für ein besseres Verständnis der Probleme an der Westküste geleistet zu haben. Wenn wir den Leser unterhalten haben und bei ihm etwas Verständnis geweckt haben, dann würden wir uns sehr freuen.

Literaturauswahl

– ALW Husum: Küstenschutzmaßnahmen des Landes Schleswig-Holstein an der Westküste von Sylt.
– Deutscher Verband für Wasserwirtschaft und Kulturbau e.V. (Hrsg.): Historischer Küstenschutz. Deichbau, Inselschutz und Binnenentwässerung an Nord- und Ostsee. Bearbeitet von Johann Kramer und Hans Rohde. Stuttgart 1992.
– Kühn, H. J., Panten, A.: Der frühe Deichbau in Nordfriesland. Archäologisch-historische Untersuchungen. Bredstedt 1989.
– MELF Schleswig-Holstein: Generalplan Deichverstärkung, Deichverkürzung und Küstenschutz in Schleswig-Holstein. Kiel 1963. Fortschreibungen 1977 und 1986.
– MELFF Schleswig-Holstein: Küstensicherung in Schleswig-Holstein. Aufgaben und Probleme. Kiel 1992.
– Müller, F., Fischer, O.: Das Wasserwesen an der schleswig-holsteinischen Nordseeküste. Mehrere Jhgge. Hier besonders: Zweiter Teil, Folge 7: Sylt. Berlin 1938.
– Petersen, M., Rohde, H.: Sturmflut. Die großen Fluten an den Küsten Schleswig-Holsteins und der Elbe. Neumünster, 3. Auflage 1991.
– Saggau, W., Stadelmann, R.: Ein Deich wird gebaut. Vordeichung Nordstrander Bucht. Husum 1988.
– Sönnichsen, U., Staritz, H.-W.: Trutz, blanke Hans. Bilddokumentation der Flutkatastrophen 1962 und 1976 in Schleswig-Holstein und Hamburg. Husum 1978.
– Stadelmann, R.: Meer - Deiche - Land. Küstenschutz und Landgewinnung an der deutschen Nordseeküste. Neumünster 1981.
– Steensen, T. (Hrsg.): Deichbau und Sturmfluten in den Frieslanden. Beiträge vom 2. Historiker-Treffen des Nordfriisk Instituut. Bredstedt 1992.
– Stöver, H. J.: Orkan über Sylt. Sturmfluten an der Sylter Küste. 5. Aufl. 1993.
– Wieland, P.: Küstenfibel. Ein Abc der Nordseeküste. Heide 1990.

Diese kleine Auswahl soll dem Interessierten einen schnellen Einblick ermöglichen. Ansonsten existiert ein schier unüberschaubares Schrifttum zum Thema Sturmfluten und Küstenschutz. Eine umfängliche Literaturliste bietet beispielsweise das o.g. Sturmflut-Buch von M. Petersen/H. Rohde. Weiter ist auf die folgende Bibliographie hinzuweisen:

– Warncke, W.: Bibliographie über Sturmfluten an den Nord- und Ostseeküsten. Chronologische Titelaufzählung unter besonderer Berücksichtigung des Küsteningenieurwesens. In: Die Küste 33 (1979).

Abbildungsnachweis

ALW Husum: 55, 60.2, 82, 93.1, 100, 106, 107.2
Baubehörde Hamburg: 118, 119 (2), 120 (2), 121, 122, 123, 124 (2)
Wilhelm Borstelmann, Keitum: 76 (2), 77 (2)
Werner Denckmann, Husum: 34
Deutsche Luftbild, Hamburg: 57.1
Deutscher Küstenschutzverein, Westerland: 69
Volker Frenzel, Tinnum: 57.6, 59.1, 68.2, 96.1, 109, 110 (2)
Dieter Gaus, Wenningstedt: 63.1, 70.6
Ulrich Gorzolla, Flensburg: großes Titelbild
Happel (1683): 17
Kai-Uwe von Hassel, Bonn: 23
J. B. Homann (1718): 18
Eckhard Jäger, Bielefeld: 21
Broder Jensen, Leck: 38
Haus Jensen, Wyk: 39.1
Dr. Nis-Peter Jessen, Harrislee: 47.1, 61, 64.1, 65.2, 65.3
Gerd Lauritzen, Morsum: 31
Detlef Martensen, Morsum: 71
Werner Matthiesen, Hörnum: 32, 56, 57.4, 62, 75.2, 126/127
MELFF, Kiel: 91 (2), 112.2
Rüdiger Mikosch, Drelsdorf: 9, 42.1, kleines Titelbild
Jochen Moseberg, Niebüll: 50, 89, 114
Nationalparkamt, Tönning: 117.1
Klaus Quast, Hamburg: 24
Ingo Röhrbein, Hamburg: 44(2), 45 (2)
Heinz Sandelmann, Niebüll: 113, 115
Kurt-Dietmar Schmidtke, Melsdorf: 15, 80, 90, 101, 102, 103 (2)
Knut Schröder, Wyk: 53
Otto Schulze, Cuxhaven: 57.2
Peter Schunke, Leck: 20
Söl'ring Foriining, Keitum: 78
Kai-Uwe Sönnichsen, Risum-Lindholm: 75.1
Uwe Sönnichsen, Niebüll: 4, 25, 26 (2), 27 (2), 28, 29, 30, 35, 36, 37, 47.2, 58, 60.1, 63.2, 65.1, 66 (2), 67, 70.3, 70.4, 73, 92, 95, 96.2, 97, 105 (2), 117.2
Robert Stadelmann, Luzern: 3, 33, 77, 79, 84, 93.2, 107.1, 112.1, 116 (2)
Hans-Jürgen Stöver/Syltbild-Archiv, Wenningstedt: 52 (3), 54 (2), 57.3, 57.5, 59.2, 64.2, 68.1, 70.1, 70.2, 70.5, 74
Günter Waak, Lütjenburg: 72
Klaus Wernicke, Fahretoft: 94.1, 108
Winterstein (1675): 14
Hans-Jörg/Antje Zierold, Nürnberg: 42.2, 43
Abb. 99: Die Küste 10 (1962), Heft 1
Abdruck der Abbildungen 15, 80, 90, 102, 103 (2) mit freundlicher Genehmigung des Wachholtz-Verlages, Neumünster.

Abkürzungsverzeichnis

ALW – Amt für Land- und Wasserwirtschaft. In Schleswig-Holstein gibt es sechs dieser Ämter (Mehrzahl: ÄLW), die der Abteilung Wasserwirtschaft im Kieler Ministerium für Ernährung, Landwirtschaft, Forsten und Fischerei unterstellt sind. Sie leiten die Küstenschutzmaßnahmen vor Ort.

MELF(F) – Ministerium für Ernährung, Landwirtschaft und Forsten (und Fischerei / seit 1988) des Landes Schleswig-Holstein in Kiel. Der Küstenschutz fällt mit in seinen Zuständigkeitsbereich.

MThw – Mittleres Tidehochwasser. Durchschnittliche Höhe des Wasserstandes bei Flut an einer bestimmten Stelle.

NN – Normal Null. Ausgangspunkt für Höhenmessungen über dem Meeresspiegel nach dem Amsterdamer Pegel.

Impressum

Die Deutsche Bibliothek – CIP-Einheitsaufnahme

Wenn die Deiche brechen : Sturmfluten und Küstenschutz an der schleswig-holsteinischen Westküste und in Hamburg / Uwe Sönnichsen ; Jochen Moseberg. – Husum : Husum Druck- und Verlagsges., 1994
ISBN 3-88042-690-2
NE: Sönnichsen, Uwe; Moseberg, Jochen

© 1994 by Husum Druck- und Verlagsgesellschaft mbH u. Co. KG, Husum

Satz: Fotosatz Husum GmbH, Husum
Farblithos: Litho-Jankowski GmbH, Flensburg
Druck: Husum Druck- und Verlagsgesellschaft, Husum
Bindearbeiten: Hunke & Schröder, Iserlohn

ISBN 3-88042-690-2